KB147631

오타쿠의 복음을 읽다

다음 트렌드를 주도하는 사람들

오타쿠의 욕망을 읽다

다음 트렌드를 주도하는 사람들

마이너 리뷰 갤러리 지음

OTAKU

메디치

5장 자연과 신, 일본을 덮치다

일러두기

• 만화/애니메이션 작품명, TV 프로그램명, 드라마명 등은「　」로 표기했습니다.

이 책에서 나오는 작품

• AKIRA, 가정교사 히트맨 리본, 강철의 연금술사, 게게게의 기타로, 고지라, 괴물 이야기, 귀멸의 칼날, 그대들은 어떻게 살 것인가, 기동전사 건담, 꽃보다 남자, 나루토, 나와 호랑이님, 너의 이름은, 노라가미, 닥터 슬럼프, 데빌맨, 데스노트, 돈이 없어, 동방 프로젝트, 드래곤볼, 러브 히나, 러브라이브, 러키스타, 러프, 로도스도 전기, 리본의 기사, 마법의 프린세스, 마이 브로큰 마리코, 마징가Z, 메종일각, 밍키모모, 바다를 달리는 엔딩 크레딧, 바람계곡의 나우시카, 버츄얼 유튜버, 보컬로이드, 보쿠라노, 불새, 세일러문, 소녀혁명 우테나, 소년탐정 김전일, 스즈메의 문단속, 스즈미야 하루히의 우울, 스타워즈, 슬램덩크, 시끌별 녀석들, 신세기 에반게리온, 에어맨이 쓰러지지 않아, 오소마츠 군, 오소마츠 상, 우주전함 야마토, 원신과 블루 아카이브, 원피스, 은혼, 이누야샤, 이세계 삼촌, 잘 자 푼푼, 장난을 잘 치는 타카기 양, 진격의 거인, 철완 아톰, 철인 28호, 초속 5센티미터, 최애의 아이, 치이는 조금 모자라, 카우보이 비밥, 파렴치 학원, 학교괴담

에필로그

서브컬처가 대중문화를 끝내버릴 것입니다.
대중문화의 에필로그에 선 여러분들에게 이 책을 바칩니다.

한국의 2023년은 일본의 해였습니다. 과장을 조금 보탠
말이지만요. 2022년 말, 신종 코로나바이러스가 잠잠해지며
일본 여행 붐이 불었습니다. 2023년에 한국인 일본 여행자는
600만 명을 넘어설 조짐입니다.

2023년 초에는 한국 영화의 흥행 참패와 함께 한국의
극장에 일본 영화가 독주하는 모양새를 보게 되었습니다.
지금까지 「러브레터」를 제외하고는 일본 영화가 그다지
흥행하지 못했던 터라 극장가의 충격은 말이 아니었습니다.
그것도 「스즈메의 문단속」과 「슬램덩크」 같은 애니메이션 영화에
안방을 내주었죠.

정치권에서 일본은 언제나 혐오의 대상이었지만 2023년의 양상은 조금 달랐습니다. 여권에서는 일본과의 관계 개선, 동행을 이야기하기 시작했지요. 반면 후쿠시마 오염수 방류 이슈와 함께 야권에서는 일본을 뜨겁게 비판했습니다. 한국에서 지난 5년간 가장 논쟁적인 나라는 중국이었지만 이제는 그 흐름이 일본으로 넘어오고 있습니다. 2023년 내내 일본이 강력한 화두로 떠오르고 있지만, 우리는 여전히 일본에 대해 잘 모르고 있습니다. 역사적인 이유로 아예 그들에게 관심을 주고 싶지 않은 사람은 당연히 일본에 대해 잘 알려고 하지 않으니까요. 하지만 일본에 관심이 있고 일본을 연구하고자 하는 사람들마저도 일본에 위화감을 느끼곤 합니다.

친숙한 주제부터 시작해 볼까요. 한국인이 가장 여행 가기 만만한(?) 나라로 꼽히는 일본은 한국과 매우 유사한 환경을 지니고 있습니다. 한국과 거의 비슷한 치안수준을 유지하고 있고, 물가도 비슷합니다. 일본어만 조금 할 줄 알면 한국인들은 어렵지 않게 일본의 '평범한 관광객'으로 녹아들 수 있습니다. 하지만 여행만 가보아도 위화감이 드는 것들이 있지요. 아주 사소한 부분이지만 일본은 도대체 왜 그렇게까지 '정돈'되어 있는 것일까요? 보도블록 하나 깨진 곳이 없고, 길가에 쓰레기 하나 나뒹구는 법이 없습니다. 가게의 종업원은 싫은 표정 짓는 법 없이 언제나 밝습니다. 친절하고 청결합니다. 그들의 대외적인 모습엔 감정 하나 찾아볼 수 없습니다.

오타쿠의 욕망을 읽다

일본이 유달리 도덕적이고 훌륭해서 그런 것일까요? 그렇다기엔 한국과는 또 다른 부분에서 욕망이 드러납니다. 일본은 편의점에서 마음껏 성인 잡지를 구매할 수 있습니다. AV를 판매하기도 합니다. 그게 그다지 이상한 일이 아닙니다. 아이돌과의 팬사인회에서 '스킨십'이 빠지는 경우는 드뭅니다. 일본의 대표 아이돌 AKB48은 팬과 '악수'를 해주는 것으로 유명세를 떨쳤습니다. 메이저 아이돌이 스킨십을 주력으로 내세우는 만큼 인기가 떨어지는 아이돌이나 '지하 아이돌'이라고 불리는 아이돌들의 활동은 한국에서 컬처 쇼크로 다가옵니다. 한국에서 감히 상상하기 힘든 스킨십이 오갑니다.

일상적으로 메이드 카페를 마주할 수 있고, 하녀복을 입은 소녀들에게 가볍게 접대를 받을 수 있습니다. 오타쿠들이 **모에**[1]하게 느꼈지만, 현실에서는 볼 수 없었던 서양식 하녀인 메이드. 그들을 **코스프레**[2]하며 손님을 접대하는 메이드 카페는 이제 **아키하바라**[3]를 넘어 일본 전역에서 찾아볼 수 있습니다. 애초에 메이드 카페가 메이드를 코스프레하며 '모에'라는 판타지를 만족시켜주는 곳이다 보니 그 변종도 우후죽순 출현합니다. 여성들을 위한 집사 카페, 모에 요소 중

1 萌え, 일본어로 싹틀 맹 자를 사용하는 표현. 하지만 뜻은 한국어 화자에게도 쉽게 이해가능한 '불탄다'라는 표현이다. "어떤 대상에게 감정을 불태우고 있다."라는 뜻으로, 특정한 것에 모에를 느낀다, 혹은 XX는 모에하다 따위의 표현으로 사용된다. 오타쿠 문화를 이해하기 위해 반드시 알아 두어야 하는 표현이다.

2 코스튬 플레이의 줄임말. 창작물에 주로 등장하는 옷을 입고 역할 놀이를 하는 것을 지칭한다.

3 도쿄의 한 지명. 오타쿠들의 성지라고 불린다. 줄여서 아키바.

4   츤츤 +
데레데레의 합성어.
츤츤은 틱틱댄다는
뜻, 데레데레는
부끄러워한다는 뜻이다.

5   본심과
겉표현이라는 뜻. 정말
자주 쓰이는 표현이다.

하나인 **츤데레**[4] 카페, 심지어는 여장남자가
모에 요소가 된 이후 여장남자만 일하는 메이드
카페도 생겼었지요.

일본에서도 조금 괴상하게 취급되기는
하지만, 메이드 카페의 흥행은 한국에도
넘어왔습니다. 마포구에서 꽤 성업 중이지요.
일본 여성에 대한 판타지 때문인지, 혹은 오리지널리티(?)를
보존하고 싶어서인지는 몰라도 전원 일본인으로만 구성된
메이드 카페도 있을 정도입니다. 일본의 유흥가인 '가부키초'는
아예 관광명소가 되어 있습니다. 이곳은 일본의 조직폭력배인
야쿠자가 관리하고 있을 정도로 거친 곳입니다. 원래 깡패들이
유흥가의 치안을 관리한다지만, 그 치안유지가 너무나도
훌륭(?)하여 관광지로도 손색이 없다는 것이 재미있는 점입니다.

무언가 기묘합니다. 아주 원초적인 욕망들이 광장에 나와
있습니다. 하지만 그들이 점잖고 얌전하게 꾸며 놓으면, 그것이
욕망적일지라도 일상의 풍경에 섞여 들어갑니다. 모나고 거친
욕망들이 그들의 정을 맞으면 반듯하게 포장되어 진열됩니다.
혼네와 다테마에[5]로 대표되는 일본의 모습. '가깝지만 먼
나라'라는 이야기가 지금까지도 와닿는 것을 보면 일본을
이해하는 것은 꽤 어려운 일입니다. 그런 '미지의 나라'의
문화들이 한국에서 유행을 하고 있고, 젊은 층을 중심으로 퍼져
나가고 있는 것은 살짝 두렵기도 합니다.

그런 일본을 이해하기 가장 좋은 방법이 일본의 서브컬처를 이해하는 것입니다. 서브컬처, 주로 일본의 '오타쿠 문화'를 말하는 표현이죠. 만화, 애니메이션, 게임, **보컬로이드**[6], 버츄얼 유튜버 등등…… 수많은 형식을 띠고 있지만 서브컬처는 일본에서 가장 '욕망적'인 창작물입니다. 일본은 보수적인 나라이지만, 서브컬처 속의 등장인물은 엄청나게 개성적입니다. 실제 일본에서는 '모나면 정 맞는' 문화입니다만 서브컬처에서만큼은 평범함은 죄악처럼 묘사되지요. 캐릭터의 머리카락 색깔은 총천연색으로 빛나고 있습니다. 눈치의 나라 일본이지만 서브컬처의 캐릭터들은 절대 남의 눈치를 보지 않습니다.

창작물은 현실에 카운터펀치를 날립니다. 서브컬처라면 더더욱 그렇습니다. **메이와쿠**[7]의 나라 일본에서 가장 욕망적이고 개성적인 오타쿠 문화가 나온 것은 결코 우연이 아닐 것입니다. 한국에서 보기에 일본은 매우 가부장적인 나라입니다. 하지만 일본은 서브컬처를 통해 아주 일찍부터 '여성'을 논하고 있었습니다. 저출산과 **초식남**[8]이 사회문제로 대두되던 시절부터 일본은 '남성향 러브 코미디'가 전성기를 맞이했습니다. 전 세계에서 퀴어를 가장 장르적으로 소비하는

6   음성을 합성해 보컬을 만들어내는 프로그램. 노래를 불러줄 사람이 없어도 음악을 만들 수 있다. 일본에서 아마추어 작곡가들이 늘어난 이유 중 하나이다.

7   남에게 민폐를 끼치는 것. 더 나아가 사회의 분위기에 맞춰가는 것. 딱히 나쁜 결과가 아니더라도 '다르게 행동하는 것' 역시 메이와쿠로 불린다.

8   여성에게 관심이 없고 취미 등에 몰두하는 남자. 육식동물과 초식동물로 남성성을 비유한 표현.

에필로그

9 외형은 완전히 여성이지만, 실제로는 남자인 캐릭터. 남자아이를 부르는 표현인 男の子(오토코노코)에서 아들 子를 발음이 같으면서 딸을 뜻하는 娘으로 바꾸어 男の娘(오토코노코)로 부르는 말장난이다.

나라도 일본입니다. 여성은 게이와 레즈비언을, 남성은 크로스드레서와 트랜스젠더를 주로 소비합니다. 오타쿠식으로 말하면 BL과 백합, 여장과 **오토코노코**[9]입니다. 현실의 일본이 그다지 퀴어 친화적이지 않음에도 불구하고 말입니다.

이 책은 일본의 '혼네'가 작용하지 못하는 서브컬처를 통해 깊은 욕망이 꿈틀거리는 '다테마에'를 보는 책입니다. 일본 콘텐츠는 2024년에도 한국에서 화두가 될 것이고, 사회의 주류층도 일본 문화에 익숙한 층이 될 것입니다. 이미 사회 초년생인 30대 초반은 어린 시절 「원피스」를 보고 자란 세대이고, 과장급인 40대 초반은 「드래곤볼」을 보고 자란 세대입니다. 그들은 서브컬처에 익숙해 자연스럽게 그것에 물든 사고관을 갖게 될 것이고, 기존의 대중문화들은 더 이상 젊은 층에 어필하지 못할 것입니다. 다 같이 거대한 하나의 방송을 이야기하는 경우는 더 이상 없을 것이고, 수많은 '마이너한' 작품들 사이에서 자신의 취향에 맞는 단 하나의 작품에 빠져들 것입니다.

그리고 중요한 것은 서브컬처가 앞으로 대중문화를 대체해버릴 것이라는 전망입니다.

1부

사무결자와

오타유

이 책은 범위도 넓은 '오타쿠와 서브컬처'입니다. 서브컬처라는 용어는 일본에서 먼저 쓰였습니다. 고등학교 시절 인문계를 선택해서 사회문화 수업을 들어본 분들은 색다르게 느껴질 수 있는데, 사회문화 수업에서 주류문화의 반대격으로 소개되는 '하위문화'가 바로 영어로 말하면 서브컬처입니다. 그 당시에 배우신 분들이라면 익숙하시겠지만, 하위문화에 속하는 것은 제가 주로 다루게 될 오타쿠 컬처뿐 아니라 힙합, 그래피티, 혹은 틴에이저 문화 등을 포함하는 개념입니다.

하위문화란 주류문화의 반대어라고 한 만큼, 우리가 흔히 생각하는 대중문화가 아닌 모든 것을 포함합니다. 다만 사람은 편가르기를 좋아하는 동물이지요. 그리고 편을 가른다는 것은 "우리가 너희들보다 더 낫다."라는 감상을 은연중에 품고 있는 것이기 때문에 보통 서브컬처라는 말은 그리 좋은 어감으로 받아들여지지 않습니다. '남들이 좋아하는 거 안 좋아하고 이상한 거나 찾아다니는 괴상한 놈들'이라는 표현으로 쓰이는 경우가 많지요.

오타쿠라는 용어는 일본의 만화/애니메이션 문화에 심취한 사람을 일컫는 표현입니다. 축구를 좋아하는 사람을 축구 팬이라고 부르지만, 과하게 심취한 사람을 훌리건이라고 부르듯이, 오타쿠는 단순한 특정 만화의 애호가를 넘어서 그 장르 자체에 과하게 심취한 사람을 일컫지요. 즉, 오타쿠라는 표현은 그 자체로 원래 멸시하는 호칭이지만, 오타쿠들 스스로는 자기 집단을 오타쿠라고 일컬으면서 중립에 가까운 표현이 되었습니다.

하지만 2024년 현재 '오타쿠'라는 용어는 대한민국 사람들에게는 그다지 와닿지 않는 명칭일 수도 있습니다. 그렇기 때문에 오타쿠 문화가 '서브컬처'라고 불린 이유를 먼저 이야기해보는 게 한국인들에게 더 설득력 있게 들릴 수도 있을 것 같습니다. 그 이후에 작금의 오타쿠 문화 역시 서브컬처라고 부를 수 있는지에 대해서도 진지하게 논의를 진행해보도록 하지요.

1장

서브컬처의 시대

☞ 서브컬처, 소수자, 오타쿠

최근의 인터넷에서 언급되는 흥미로운 주제가 있습니다. "내가 이 애니메이션을 보긴 하지만 오타쿠는 아니지 않느냐.". 그 대상은 오타쿠의 경계선에 서 있는 작품들입니다. 「진격의 거인」, 「원펀맨」, 「강철의 연금술사」 등을 예시로 들 수 있겠네요. 우리는 '내가 좋아하는 것'이 '많은 사람들이 좋아하는 것'임을 확인하고 싶어 합니다. 대부분의 사람들은 자신의 취향이 다수에 포함되어 있다는 것에 안심합니다.

재미있는 점은 오타쿠들은 오히려 오타쿠가 되기 싫다고 하는 사람보다도 「진격의 거인」 따위를 보고 자신을 오타쿠라고 지칭하는 사람들을 더 싫어한다는 것입니다. 우리는 그들을 가짜라고 부르죠. 마치 대중적으로 성공한 인디 출신 가수인

장기하의 노래를 듣고 자신이 인디밴드 광팬이라고 말하거나 대중적으로 성공한 힙합 프로그램인「쇼미더머니」만을 보는 사람이 자신이 힙합 리스너라고 자칭할 때 비웃음을 사는 것과 유사한 맥락입니다. '인디밴드'와 '힙합'은 모두 서브컬처에 들어가는 문화죠.

즉, 모든 문화에는 '겉표면'과 '심층부'가 있습니다. 심지어 주류문화의 대표주자로 꼽히는 영화에서도 소위 '시네필'이라고 부르는 사람들이 좋아하는 작품은 평범한 사람이 이해하기 쉽지 않습니다. 당연히 오타쿠 문화에서도 흔히 익숙한 겉부분과 눈에 닿지 않는 속부분이 있습니다. 가령 데즈카 오사무를 말할 때 빼놓을 수 없는 것이「철완 아톰」이겠지만, 실제로 데즈카 오사무의 작품세계 역시 내부로 파고들면 파고들수록 겉부분과는 인상이 매우 달라집니다.「키리히토 찬가」혹은 「아야코」등을 통해 본 데즈카 오사무는 만화/애니메이션의 겉부분만 즐기는 사람들에게는 상당히 난해할 수 있습니다. 이런 작품들을 모아 '다크 데즈카'라고 부르기도 하지요.

그렇기 때문에 오타쿠라는 말은 1970년대에야 태어난 표현이지만 실제로는 여느 하위문화가 그렇듯 한 분야만 열광적으로 좋아하는 매니악한 수요층과 그렇지 않은 수요층들이 존재했고, 그들에게 이름이 붙여졌을 뿐인 겁니다. 길가에 낙서를 하던 사람들 중 두드러지게 저항적이고 예술적으로 화려한 낙서를 하는 사람들의 작업을 그래피티라고 이름 붙였고,

부모님이 말려도 굳이 오토바이를 타는 사람들 중 유달리 시끄럽게 타는 사람들에게 폭주족이라고 이름을 붙이듯 말입니다.

이런 맥락에서 '이름 붙임'이라는 것은 그들이 드러나는 과정일 수 있습니다. 대중들에게 노출되지 않고 사라지게 된 수많은 코어한 팬덤들이 존재했었겠지만 대중들의 뇌리에 남은 것은 유달리 크고 화려한 그래피티, 유달리 시끄럽고 난폭한 폭주족들이 있었던 것이죠.

오타쿠 역시 이렇게 만화/애니메이션계에서 유달리 매니악한 수요층들 중 사람들의 시선에 걸리적거리는 존재였을 것입니다. 오히려 어떤 '매니악한 사람'들을 지칭하는 표현이 생긴다는 것은 그 자체로 대중화가 되고 있다는 이야기겠지요.

오타쿠라는 이름이 붙은 지 50여 년이 지난 지금, 오타쿠라고 불리는 사람들은 더 심층부로 파고들었을 수도 있습니다. 과거에는 「원피스」 같은 소년만화만 즐겨도 오타쿠라고 불렸을 수 있는데 지금은 「원피스」 같은 대중적인 작품을 보는 것만으로는 오타쿠 축에도 끼워주지 않죠. 여담으로, 그럼 2024년 현재 어디까지가 오타쿠이고 어디서부터는 오타쿠가 아닐까요? 제가 나름대로 답변을 해보자면…… 제 기준점은 '2차 창작을 소비하는가?' 여부입니다. 이 부분에 대해서는 추후에 보다 자세하게 이야기해보도록 합시다.

☞ 오타쿠 문화, 대중의 거리낌

소수문화와 비주류의 차이점은 대중들이 꺼려하느냐 그렇지 않느냐의 차이입니다. 예를 들어 클래식을 즐기는 사람들은 분명 소수이고, 소수문화라고 부를 수 있습니다. 엘리트층이 주로 듣는다는 점에서 특정 계층이 향유하기 때문에 하위문화입니다. 그러나 클래식을 듣는 사람들을 보고 잘난 척을 하는 것 같다고 생각하거나 과시용 취미라고 생각하는 식의 이죽거림 정도는 있을 수 있지만 그들을 진심으로 꺼리는 사람들은 드뭅니다.

그러나 비주류문화들은 멸시를 받습니다. 실제로 재산상의 손괴를 입히는 그래피티 문화나 소음으로 공해를 일으키는 폭주족 문화 역시 멸시를 받는 것처럼 오타쿠 문화도 비슷하게 비주류문화입니다. 오타쿠 문화는 간접적으로는 몰라도 직접적으로 피해를 끼치는 경우는 없음에도 불구하고요. 오타쿠는 대중들에게 직접적인 손해를 끼치지 않음에도 불구하고 그 사람들에 대한 비하적 이미지가 강렬한 집단입니다. 오타쿠는 하나의 이미지로 형상화되죠. 대표적으로는 과도하게 살이 쪘거나 혹은 지나치게 말랐다는 등의 신체적인 이상이 있을 것 같다는 이미지, 혹은 대화에서 분위기를 읽지 못한다는 느낌, 평범한 대화 주제가 통하지 않는다는 인상까지.

또한 일본의 오타쿠 문화는 영화 등에서는 쉽게 표현할 수 없었던 상상력을 마음껏 발휘할 수 있었지요. 가령, 데즈카 오사무의 「리본의 기사」에서는 현실에서는 쉽게 보기 힘든 남장을 하고 자신이 남자라고 생각하는 여성 캐릭터를 내세운 적이 있습니다. 이런 장르는 퀴어 영화에서도 발견할 수는 있습니다.

하지만 현대의 만화/애니메이션에서 성적 고정관념을 뒤흔드는 캐릭터가 나오면 퀴어 영화에서 그들이 사용되는 양상과는 다르게 등장하는 것을 볼 수 있습니다. 좋게 말해서 '다르게' 등장한다지, 대부분의 만화/애니메이션에서 성적으로 특이한 관념을 가지고 있는 사람들은 욕망적으로 표현됩니다. 그러다보니, 오타쿠들을 멸시하는 가장 치명적인 용어는 '변태'가 아닐까 싶습니다. 특히, 오타쿠가 사회에 끼친 나쁜 사건 중 가장 파급력이 큰 사건이 소위 말하는 **미야키 츠토무 사건**[1]일 만큼, 오타쿠 문화가 가진 비주류성은 다른 하위문화들에 비해 조금 더 역겹게 여겨집니다.

오타쿠를 표현하는 단어 중 큰 비중을 가진 단어가 미소녀와 모에라는 점을 생각하면 "오타쿠들은 변태적이다."라고 말하는 사람이 마냥 편견에 찌들었다고 비판할 수도 없습니다. 솔직히 약간 그렇게 보여도 어쩔 수 없다는 생각이 들지 않나요?

[1] 1988년에 일어난 연쇄 유아 납치 살인사건. 범인인 '미야자키 츠토무'는 소위 말하는 은둔형 외톨이였고 굉장한 오타쿠였다. 그의 잔혹한 범죄가 드러나고, 그의 오타쿠 성향이 드러나자 일본의 많은 언론들은 "오타쿠 문화가 사회를 얼마나 타락시키는가?"에 대해 이야기한 바 있다.

또한, 여타 하위문화에 비해서 오타쿠 문화가 가지고 있는 또다른 특징은 웬만한 문화들은 소수가 영위하는 매니악한 취향이 될수록 난해해지고 복잡해지는 반면 오타쿠 문화는 심층부로 파고들수록 욕망이 드러나고 서사구조가 단순하며 이미지만이 소비된다는 점입니다.

대중적으로 많이 알려진, 천만 명 이상이 보았다고 자랑하는 영화들이 이해하기 쉬운 내용을 가지는 것에 비해 영화 애호가들이 즐기는 작품들은 그 작품이 어떤 주제를 말하는지조차 가늠하기 힘듭니다. 반면 예나 지금이나 오타쿠들은 몇몇 명작들을 내세우고는 있지만, 실제로 그들 사회에서 회자되는 것은 욕망적인 캐릭터들입니다. 요즈음에는 「에반게리온」을 언급하면 '명작'이라고 말하지만 작품이 처음 나왔을 때만 해도 중학생들에게 변태적인 슈트를 입히는 작품이라는 인상이 강하게 들었겠죠.

물론, 오타쿠 문화 속 몇몇 명작들을 처음 접한 사람들은 '애들이나 보는 것'이라고 생각하던 만화/애니메이션이 생각보다 깊은 이야기를 담고 있다고 느낄 수 있어요. 하지만 그들도 오타쿠들이 '최신 유행'이라고 하는 작품들을 접하게 되면…… 이내 다시 오타쿠들에게 편견을 갖고 돌아서는 사람들이 많습니다.

그래서 오타쿠 문화는 소수문화일 뿐만 아니라 비주류문화이기도 합니다. 조금 올드하게 표현하면 저질

오타쿠의 욕망을 읽다

문화라고 불리기도 하죠. 특히 대한민국에서는 일본에 대한 불편한 감정에 더해 일본 문화가 수입되지 못해서 생긴 낯선 분위기까지 겹쳐져서 기성세대에게는 특히나 애들을 망치는 천박한 문화로 인식되곤 했었습니다.

☞ 오타쿠, 사회에 저항하다

서브컬처에는 소수문화, 비주류문화뿐만 아니라 대안적인 의미 혹은 저항적인 의미에서의 반문화도 있습니다. 대중문화가 일종의 계급적, 억압적 수단이라고 생각하는 사람들은 사회에 대항하는 의미에서 그들끼리 즐기는 저항적인 문화를 반문화라고 부르죠. 반문화를 즐기는 사람들은 단순히 모여서 자기들만의 문화만 즐기는 것이 아닌, 대중문화를 쥐어뜯고, 비웃고, 그것의 상징에 낙서를 하고, 도발적인 화두를 던집니다. 그 덕분에 다수에게 혐오를 당하기는 하지만 타성에 젖기 쉬운 대중문화에 경종을 울리는 역할을 하기도 하죠.

오타쿠 문화 역시 일종의 반문화적 양상을 띠고 있습니다. 직전에도 언급했지만, 영화에서는 쉽게 하기 힘든 상상을 만화에서는 쉽게 재현할 수 있습니다. 인간에게 연기시킬 수 없는 것을 만화에서는 그려낼 수 있습니다. 회화와 달리 만화는 서사를 효과적으로 전달할 수 있기 때문에 풍자에 아주 잘 어울리는 예술표현장치였습니다. 일본 만화의 시작은 데즈카 오사무라고 하지만 전 세계적으로 만화가 출범한 것은 '신문

만화'였고, 사회 풍자적인 모양새를 보였죠.

만화 이전의 회화부터가 민중에게서 꽤나 천박한 것으로 받아들여졌고, 그런 천박한 것들 내부에서 저항이 싹터 올랐습니다. 궁중에서 왕을 비판하는 것은 광대이고, 사회에서 권력을 비판하는 것은 과거에는 회화, 현대에는 만화가 제격이었죠. 그렇기 때문에 오타쿠 문화에도 자연스럽게 반문화가 스며들게 되었습니다. 닭과 달걀의 문제처럼, 오타쿠 문화가 반문화성을 띠었기 때문에 그들이 핍박을 받은 것인지, 핍박을 받았기 때문에 반문화성을 띠게 된 것인지는 모르겠지만 오타쿠 문화의 저변에는 기본적으로 조소의 분위기가 깔려 있습니다.

하지만 일본 만화/애니메이션계가 반문화성을 띠게 된 결정적인 이유는, 오타쿠라는 말이 등장한 1970년대에 있습니다. 1960년대의 일본은 정치의 시대였습니다. 사실, 전 세계가 그 당시에는 정치의 시대였죠. 젊은이들은 대부분 냉전 직후의 경색된 사회에 대해서 한마디씩을 얹었고, 좌익 운동의 전성기였습니다. 대한민국처럼 독재를 겪지 않은 나라에서도, 1960년대는 저항 운동의 전성기였고, 일본 역시 그 당시에 젊은이들의 정치참여의식이 높았습니다.

하지만 일본판 68운동이라고 볼 수 있는 전공투 운동이 저물어가면서, 일본의 대학생들은 자연스럽게 정치보다는 자신의 자아, 혹은 조금 더 생활 밀착적인 일에 집중하게 됩니다.

이 과정에서 크게 두 가지 일이 일어납니다.

첫째로는 정치의 계절이 오래 지속되던 일본에서, 카운터 컬처 격으로 조금 더 가볍고 쉬운 이야기인 만화에 빠져드는 사람이 많아졌다는 것입니다. 둘째는 정치의 계절을 누리고 졸업한 학생들이 일본 애니메이션계로 많이 빠져들었다는 것이지요.

그 덕분에 만화/애니메이션은 오묘한 변화를 겪었는데, 사회 비판적이고 풍자적인 작품들이 늘어나는 동시에, 제작자들과 반대로 수용자들은 사회에서 멀어지고 작품에 빠져들게 됩니다. 자연스럽게 60년대가 저물고 70년대가 되자, 제작의 전성기와 수요의 전성기가 겹치며 그들이 나타나게 된 것입니다. '오타쿠'가요.

☞ 오타쿠 컬처란 무엇인가?

오타쿠 컬처는 서브컬처의 특징을 띤다고 말하긴 했지만, 그럼 그 '오타쿠 컬처'라는 것에는 뭐가 포함되는 것일까요? 상기하기로는 만화/애니메이션을 대표적으로 말했는데, 실제로 오타쿠들은 만화나 애니메이션만 보는 것일까요?

만화와 애니메이션을 제외하고 오타쿠들 중 가장 비중이 큰 것을 따지자면 역시 게임이 아닐까 싶은데요. 이제는 게임을 즐기는 사람들을 따로 '게이머'로 부르는 편이지만, 게임은 대표적인 오타쿠들의 전유물들 중 하나였습니다.

특히, 혜성처럼 등장하여 게임계를 지배한 일본의 '닌텐도'와 '세가', '소니'는 게임을 구동하는 게임기 시장 자체를 지금까지도 점령하고 있으며, 「대항해시대」, 「코에이 삼국지」, 「드래곤 퀘스트」 같은 일본 게임들 역시 올드 오타쿠들의 필수요소였죠.

지금은 게임이 떨어져 나와서 오타쿠 문화와 교집합을 이루는 모습으로 보이지만, 게임은 오타쿠 문화가 원류일만큼 여전히 오타쿠들이 강력한 소비자입니다. 만화/애니메이션과 같이 게임은 하나의 세계를 창조하는 문화이고, 그것의 향유자들은 그 세계관에 강한 영향을 받을 수밖에 없죠. 게임은 여전히 오타쿠 컬처에 포함된다고 볼 수 있습니다.

또한, 아이돌 문화도 오타쿠 컬처에 들어갑니다. 추후에 다시 다루겠지만, 대한민국의 아이돌 문화도 미국의 그것과 일본의 그것에 모두 영향을 받은 모습입니다. 한국에서는 최근 그룹형 아이돌들만 아이돌이라고 부르는 모양새이지만, 어리고 풋풋한 이미지의 솔로 여자 가수를 '아이돌'이라고 부르는 분위기는 2000년대 말까지만 해도 여전히 존재했습니다. 마치 일본의 마츠다 세이코가 그렇게 불렸듯이요.

단순히 만화/애니메이션 뿐만 아니라, 그것과 유사한 분위기의 라이트 노벨 역시 오타쿠 컬처에서 빼놓을 수 없습니다. 라이트 노벨과 그렇지 않은 소설의 차이는 무엇인가에 대해 많은 사람들이 논의하고 있지만, 아직까지 정확한 기준은 마땅히 없습니다. 모에한가? 아닌가? 같은 오묘하고 사적인 기준이 거의 전부라고 볼 수 있습니다.

아니, 사실 오타쿠가 볼 법한 문화라면 모두 오타쿠 컬처라고 볼 수 있을 겁니다. 음악에서도 오타쿠들이 흔히 들을 법한 음악이 있습니다. 그것을 J-POP이라고 부르면 특유의 차이점을 짚기 어렵기 때문에, 오타쿠들은 J-POP이 아닌 보컬로이드 음악, 혹은 애니 음악, **우타이테**[2] 등으로 따로 검색하곤 합니다.

오타쿠 문화를 따로 정의하는 행위 자체가 의미가 없을지도 모르지요. 인터넷 방송도 오타쿠들이 보기 시작하면 오타쿠들을 위한 미소녀 캐릭터를 동원합니다. 버츄얼 유튜버는 그렇게 등장했지요. 어느 문화든, 오타쿠들이 보기 시작하면 자연스럽게 오타쿠

2　일본 웹에서 활동하는 아마추어 가수, 자신의 오리지널 노래가 별로 없는 것이 특징이다. 보컬로이드의 특유의 기계음이 어색하게 느껴졌던 사람들을 위해 보컬로이드 곡을 커버하는 경우가 많다.

컬처에 편입되게 됩니다. 문화에 소비자가 종속된 것이 아닌 소비자들이 만들어내는 것이 문화니까요.

☞ 오타쿠 컬처는 여전히 서브컬처인가?

보통 서브컬처라는 표현이 지칭하는 대상이 오타쿠 컬처이긴 하지만, 상기한 '서브컬처들의 특징'들이 오타쿠 컬처에서는 점점 옅어지고 있는 추세입니다. 하위 문화를 말할 때, 가장 원론적인 분류 방법은 '특정 세대 혹은 특정 계층에서만 향유하는 문화인가?'이겠죠.

이 부분은 세대 별로 이견이 있을 수 있겠습니다. 20세기, 만화방에서 만화를 읽고 일본어를 들으려면 청계천을 가야만 했던 세대들에게 오타쿠 컬처는 여전히 마이너한 취미의 영역이겠지요. 혹은, 사회적으로 지탄받는 취미로 기억하시는 분들도 계실 것입니다.

영화, 「원피스」 극장판 : 필름 레드」, 2022

하지만 21세기에 학창시절을 보낸 사람들은, 나이가 어리면 어릴수록 오타쿠 컬처가 친숙하실 것입니다. 현재 30대인 사람들도 당연하다는 듯이 KBS에서 방영되는 만화 「원피스」가 얼마나 유명한 지는 익히 아실 것이고, 현 20대 이하의 세대에게 일본의 오타쿠 컬처는 이미

영화, 「짱구는 못말려 극장판 : 핫스프링가편 vs 그래그래 마왕」, 1993

어타쿠의 목말을 읽다

충분히 친숙하다 못해, 유행을 선도하는 수준이 되었습니다.

2000년대 초반까지의 청소년들에게 오타쿠 문화를 즐기는 사람들은 멸시를 받거나 비웃음을 사거나 했지요. 하지만 현재는 아주 아이였던 시절부터 TV 등을 통해서 「크레용 신짱」(한국명: 짱구는 못 말려) 같은 일본 작품들에 익숙해진 세대들이 있습니다.

초등학생 시절에는 「나루토」와 같은 닌자를 동경하고, 성장하면서는 「진격의 거인」과 같은 어두운 판타지, 혹은 「귀멸의 칼날」과 같은 노골적인 모에 요소들이 난립하는 작품에도 열광할 수 있게 된 세대가요. 자연스럽게 언급되는 '모에'라는 단어는 추후 일본과 미소녀 파트에서 따로 다뤄보도록 하겠습니다.

그렇기 때문에 젊은 세대들은 물론, 그들의 부모 세대들까지도 모두 익히 아는 수준이 된 일본의 오타쿠 컬처는 더 이상 '특정 세대 혹은 특정 계층'만이 향유하는 문화라고 부르기에 민망한 거대 문화가 되어버린 것입니다. 이 글을 쓰고 있는 2023년 현재, 한국의 극장가는 일본의

영화, 「나루토 극장판 : 불의 의지를 잇는 자」, 2009
영화, 「진격의 거인 극장판 : 홍련의 화살」, 2014
영화, 「귀멸의 칼날 극장판 : 무한열차」, 2020

애니메이션 영화들이 연일 1위를 석권하고 있는 등, 더 이상 소수의 취미라고 보기는 어려워졌다고 볼 수 있겠죠.

자연스럽게 사람들에게 노출도가 많아지면 많아질수록 비호감도는 줄어들기 마련이기에, 오타쿠 컬처의 비주류성 역시 희석되고 있다고 볼 수 있습니다. 아주 가까운 과거만 해도, 우리는 일본의 애니메이션 중 '아동용'이라고 생각되는 것들만 우호적으로 여겼던 시절이 있습니다.

그러나 이제는 시쳇말로 '오글거린다'라고 하는 정도의 일본의 애니메이션적 표현들이 들어가도 그러려니하는 수준에 이르렀죠. 그렇기 때문에, 오타쿠 컬처를 '저질 문화에 불과하다'라고 이죽대는 사람도 매우 줄어들었습니다.

물론 오타쿠 문화가 완전히 서브컬처의 영역에서 벗어난 것은 아닙니다. 여전히 문화 전체적인 이미지가 좋지 않기 때문이죠. 그리고 오타쿠들 스스로가 자신들의 취미가 '마이너'이기를 원하고 있고, 대중들의 관심을 역으로 기피하는 모양새를 보이고 있기 때문에, 오타쿠 문화가 대중화되고 있음에도, 아직까지는 '오타쿠 컬처는 서브컬처가 아니다'라고 말하기는 매우 어렵겠습니다.

☞ 오타쿠, 자처한 마이너리티

지금까지는 뭉뚱그려서 만화/애니메이션 오타쿠라고 지칭했지만, 사실 만화/애니메이션은 너무나도

오타쿠의 욕망을 읽다

거대한 형식에 불과합니다. 애초에 오타쿠라고
해서 일본 애니메이션 오타쿠만 존재하는
것도 아니고, 미국 만화/애니메이션을 즐기는
오타쿠도 정말 큰 비중을 차지하고 있어요.

일본 만화/애니메이션 오타쿠 역시,
미소녀만 나오는 미소녀물을 좋아하는 사람,
학교를 배경으로 하는 학원물만 찾아보는 사람,
깊고 어두운 설정의 SF 장르를 좋아하는 사람, 인간의 성장을
다루는 작은 이야기만 좋아하는 사람, **세카이계**[3]라고 불리는
특정 장르만 보는 사람들로 굉장히 파편화되어 있습니다.

적어도, 장르 간의 다툼으로 보이는 위 사례를
넘어서서…… 일본 애니메이션에서 가장 중요한 '모에'에서의
다툼은 더 시답잖으면서도 치열합니다. 핑크색 머리카락을 한
캐릭터들을 싸잡아 비하하는 단어가 존재할뿐더러, 안경을
낀 캐릭터는 X경이라는 비하어로 지칭하고, 모에 요소들마다
각자의 오타쿠가 굳건한 상태이기 때문에, 사실 오타쿠들은
서로를 그다지 좋아하지 않는 모양새입니다.

이런 모양새는 단순히 파편화된 오타쿠 팬덤이…… 마치
응원하는 팀이 다른 야구 팬처럼 서로를 놀리는 것이 문화가 된
케이스처럼 보이기도 하지만, 오타쿠들이 자신을 포함한 자기
집단을 무시하는 것은 훨씬 더 보편적인 일입니다. 심지어는
스스로가 오타쿠이고 오타쿠를 대상으로 작품활동을 하는

3   セカイ系, 한
사람의 성장 혹은 좌절,
사랑의 성공이나 가족
간의 불화 같은 소규모의
사건들이 인류 멸망,
지구 멸망과 같은 큰
사건을 좌우하게 되는
장르를 통칭하는 말.
대표작으로「신세기
에반게리온」이 있다.

4   일본의 관용구로
'눈치가 없다'라는 뜻.

애니메이션 제작자들도 오타쿠라는 집단을 자연스럽게 비하할 정도로요.

그 「신세기 에반게리온」의 엔딩이 오타쿠들을 조롱하기 위해서라는 설이 꽤 그럴듯한 해석으로 받아들여지는데, 그 작품이 역대 최대급의 오타쿠들을 만들어냈다는 점도 재미있는 점입니다.

오타쿠 집단이 이렇게 자기들 스스로도 자기비하를 하는 소수자 집단이 된 이유 중 가장 큰 것은, 오타쿠 컬처만이 가지고 있는 그 특유의 반문화성이라고 생각합니다. 오타쿠 컬처의 반문화성은 매우 조용한 저항입니다. 사회가 제시하는 분위기에 맞추지 않겠다는 저항이죠. 마치 부모님이 무언가 기분 나쁜 이야기를 하셨을 때, 밥도 먹지 않고 두문불출하는 아이처럼 말이죠.

그렇기 때문에, 꾸준히 눈에 띄면서도 그다지 위협적이지는 않은 반항입니다. 게다가, 자의적으로 사회의 분위기를 따르지 않는 것인지, 그럴 능력이 되지 않아서 분위기를 못 따르는 것인지조차 분간이 되지 않기 때문에, 자연스럽게 오타쿠들에게는 '사회부적응자'라는 낙인이 찍히게 되었습니다.

대중문화가 아닌 것을 좋아하면서, **공기도 읽지 못하는**[4] 집단은 정 맞기에 딱 좋은 모난 돌이죠. 다른 반문화 집단은 거칠게 저항성을 드러내기 때문에 쉽게 대하지 못하는 반면, 오타쿠들은 자기 스스로조차도 오타쿠를 다른 사람들에 비해

낮잡아 보는 경향이 있습니다.

　　사회성이라는 면에서 약점을 가지게 된 오타쿠 집단은
매우 슬프게도, 무리지어 행동하는 다른 반문화 집단과는 달리
스스로도 무리짓지 못하게 됩니다. 오타쿠들은 현실에서 말을
잘 못한다는 이미지거나, 자기 표현이 너무 강해서 분위기를
맞추지 못한다는 인상이기 때문에, 오타쿠들끼리의 동호회나
집단은 두드러지지 못한 편이죠. 그렇기 때문에 오타쿠들은
대개 인터넷에서만 활동하게 되는데…….

　　평범한 사람도 인터넷의 세계에 들어가면 쉽게 이상한
사람이 됩니다. 랜덤으로 매칭된 5명의 팀원과 함께하는
게임을 생각해보세요. 그 중에 몇 명이 이상한 사람일 거라고
생각하시나요?「나루토」에 나오는 지로보의 명언처럼, 다섯 명이
모이면 반드시 하나는 쓰레기가 있습니다. 인터넷의 세계에서는
둘, 셋인 경우도 적지 않죠.

　　그런데 오타쿠들은 현실에서의 커뮤니티는 거의 없는데,
거의 인터넷에서만 활동이 가능해요. 그들도 키보드 앞에서라면
달변가가 되기 마련이죠. 조금 관심 영역이 독특한 달변가요.

　　그러니, 자연스럽게 오타쿠의 이미지는 이상하게 굳혀지게
됩니다.

　　현실과 주류문화를 싫어하는 힙스터적 기질, 눈치가 없고
분위기를 못 맞추는 사회성 부족, 실존하지 않는 것에 대한
팬덤이라는 특이함, 그들이 주로 보이는 곳은 대개 인터넷 속,

사회에서 기피되며 생긴 피해의식, 그러면서도 자기들끼리 분열하고 서로를 비하하는 모양새까지.

스스로도 부끄러워하는 이름에 인정이 깃들 리 없겠죠. 분명 일본 애니메이션/만화는 한국 극장가를 한동안 점령할 정도로 대단한 인기를 끌고 있지만, 자신이 오타쿠라고 말하는 것은 너무나도 어려운 상황입니다. 또한 자신을 오타쿠라고 인정하는 사람은 역설적으로 자신의 취미가 대중화되는 것을 원치 않죠.

그렇기 때문에, 오타쿠와 오타쿠 문화는 그 향유 집단이나 대중성을 생각했을 때 소수자, 서브컬처라고 불리기에는 어렵습니다만, 여전히 오타쿠 집단은 소수자성을 띠고 있기 때문에 그들의 문화를 서브컬처라고 이 책에서도 지칭하는 점을 이해해주시기 바랍니다.

☞ 일본 만화, 신과 함께 등장하다

일본 만화의 아버지, '데즈카 오사무' 얘기부터 해보죠. 유복하고 근대적인 생활 환경 속에서 자란 데즈카 오사무는 만화를 좋아하는 소년이었습니다. 정확히는 애니메이션을 좋아하는 소년이었죠. 1900년대 초반 당시 일본인들이 접하기 힘들었던 영사기 등을 가지고 있던 집안에서 태어났기에, 그는 자연스럽게 「디즈니」의 작품들을 만날 수 있었습니다.

오타쿠의 욕망을 읽다

하지만 시대의 물결은 그도 벗어날 수 없었던 터라, 만화와는 무관하게 전쟁에서 필요한 의학전문대학에 들어갈 수밖에 없었죠. 그는 제국대학 의전을 졸업했음에도 불구하고, 그동안 그려왔던 만화를 세상에 알리고 싶었습니다. 그 결과, 「마이니치 신문」에서의 연재 한 꼭지를 딸 수 있게 되었고, 데즈카 오사무의 작품들은 세상에 알려지게 됩니다.

이 당시의 대표작으로는 「신 보물섬」이 있습니다. 데즈카 오사무가 만화 세계에 처음으로 뛰어들던 당시, 연재 만화가 아닌 출판 만화에서는 赤本(아카혼)이라고 불리는 싸구려 출판방식이 있었는데, 데즈카 오사무의 「신 보물섬」이 이 아카혼 유행을 불러일으킬 정도로 그의 데뷔는 화려했습니다.

그러나 우리도 익히 알고 있는 데즈카 오사무의 대표작 「철완 아톰」은 아카혼 유행 수준이 아닌 전 일본을 뒤흔들 정도의 인기를 끌게 됩니다. 「철완 아톰」은 인간 소년과 똑닮은 작은 로봇을 주인공으로 하여, 인간 세상에서 살아간다는 이야기입니다.

1970~80년대의 SF 붐을 겪은 사람들이라면 자연스레 이 작품이 무거운 주제로 빠질 것임을 짐작할 수 있겠지요. 인간과 다를 바 없는 로봇들이 차별을 당한다거나, 그럼에도 불구하고 아톰은

인간들이 사는 세상을 구한다거나, 로봇보다 나약하면서도 로봇들을 차별하며 위기에 처했을 때는 로봇에게 도움을 청하는 인간의 모습을 관찰한다거나 하는…… 약간은 날카로운 이야기죠. 아톰의 '약간은 날카로운 이야기'가 후대 일본 SF 만화 작가들에게 더 발전된 형태로 제시되듯, 데즈카 오사무라는 천재 작가의 향기는 후대 일본 만화계에 엄청난 영향을 끼칩니다.

앞서 언급한「리본의 기사」같은 작품은 성별과 관련된 고정관념을 뒤흔드는 진보적인 작품이었고, 이후의 일본 작품들에 유난히 성전환과 같은 소재들이 많이 등장하는 데 영향을 주기도 합니다. 대표적으로는「소녀혁명 우테나」같은 만화가 있겠군요.

인간과 욕망, 운명과 도전 등을 흥미롭게 다룬「불새」, 인간의 추악함과 폭력성을 다룬「키리히토 찬가」, 인간의 삶과 죽음, 그리고 종교를 이야기한「붓다」등은 아직까지도 고전 명작으로 읽히는 데즈카 오사무의 명작들이며, 그에 대한 폭발적인 인기는 자연스럽게 그의 영향을 받은 후대 만화가들에 대한 관심으로도 이어져, 일본 만화의 토양을 확립하게 된 존재라고도 볼 수 있습니다.

또한 데즈카 오사무는 상기했듯,「디즈니」의 애니메이션에 큰 영향을 받았기 때문에, 아주 젊은 시절부터 자신의 만화가 애니메이션이 되는 것을 기대했습니다. 특히, 영화관에서 상영되는 애니메이션이 아닌 대중들에게 더 가까운 포맷, TV 애니메이션을요.

그는 1960년대, 자신이 직접 애니메이션 제작 회사를 만들고, 자신의 대표작「철완 아톰」을 애니메이션으로 만들며 엄청난 인기를 누리게 됩니다. 이와 함께 애니메이션 제작의 주축은 '토에이'가 담당하던 '극장'이 아닌, 어린이를 열광시키는 'TV'로 향하죠.

영화보다 제작 시간이 길기 때문에 더 비싸야 할 제작비를 데즈카 오사무의 권위와 인기로 단가를 후려쳐 깎아내려, 일본 애니메이션 박봉의 역사가 시작되었다고 비판하는 사람도 매우 많지만, 데즈카 오사무는 'TV 애니메이션'의 아버지로 불리기에도 모자람이 없는 인물이었습니다.

☞ 일본 서브컬처의 전성기

일본에서 '오타쿠'라는 표현이 처음 등장한 것은, 1960년 초반의「철완 아톰」을 TV 애니메이션으로 보던 아이들이 10년이 지나 청소년, 성인이 되었을 때입니다. 만화가 일본 전역을 울렸니 어쨌니 말하긴 했지만, 애니메이션은 여전히 아이들의 취향에 불과하다는 인식이 팽배하던 1970년대 초,「우주전함 야마토」가 등장하면서 세상은 또 한 번 뒤집히게 됩니다.

애니메이션에 친숙하던 세대가 청년층이 되자 만나게 된

5 전학공투회의의
줄임말. 일본의 좌익성향
반정부 투쟁이다.

「철완 아톰」보다도 어두우면서도 스케일이 큰 이야기를 마주하게 되었고, '아니메 붐'이 형성되게 됩니다. 이 시기의 작품들과 전후 일본의 멘탈리티에 대한 상세한 이야기는 다음 장에서 해봅시다.

'오타쿠와 반문화'를 이야기하며 말했듯, 1970년대 중반은 68혁명의 사회참여적 분위기가 옅어지고, 특히 일본에서는 **전공투**[5] 등의 실패로 인해 자연스레 젊은이들의 사상 활동이 소극적으로 변하게 됩니다. 그와 동시에 유행하게 된 애니메이션은 사회에 비판적인 스탠스를 취하고는 있으나, 딱히 무언가를 해야 한다라기 보다는 자아를 갈고 닦거나 자신에게 집중하는 방향으로 발전하게 되죠.

오히려, 가상의 세계관을 확장시켜 조금 더 파고들게 만드는 것들이 유행하였으며, 이 시기에 개봉한 「스타워즈」 역시 가상 세계에 대한 매니악한 팬덤이 발생하는 데 기름을 붓습니다. 이 시기 일본은 가상 세계와 나 자신에 집중하게 됩니다. 현실은 고통스럽다거나 타락했다거나 하는 인식이 일본에서 퍼져나갑니다. 그 덕에 현실과는 점점 멀어지고 가상 세계의 탄탄함이 배가 됩니다. 이것이 일본 서브컬처의 전성기가 1970~1990년대라는 의견으로 통일되는 이유겠지요.

하지만 평론가 우노 츠네히로가 말하듯, 2000년대에 IT 붐이 들어서며, 다시 우리가 세상을 바꿀 수 있다는 식의

사고관이 늘어나기 시작합니다. 이 시기부터 서브컬처가
주춤해졌다는 그의 의견에는 동의하지 않습니다. 하지만 이
시기부터 서브컬처의 이야기가 급격히 가벼워졌다는 점의
이유는 될 수 있겠지요.

2000년대 젊은이들은, 만화나 애니메이션 등을 통해서
사회에 대한 비판 의식을 드러내는 것보다는, 그냥 인터넷에
댓글을 쓰며, SNS에 비판 글을 쓰며 더 쉽고 직관적으로 세계에
대한 표현을 할 수 있게 되었기 때문에, 일본의 서브컬처들이
2000년대 초반쯤을 마지막으로 이야기의 무게가 급속도로
가벼워지지 않았나 생각해볼 수 있습니다.

하지만 저는 서브컬처의 색깔이 변했을 뿐, 여전히 오타쿠
문화는 전성기를 갱신하고 있다고 생각합니다. 서사 중심에서
캐릭터 중심으로, 구조 중심에서 데이터 중심으로, 내면
중심에서 외면 중심으로 오타쿠 문화에서의 그 축이 옮겨가고
있는 것은 자명합니다. 과거 오타쿠들 중에서는 이런 오타쿠
문화의 변화에 대해 한탄하는 사람도 굉장히 많습니다. 옛날
작품들에는 생각을 뒤흔드는 무게감이 있었는데, 요즘 작품들은
모두 무가치해졌다고 말입니다. 그러나 이것이 서브컬처의
시대가 끝났음을 암시하지는 않습니다. 오히려 저는 서브컬처
계열이 대중문화에 비해서 조금 더 빠른 변화의 모습을
보인다고도 생각해요. 지금까지 꾸준히 애니메이션 따위보다
훨씬 어른스럽다는 평가를 받던 대중문화들이 서브컬처의 최신

트렌드를 따라가고 있기 때문입니다.

영화, 소설, 예술 등이 이미 서브컬처의 기호에 영향을 받고 있고, 현대 예술들에는 이미 서브컬처 캐릭터들이 이용되고 있습니다. 보통 자본주의적, 공산주의적 작품들을 비판할 때 사용되는 맥락이 많긴 하지만, 수용자들은 친숙한 캐릭터들에 더욱 열광합니다.

만화 등을 분류할 때 사용하는 '태그' 형식은 이미 소설계에서도 사용되려는 움직임입니다. 서사 면에서 열광을 받은 「신세기 에반게리온」은 이제 모르는 사람들도 많지만, 「신세기 에반게리온」의 캐릭터 '아야나미 레이'가 남긴 캐릭터성은 이후 작품에서도 꾸준히 재활용됩니다. 쿨데레라는 말도 살짝 시대가 지난 감이 없지 않지만 '레이'와 비슷한 모습을 지닌 캐릭터는 해마다 수십 명씩 나옵니다.

☞ 왜 서브컬처를 알아야 하는가?

서브컬처의 본토라고 볼 수 있는 일본의 이야기를 꾸준히 했기 때문에 대한민국에서는 살짝 먼 이야기처럼 느껴지실 분도 계실 것 같습니다. 하지만 2023년 한국 극장가의 문턱은 「슬램덩크」와 「스즈메의 문단속」이 틀어막았습니다.

사람들은 대한민국의 핵심 문화사업이 K-POP과 K-드라마라고 생각하지만 의외로 외화를 가장 많이 벌어다 주는 것은 한국의 게임산업입니다. 일본의 영향을 받은 것을 부정할 수 없는 '웹툰'도 눈여겨 봐야 합니다. 웹툰의 글로벌 진출은 점점 뚜렷하게 성장세를 보이고 있고, 한국의 K-드라마 등의 원전이 웹툰인 사례는 이제 전혀 이상하지 않은 사건입니다. 강풀의 만화가 영화화되던 시절만 해도 웹툰의 영화화는 꽤나 새로운 도전이었습니다만, 이제 「지금 우리 학교는」, 「스위트 홈」 등의 웹툰 원작 드라마가 전 세계의 호응을 받는 것은 전혀 어색하지 않은 일입니다.

　　하지만 이런 지표들과 관계 없이 이 책을 보시는 여러분들께 서브컬처의 중요성을 설득하고 싶습니다. 저는 대중문화가 우리에게 작별인사를 하고 있다고 생각합니다. 서서히 손을 흔들고 있고 대중들도 그것을 그다지 아쉬워하지 않는 모양새입니다. 책을 쓰고 있는 마당에 이렇게 말하는 것도 조금은 우스운 일이지만 베스트셀러라는 말은 이제 조금 어색합니다. 모두가 읽어야만 하는 책 따위는 존재하지 않는 시대가 된 지 오래죠. 다 함께 듣는 음악도 거의 존재하지 않게 되었습니다. 과거에 음악은 하나의 교양이기도 했습니다. 어떤 노래를 모르면 간첩이라는 소리도 들었죠. 하지만 이 책을 쓴 2023년의 가장 핫한 노래는 '뉴진스'의 「Hype boy」였지만, 저는 이 음악의 하이라이트 부분 외에는 잘 모릅니다. 딱 10년

전까지만 해도 국민 아이돌이라는 말은 어색하지 않았으나 이제 국민 아이돌 따위는 없습니다.

TV 프로그램과 예능계도 이 문제를 직면했습니다. 국민 MC라고 불리는 사람들은 이미 50대를 훌쩍 넘겼지요. SBS의 프로그램 「런닝맨」이 화려했던 과거와 지금을 비교하기 적절해 보입니다. 「런닝맨」이 시청률을 20%를 넘기고 사람들의 주목과 사랑을 받았던 시기가 생각보다 멀지 않습니다. 딱 12년 전입니다.

라디오와 신문과 TV가 대중성을 잃은 마당에 대중문화의 원조격인 영화가 지금까지도 나름 선방한 것이 신기할 정도입니다. 하지만 코로나바이러스로 인한 제작비의 급증을 견디지 못하고 사람들은 극장을 찾지 않게 되었습니다. 그래도 주가가 반등하기라도 했던 코로나시대가 지난, 현재의 포스트코로나시대의 극장은 더욱 암울합니다. 우리는 더 이상 15,000원짜리 대중문화를 소비하지 않습니다. 대중문화의 가장 큰 소비욕구는 '타인이 그것을 소비한다'라는 동조압력에도 있습니다. 유행에 뒤처진 것 같은 느낌은 자연스럽게 대중문화를 소비하게 되는 원동력이 됩니다. 어제 「개그콘서트」를 보지 못한 사람은 그것으로 인한 토크에 끼어들 수 없습니다.

하지만 인터넷 커뮤니티가 우리 일상에 숨쉬듯이 스며들면서 굳이 우리는 현실의 사람들과 이야기할 필요를

어타쿠의 욕망을 읽다

못 느끼게 됩니다. 내가 좋아하는 주제에 대해서만 얘기할 수 있는 새로운 세상이 펼쳐져 있는 마당에 굳이 다 보지도 않은 「어벤저스」이야기를 하기 위해서 20편이 넘는 영화를 다 보는 것은 그다지 현명한 선택이 아닌 듯합니다.

코로나시대가 지나면서 대중문화는 이런 '동조압력'에 의한 소구점을 많이 잃어버렸습니다. OTT와 유튜브 같은 대안적 매체의 발달로 인해 사람들은 자신이 좋아하는 것만 찾아볼 수 있게 됩니다. 우리는 대중문화의 해체기를 겪고 있을지 모릅니다. 한때는 대중문화가 교묘하게 프롤레타리아를 지배한다고 했지만 이젠 대중문화는 프롤레타리아는 커녕, 특정 세대나 특정 성별조차 지배하지 못합니다. 사람들의 요구점은 너무나도 다원화되었으며, 어떤 대작도 30% 이상의 국민을 만족시킬 수는 없습니다. 이것이 공식적으로 두드러지는 것은 2000년대 말부터 2010년대를 지배한 '마블 시네마틱 유니버스'조차도 대중성을 잃어가고 있다는 것입니다. 특히 '타노스'를 중심으로 한 「어벤저스:엔드게임」이 끝난 이후로부터 MCU는 크게 기대도 받지 못하고 있죠.

이제 '모든' 대중을 노리는 것은 무리하고 실패할 확률이 높습니다. 어떤 창작물이든 타깃층을 설정하는 것이 가장 중요한 시점입니다. 대중문화는 시장 세분화로 갈기갈기 찢어집니다. 그렇게 깨부숴진 대중문화는 결국 '특정 세대 혹은 계층 혹은 성별'만이 즐기는 문화로 다시 뿌리내립니다.

대중문화라는 하나의 거대한 세계가 폭발하며, 작은 문화들로 뿌리내립니다. 이 1장의 첫 번째부터 꾸준히 말했던 그 단어의 시대입니다.

서브컬처의 시대!

우리는 앞으로 서브컬처 강국 일본의 서브컬처들을 장르별, 테마별로 묶어서 분석할 것입니다. 또한 여러분들이 익히 아실 법한 작품과 그것에 영향을 끼친 작품, 그것에 영향을 받은 작품들을 소개하며 하나하나를 리뷰해보도록 하겠습니다. 사람들에게 매우 유명한 작품부터, 그다지 알려지지 않은 마이너한 작품들까지, 이 작품을 '마이너 리뷰 갤러리'의 추천 작품 목록이라고 생각하고 읽으시더라도 꽤 괜찮은 선택이 되실 겁니다. '서브컬처'를 이해하는데 도움이 될 많은 작품과 평론을 준비했으니 페이지를 넘겨 대중문화의 종말 이후 어떤 현상이 도래할 것인가에 대한 제 얘기를 들어주시면 감사하겠습니다. 혹은, 제가 소개하는 작품들을 모두 다 이미 알고 있는 완벽한 오타쿠 분이라면 더 비판적으로 봐주시는 것도 좋겠지요.

일본의 서브컬처에 작용하는 다양한 맥락 중 제가 제일 처음 꼽고 싶은 것은 역시 역사, 특히 일본의 패전입니다. 한 번도 외세와의 전쟁에서 패배해 본 적이 없던 일본이 처음 맞은 패배로 인한 열등감 그리고 자신들을 무너트린 미국의 등에 업혀 이룩한 역대 최대의 경제 호황. 그들이 자랑스러워하던 일본은 무너지고 새로운 것들이 일본을 채우기 시작합니다. 그런 그들의 욕망은 훌륭한 거름이 되어 일본 서브컬처의 태동을 꽃피웁니다. 일본의 패전과 함께 탄생한 서브컬처는 일본의 성장의식을 반영하고 일본인들의 정신을 흡수하며 발전합니다. 그리고 우리가 아는 '오타쿠 컬처'로 발달하게 됩니다.

전쟁과 힘에 대한 일본의 멘탈리티를 알아보는 첫 서두는 그 이름도 유명한 「건담」으로 시작합니다. 일본의 거대로봇 작품들을 리뷰해봅시다.

2장

거대로봇, 출격하라

☞ **「마징가Z」의 아성**

일본 애니메이션의 1차 전성기는 「철완 아톰」의 애니메이션이 열었지만 '오타쿠'라는 존재들을 만들어낸 2차 전성기를 연 것은 「우주전함 야마토」를 위시한 SF 장르 애니메이션의 등장이었습니다. SF는 말 그대로 과학적인 상상력을 가지고 만드는 판타지이기 때문에, 그 범위는 무궁무진하죠.

역시 우리들의 어린 시절부터 꾸준히 등장해온 거대 로봇 친구들을 빼놓을 수가 없겠죠. 우리 세대보다 윗 세대의 분들에게는 「태권 브이」라든지, **마징가Z**와 같은 작품들이 유명하겠지만 「기동전사 건담」 시리즈는 그 작품들과 거의 유사한 시기에 태어났음에도 불구하고 현재까지도 꾸준히

2장 거대로봇, 출격하라

신작이 나오고 있는 생명력이 질긴 작품이죠.

「기동전사 건담」의 가장 큰 특징은 장르의 다원화라고 말할 수 있겠습니다. 건담 팬덤에 대한 이런 농담이 있을 정도죠. '오타쿠'들을 소재로 한 만화 「러키스타」의 주인공 '이즈미 코나타'의 아버지는 건담의 광팬인데, 만약 건담이 주인공인 탐정 애니메이션이 나온다면…… 그것도 치정 전문 탐정으로 나온다고 해도 주인공이 건담이라고 하면 볼지도 모른다고요.

이런 유쾌한 농담이 있는 만큼 「기동전사 건담」 시리즈는 수많은 장르를 활보합니다. 건담 시리즈의 최신 작품인 「수성의 마녀」는 군산복합체로 이루어진 기업 간의 암투를 다룹니다. 미래 우주 개발이 기업을 중심으로 돌아간다면 행성을 지배하는 것은 기업국가일지도 모를 일이지요. 이 정도는 그래도 상식 내의 이야기입니다. 그러나 여기에서 그치지 않고 「수성의 마녀」에서는 학원물이라는 특징도 섞여 있습니다. 그 우주의 산업기업이 운영하고 있는 '아스티카시아'라는 고등학교에 수성에서 한 학생이 전학을 온다는 것이 이 작품의 시작이죠. 학원물이라면 모름지기 독특한 인물이 전학을 와야 성립이 되는 법 아니겠어요.

이런 건담 시리즈의 첫 번째 작품인 「기동전사 건담」 역시 시작부터 제법 파격적인 스타트를 달렸습니다. 우리가 생각하는 거대로봇의 이미지는 아마 이럴 거예요. 천진난만한 소년이 우스꽝스럽게 생겼으면서도 사악하기 그지없는 악당들을

거대로봇을 조작 혹은 탑승해서 박살을 낸다는 내용이죠. 이런 인식은 아무래도 '거대로봇물'의 첫 작품인 「철인 28호」보다는 우리 마음속의 영원한 거대로봇 **마징가Z** 쪽에 영향을 더 받았을 겁니다. 일단 거대로봇에 탑승을 한다는 매커니즘 자체가 **마징가Z**가 제시한 뉴 패러다임입니다. 게다가 **마징가Z**는 '나가이 고' 만화가의 작품이지만 사람들에게 대중적으로 알려진 것은 만화판이 아닌 애니메이션판이지요. 양 쪽이 동시에 연재되었기 때문에 어느 쪽이 원작이라고 말을 할 수는 없지만, 그 「데빌맨」이라는 어두칙칙한 만화를 그린 나가이 고 작가답게 만화판 「마징가Z」는 훨씬 서사가 어둡고 복잡한 편입니다.

　　마징가Z가 엄청난 성공을 거두었기에 70년대 거대로봇물은 자연스레 **마징가Z**의 영향을 짙게 받을 수밖에 없었습니다. 그러나 「기동전사 건담」은 거대로봇물의 장르적 문법은 그대로 따라갔지만 스토리라인이나 설정이 훨씬 복잡하고 고통스러워졌습니다. **마징가Z**처럼 매주 새로운 적이 나오고, 그들을 매주 부숴대는 전개로는 승부할 수 없다고 생각한 건담은 우주시대의 정치적 연맹체들을 등장시키기에

이릅니다. 실질적으로 파시즘으로 이끌어지는 '지온 공국'과
UN의 역할이 확대되어 생겨난 '지구 연방', 주로 이 두 정치체의
충돌을 그리는 대서사를 「기동전사 건담」에서는 묘사하고
있었죠. 이 안에서 보통은 '연방'의 편을 드는 작품이지만
실질적으로 다루는 것은 어른들이 정치 이념과 분쟁으로
서로에게 총을 겨누고 민간인을 학살하기에 이르는 상황에서
그 세계관에서 살아가는 주인공인 '소년들'이 어떻게 자신만의
성장을 이룩하는가에 대한 작품이 됩니다.

내러티브 자체가 리얼했을 뿐만 아니라 「건담 시리즈」에서
묘사되는 전쟁병기 '건담'의 묘사 자체가 어린이의 꿈과
희망이라기보다는 실전 무기에 가까운 묘사였기 때문에
기존의 거대로봇물과는 차별점을 보였죠. 이런 차별점을
보인 「기동전사 건담」 첫 번째 TV 애니메이션 시리즈는
처참히 몰락합니다. 당연히 스토리가 너무 어렵고 복잡하다는
이유에서요. 하지만 이 작품은 재방영에 재방영을 돌입하면서
서서히 평가가 좋아지고 인지도가 오르더니 이윽고 제작사인
선라이즈를 견인하는 시리즈가 됩니다. 「기동전사 건담」의
영화판은 이 작품의 마스터피스라고 불릴 정도였죠.

☞ 거대로봇, 반전(反戰)을 노래하다
애니메이션 연출을 배울 때 반드시 마주하게
되는 '토미노 요시유키' 감독이 바로 이 「기동전사 건담」의

제작자입니다. 그는 「기동전사 건담」을 담당하기 전에도 「용자라이딘」 등의 거대로봇물을 담당했고 여기서도 「건담」과 비슷한 테이스트(풍미)를 보여줬습니다. 유달리 미청년에 가까운 악역을 보여준다든지 하는…….

「건담 시리즈」는 정말 다양한 장르를 가지고 있고 각자 소주제는 모두 다르게 설정되어 있습니다. 하지만 「건담 시리즈」의 공통적인 서사를 꼽으라면, "싸우면서 배워 나가는, 싸우면 안 되는 이유"라고 말하겠습니다. 서로간의 이견, 이권 다툼, 정치적 이념 차이, 사소한 오해 등으로 「건담 시리즈」의 주인공은 엄청나게 싸워대지만, 결국 마무리쯤에는 서로 총을 거두어야 한다는 이야기로 끝납니다. 건담의 주요 내용은 반전(反戰)인 셈이지요. 「건담 시리즈」만을 본 사람들은 오해를 할 수 있을지도 모르지만 사실 이것은 '거대로봇물'이라는 장르가 거의 공통적으로 가지고 있던 의식입니다. 이 시리즈의 원류에 가까운 '요코야마 미츠테루' 작가의 **철인 28호**에서도 짙게 묻어난 것이 바로 이 반전의식이었기 때문이죠.

「마징가Z」가 탑승하는 거대로봇이라는 패러다임을 만들었다면 철인 28호는 리모콘으로 조작하는 거대로봇입니다. 탑승하는 거대로봇과 조작하는 거대로봇의 차이점이라면 역시 그 거리감을 들지 않을 수 없겠습니다. 「마징가Z」는 거대로봇이 피해를 입어도 마치 탑승자 자신도 고통을 입는 듯한 엄청난 일체감을 보이지요. 분명 파일럿 석은 반파 수준의 피해를 입지 않는 이상 안전해야 마땅할 텐데 마치 작은 인간이 거대한 껍질을 둘러 몸을 키운 것처럼 묘사가 되지요. 하지만 **철인 28호**에서 보여주는 조작하는 형태의 거대로봇은 그 거리감이 있습니다. 물론 전투의 급박함을 표현하기에는 거리감이 최대한 가까운 쪽이 좋겠지만, 리모콘이라는 설정을 가진 **철인 28호**만이 보여줄 수 있는 설정이 있죠.

만약, 카네다 쇼타로가 철인의 리모콘을 떨어트리거나 타인에게 빼앗기기라도 한다면, 철인 28호는 금세 힘을 잃고 쓰러진다는 것입니다. 최악의 경우 악인에게 철인 28호가 조종당하기라도 한다면 끔찍한 일이 벌어질 것임은 자명하겠죠. 이 설정은 당연히 현실에 대한 은유입니다. 힘 그 자체를 두려워해서는 안 되고, 그 힘을 거머쥔 자를 두려워해야 함을 은유하고 있죠. 우리는 운 좋게도 카네다 쇼타로라는 선한 인격의 소년이 그 힘을 거머쥐고 있지만 만약 이런 거대한 힘이 악한 사람에게 향하기라도 한다면 어떻겠느냐는 이야기를 하고 있는 것입니다. **철인 28호**의 애니메이션 오프닝을 들어보면 더욱 확실하죠. 어떤 때는 정의의 편, 어떤 때는 악마의 수하, 선과 악은 리모콘에 달렸어.

굳이 철인의 넘버링이 28인 이유는 역사에 관심이 있는 사람이라면 쉽게 유추할 수 있습니다. 이 작품이 나온 1950년대 일본에게 '힘'의 상징은 무엇이었을까요? 당연히 제2차 세계대전 직후였으니, 경제력도 문화력도 아닌 직관적인

'군사력'이었을 것입니다. 그 군사력이 미국에게 뒤쳐져서 일본 입장에서는 굴욕의 시기를 보내야 했으니까요. 일본에서의 '전쟁'의 이미지는 한국과는 다릅니다. 한국에서는 6.25 전쟁의 이미지가 깊게 각인되어 있기 때문에 탱크와 피난을 떠나는 소녀의 모습이 전쟁을 상징하는 모습이었지만 일본은 대부분 '폭탄'이 그것을 상징합니다. 미국의 B-29호 폭격기와 히로시마와 나가사키에 떨어진 핵공격이 일본이 가진 전쟁에 대한 트라우마죠. 참고로, 맨해튼 프로젝트는 28번째에 성공합니다.

철인 28호는 이런 군사력을 상징하는 모습입니다. 물론 자신들이 패전한 입장이기 때문에 자신들을 직접 상처 입힌 것은 철인 28호가 상징하는 그것들이긴 하지만 오히려 이런 이미지를 긍정적으로 환기시켜주는 것이죠.

"힘에는 선도 악도 없다. 어떤 이가 그것을 거머쥐느냐에 따라 결과가 달라질 뿐."

이는 크게 보면 일본 스스로에 대한 긍정적인 해석이 되기도 합니다. 그 당시에 일본 수뇌부들은 제국주의와 같은 악한 생각을 했기 때문에 일본을 악하게 사용했을 뿐 일본이 가진 저력이나 힘은 나쁜 것이 아니다라는 사고관이죠. 본질이 나쁜 것은 없습니다. 나쁜 것은 언제나 그 힘을 쥐고 흔드는 사람일 뿐. 그렇기 때문에 철인 28호는 그저 힘을 상징합니다. 그것을 어떻게 활용하느냐는 리모콘에 달려 있는 것이죠.

거대로봇물의 최초격인 작품이 이런 주제의식을 드러내기 때문에 이후의 거대로봇물에도 자연스럽게 이 주제를 엿볼 수가 있습니다.

☞ 「철완 아톰」, 일본을 위로하다

이런 주제가 「철인 28호」에서 처음 등장한 사고관일까요? 그렇지는 않습니다. 다시 '데즈카 오사무'의 시간으로 돌아가봅시다. 그의 대표작인 **철완 아톰**으로요. 아톰은 엄청난 힘을 가지고 있는 캐릭터이지만 인간의 체면치레 혹은 도덕을 모릅니다. 심지어는, 자신이 얼마나 강한 힘을 가지고 있는지도 몰라 아이에게 너무 큰 힘을 가해서 아이를 울리기도 합니다. 그러나 그런 아톰은 좋은 사람들에게 영향을 받으면서 차차 인간성을 배워 나갑니다. 그리고 아름다운 방향으로 자신의 힘을 사용하기에 이릅니다. 종종 인간들에게 실망하기도 하지만 방향성만 잘 잡는다면 아톰의 힘은 영웅적으로 사용될 수 있습니다.

아톰 역시 힘을 상징하는 캐릭터이지만 그의 천성은 천진난만한 아이에 가깝습니다. 그의 주변에는 다행히도 좋은 사람들이 많아 크게 엇나가지는 않지만, 그래도 그의 힘을 제어하지 못해 종종 사고를 치기도 합니다. 가끔씩은, 아톰의 회로가 고장나거나 누군가에게 조작당해서 원치 않는 나쁜 일을 하기도 하죠. 그러나 아톰은 이 난관을 이겨내고 선한 방향으로 자신의 힘을 사용합니다. 또한, 아톰은 차별받는 이들을 상징하기도 합니다. 전후 일본은 매우 뒤숭숭한 시기였기 때문에 수많은 소수자들이 차별받는 상황이었습니다. 일본에 있었던 조선인들은 물론이고 자국민들을 차별하는 데도 여념이 없었습니다. 비단 전후의 문제뿐 아니라 제국주의적인 모습을 보일 때에도 자국민 중 전체주의에 비판적인 모습을 보이거나 증오를 배출할 대상이 필요하면 비국민이라는 명칭을 달아 차별하기도 했었죠.

아톰은 그런 일본 사회의 염증과 병폐를 치유해주는 캐릭터였습니다. 사회적 소수자를 상징하는 아톰은 인간에게 차별당하면서도 그 선한 본성을 잃지 않고 인간들을 구해주곤 합니다. 그러면서도 소년의 모습을 한 아톰은 그 거대한 힘을 선하게 사용합니다. 사실 아톰은 태생부터 선하게 태어난 존재는 아닙니다. 아톰을 개발한 '텐마 박사'는 아톰을 그저 죽은 자기 아들의 대용품쯤으로 생각하고 만든 존재였을 뿐 아니라 아톰이 자신의 아들과 다르다고 서커스단에 내쫓아버려 아톰은 엄청난 고생을 겪기도 합니다. 그럼에도 불구하고 자신의 아버지격인 텐마 박사도 용서하고 텐마 박사에게 인정받습니다. 물론 이를 비뚤게 보는 시각에서는 일본이 아톰을 순종적으로 묘사하여 소수민족을 교묘하게 억압한다고 생각하기도 합니다. 하지만 데즈카 오사무는 원래 "사회적 소수자들을 배려하는 방향으로 작품을 서술하라."는 격언을 남길 정도로 사회 정의를 생각하는 사람이었습니다.

아톰의 성장 서사 이야기는 다음 장에서 더 하기로 합시다.
이 장에서 말하고 싶은 것은 '전후 일본의 상실감'을 만화와
애니메이션이 어떻게 위로했는지입니다. 미국에 대한 뿌리깊은
일본의 열패감, 그것을 어떻게 위로했는지에 대해서 말입니다.

일본은 미국의 흑선으로 인해 개항한 나라입니다. 물론 그
이전에도 일본은 네덜란드 등 일부 서양 국가 등과의 교역을
국지적으로 해왔다고는 하나, 일본이라는 나라가 전국시대를
거쳐 통일을 이룩한 이후부터는 선교사도 탄압하고 국가의
항구를 걸어잠가 쇄국의 길을 걸었습니다. 쇄국 이후 일본을
강제로 개항시킨 것이 바로 미국의 페리 제독과 그 흑선,
쿠로후네였지요. 미국으로 인한 강제 개항은 당연히 불쾌하기
짝이 없는 경험이었을 것입니다. 하지만 일본은 서구와의
교역으로 인한 발전을 빠르게 이룩하여 동아시아에서 가장
발전한 나라가 되기에 이릅니다.

이렇게 서구열강이 개항을 이룩해낸 경우 보통은 그 나라를
식민지로 삼는 경우가 대다수인데 일본은 운 좋게도 미국의
식민지가 되지 않습니다. 왜냐하면 일본을 개항시킨 이후 얼마
지나지 않아 미국이 남북전쟁의 포화 속으로 퇴장해주었기
때문입니다.

결과적으로 메이지 덴노는 전통적으로 이루어지던 일본의
틀을 벗어던지고 완전히 서구식 황제국을 선언하기에 이릅니다.

그 이름도 유명한 메이지 유신입니다. 메이지 유신 이후로 일본은 세계에서 알아주는 열강으로 발돋움합니다. 에도, 아니 도쿄의 중심에는 점점 서구화된 근대 건물들이 올라오기 시작합니다.

'일본'은 발전하고 있는 것이 틀림없었지만 그들이 생각하는 '아름다운 일본'은 아니었습니다. 일본이 아닌 것이 일본의 두껍을 쓰고 발전하고 있었습니다.

발전하는 일본도 좋아하고, 전통적인 일본도 좋아하는 사람에게는 자연스럽게 인지부조화가 일어나게 되겠죠. 그들은 '일본다움'이라는 개념으로 이 인지부조화를 극복했습니다. 모습이 서구식으로 변한 것이 중요한 것이 아니라, 세계에서 가장 일본다운 위대한 천황이 나라를 이끌고 있기 때문에 우리는 수단을 서구식으로 바꿨을 뿐, 본질은 일본 그대로이다라고 생각하게 됩니다.

'일본다움'이라는 개념은 비단 수구파들에게만 존재했던 것이 아닌, 개화를 주도한 사람들에게도 유용하게 사용되는 개념이었습니다. 일종의 내셔널리즘이기도 하니까요.

일본은 이후로도 근대화의 길을 걸어 제2차 세계대전을 맞이하게 됩니다. 그리고 그 전쟁에서 일본다움이라는 내셔널리즘으로 무장하고 있던 일본은 처참히 자존심이 짓밟히게 됩니다. 그것도 같은 상대에게요. 그것도 아주 공포스러운 방법으로 말입니다.

'일본다움'과 같은 것을 믿으며 위대한 천황이 이끄는 일본의 승전보를 생각해온 사람들에게, 그런 것은 전부 허상이라는 듯, 천황이 직접 발표하는 옥음방송이라는 패전선언이 들려옵니다. 그리고 천황이 자신의 국가를 지배하러 온 맥아더 장군과의 사진을 찍는데, 그 사진 속 천황의 모습은 매우 왜소하기 그지없습니다. 일본다움의 신화는 이렇게 무너지는 듯 보입니다.

그렇기에 전후의 일본을 말할 때 미국에 대한 감정을 빼놓을 수가 없습니다. 일본에게 미국은 증오의 대상이자 동경의 대상이라는 미묘한 위치에 서 있습니다. 미국으로 인해 일본은 우월하지도, 정의롭지도 않은 존재가 됩니다. 미국보다 약했기 때문에 패배했고, 그렇다고 해서 미국이 악한 편이냐 하면 그것도 아니었거든요.

그들에게는 증오하는 동시에 동경하는 대상인 미국 외에는 모든 가치 체계를 잃어버린 시기입니다. 일본 제국 시절을 그리워하는 사람도 초기에는 있었지만, 오히려 미군정 이후로 일본은 고도성장을 겪게 됩니다. 대한민국에는 매우 아픈 역사이지만 6.25 전쟁은 일본을 미국의 군수공장으로 만든 사건이 됩니다. 일본은 군수산업을 위시하여 다시금 최고의 선진국 자리에 올라가게 됩니다. 역설적이게도 일본은 언제나 미국에게 굴욕을 당한 이후에 최고의 성장기를 맞이합니다.

이런 가치의 혼란과 고도성장이 교차하는 상황에 나온

「아톰」은 그들에게 큰 위로를 주게 됩니다.

일본은 본질적으로 나쁜 것이 아니라 그

수뇌부가 나빴던 것이라는 메시지를 전달하기도 하고,

마천루와 화려한 도시 사이에서 날아다니는 아톰의 모습은

일본의 고도성장을 묘사하는 듯 보이기도 했습니다. 아톰은

일본인들에게 새로운 자신의 이미지를 만들어줍니다.

　'아무 것도 모른 채 덩치만 커진 소년'

　그 이전에 맥아더 장군의 '일본은 12세의 소년과 같다'라는

말도 있었겠다, 그들은 일본의 본질은 악하지 않았지만 세상의

풍파 속에 선악을 모르는 아이와 같이 원하는 대로 행동하다가

사고를 치르고 말았다⋯⋯. 그렇게 생각하고 싶었을지도

모릅니다. 이 위로는 일본 제국 시절 일본이 저지른 악행

자체를 부정하지는 않지만, 그릇된 길로 갔었던, 잘 모르던

시절의 어리숙함으로 스스로를 정체화하며 어리숙함은 잘 배워

나가기만 하면 선함으로 이어질 수 있을 것이라고 말해줍니다.

　이렇게 보면 일본의 많은 거대로봇물, SF 작품들의

주인공이 사춘기 이하의 청소년 남자인 점이 눈에 들어옵니다.

「우주전함 야마토」의 코다이 스스무는 17세의 성인이 되기 전의

청소년입니다. 「철인 28호」의 주인공 카네다 쇼타로는 아예

쇼타로 콤플렉스[1]라는 말의 주인공 그 자체이고, 아톰 역시 어린

소년의 모습을 띠고 있습니다.

　그들은 선하게 성장할 가능성이 있는 아이들입니다. 아직은

갈팡질팡 할 때도 있지만 그들 곁에는 좋은 조력자인 어른들이 있습니다. 타산지석 격으로 나쁜 어른들도 존재하고 있지만 그들은 대개 우스꽝스럽게 생겼고 사악한 존재이기 때문에 엄청나게 분간하기 쉽습니다.

☞ 진격하라, 「기동전사 건담」

어떤 사람들은 이런 거대로봇물의 행태가 책임 회피적이라고 느낄 수 있습니다. 선도 악도 아닌 우리들이 잘못 조종되었을 뿐이라고 하는 것은, 그 시절의 수뇌부들에게 모든 책임을 떠넘기고 자신들은 순결하다고 믿고 싶을 뿐이라고 생각이 들 수도 있지요.

다시 **기동전사 건담**으로 이야기를 돌려봅시다. 지금까지 '힘'의 상징이었던 거대로봇들은 실제로는 그저 정의의 껍데기로밖에 그 역할을 하지 못했습니다.

거대로봇들이 악의 편에서 이용되는 것은 정말 가끔씩 있는 일일 뿐이며 번번히 주인공들에게 패배를 맛보게 됩니다. 아수라 남작은 우스꽝스럽고 기괴한 꼴을 한 상태로 이것저것 주절거리다가 패배를 하는 것이 당연한 수순이었습니다. 그들은 세계정복 따위의 악하고 별로 두둔할 건덕지도 없는 목적을 위해 행동했습니다.

반면, **기동전사 건담**의 설정은 조금 더 현실적입니다. 아니, 현실을 그대로 따와서 재구성했다고 봐도 무방합니다.

'지온 공국'은 국기에서부터 나치를 연상시킵니다. 애초에 '지온 공국'의 총통인 '기렌 자비'부터 모티브가 히틀러로 보이니 당연한 이야기일지도 모릅니다. 지온은 전체주의 파시즘 군국주의 국가이며 '지구 연방'에 끔찍한 민간인 테러를 자행합니다. 눈 앞에 보이는 명백한 상징은 나치를 가리키고 있지만 일본 스스로가 그 나치와 동맹국이었던 적이 있으니 자신들의 제국주의 시절도 당연히 담겨있는 것으로 보입니다.

기동전사 건담 첫 번째 애니메이션은 '지구 연방' 측의 주인공 아무로 레이가 '지온 공국'과의 전쟁에서 싸워 나가는 이야기입니다. 이전의 이야기들과 그다지 차이는 없어 보이지만, 지온과 연방 사이의 정치극을 다룬다는 점에서 비교적 어두운 스토리였습니다.

먼저 아무로 레이보다는, 지온 공국의 샤아 아즈나블부터 이야기해보죠. 아무로 레이의 아치 에너미입니다. 일본의 '나쁜 놈' 캐릭터들은 대개 단순무식하거나 사악한 괴짜들이었던 반면 샤아 아즈나블은 훨씬 매력적인 캐릭터였습니다. 그는 외형적으로도 미남에 속하는 캐릭터이며, 단순히 세계를 지배하겠다라는 최종보스격의 캐릭터가 아닌, 굳이 따지면 지온의 군인에 가까운 캐릭터입니다. 게다가 그는 몰락한 왕자입니다. 만약 그가 그냥 왕자였다면, 그의 복잡한 매력이 사라졌을지도 모릅니다. 단순히 세상 물정 모르고 잘 키워진 귀공자 스타일의 악역에 불과했겠지요. 샤아 아즈나블은 몰락 왕자인 동시에 복수귀 캐릭터입니다. 그는 모든 것을 갖고 싶어 하지만 아무 것도 가지지 못합니다. 그는 팔방미인이지만 어느 하나 최고가 되지는 못합니다. 그는 어느 선까지는 많은 것을 이루지만 딱 한 발짝을 더 나아가지 못합니다. 그는 명예를 가지고 싶으면서도 훌륭한 부품이 되는 데에 집중하고 군인의 명예를 생각하면서도 아버지를 뛰어넘고 싶은 콤플렉스도 보입니다. 샤아 아즈나블은 기존의 캐릭터들보다 훨씬 그럴듯한 배경을 가지고 있었고, 아무 데도 묶이지 않고 제멋대로 행동하는 주인공 아무로 레이보다도 더 공감을 불러일으킬만한 캐릭터입니다. 물론 태생이 악역이라 비뚤어지는 것은 어쩔 수 없으나 그가 몇몇 조사에서는「건담 시리즈」인기 순위 1위를 차지했다는 것만으로도 악역의 새 패러다임을 썼다고 볼 수 있습니다.

소년의 성장으로 부성을 뛰어넘어 아버지의 인정을 받는다는 서사는 전전 전후를 막론하고 일본에서 꾸준히 쓰여오던 소재였습니다. 특히 거대로봇물에서는 '아버지'격의 존재가 거대로봇물을 주든, 아톰처럼 존재 자체를 만들어주든 하는 경우가 많고, 소년은 아버지의 힘을 아버지보다도 더 잘 활용해 아버지의 인정을 받고 해피엔딩을 꾸립니다.

이런 전통적인 클리셰가 아무로 레이보다는 오히려 반동인물인 샤아 아즈나블에게 더 많이 관측됩니다. 그는 사상가인 아버지의 사상을 뛰어넘으려고 애쓰죠. 자신의 아버지가 제시한 '지오니즘'이라는 것은 "지구를 성역화하고 인류는 우주를 개발하여 스페이스 콜로니를 세워야 한다. 그러면 뉴타입이라는 신인류가 되어 우리는 갈등을 이겨낼 수 있을 것이다."라는 사상입니다. 하지만 *샤아 아즈나블*은 그 지오니즘을 철저히 왜곡한 "지구인보다 우주의 우리가 더 우월하다."라는 차별론을 받아들이고 그것에 충성합니다. 충성을 넘어 오히려 첨병에 서기도 합니다. 아예 지구인들을 모두 괴멸시키겠다는 작전이죠. *샤아 아즈나블*의 성장은 비틀린 성장입니다.

그런 반면 *아무로 레이*는 어떤가요? 이 작품의 주인공이지만 오히려 악역이라고 볼 수 있는 *샤아 아즈나블*보다 이래저래 주인공답지 않은 캐릭터입니다. 열혈계 주인공…… 「마징가Z」의 '카부토 코우지'스러운 주인공이 대세였던 그 시절, *아무로 레이*는 오히려 내성적인 주인공상을 보여줍니다. 그는 영광스러운 전쟁에 참여한다는 인상을 가진 것이 아니라 오히려 원치 않는 전쟁에 휘말리는 모양새입니다. 그는 연방의 영웅이 되지만, 행동은 그다지 영웅스럽지 않습니다.

작품에서 흔히 나오는 아버지에 대한 인상은 어떤가요? *아무로 레이*는 딱히 아버지를 뛰어넘을 생각은 없어 보입니다. 세계를 지켜야 한다는 정의감을 가지고 있지도 않고, 그는 사실 '지구 연방'을 위해 싸우는 것이 아닌 자기 자신을 위해 싸웁니다.

2장 거대로봇, 훌쩍하라

그가 전쟁에 참전한 이유도 딱히 사상이나 이익과는 상관없습니다. 그냥 자기가 살던 동네가 '자쿠'라고 하는 지온 측의 모빌슈트에게 침략당해서, 살고 싶어서 건담에 탑승해 싸우기 시작했습니다. 그 이후로도 그는 꾸준히 생존을 위해 싸워 나갑니다.

그에게는 지켜야 할 어머니가 있는 것도 아니고, 자신에게 가르침을 준 아버지가 있는 것도 아닙니다. 어머니는 오히려 끝없는 전쟁 속에서 변해버린 아무로와 절연하고 싶어 할 정도죠.

그는 자기 자신 외에는 아무 것도 지킬 것이 없습니다. 그렇기 때문에 오히려 자신의 적에게서 더 배우는 것이 많기도 합니다. 자신의 아버지의 인정보다도 '람바 랄'의 인정이 그에게 더 큰 성장의 계기를 만들어줬습니다. 누군가를 지키기 위해, 누군가를 뛰어넘기 위해 부단히도 노력하는 샤아 아즈나블의 모습이 그에게 더 큰 울림을 줍니다.

한 때 소중했던 사람들은 전쟁으로 인해 모두 죽었고, 그를 바른 방향으로 이끌어 주는 따뜻한 사람은 거의 없었습니다. 아무로의 우군 편에서 그의 뺨을 때려 성장할 계기를 준 '브라이트 노아'도 따지고 들면 반동인물처럼 묘사되었습니다. 그다지 사이가 좋은 관계가 아니었기 때문이죠.

그 장면이 이름도 유명한 "아버지에게도 맞은 적이 없는데!" 장면입니다. "아버지에게도 맞은 적이 없다."라는 말은 자신이

아버지한테도 맞은 적이 없는데!

소중한 존재로 키워졌음을 의미하는 것이 아닌, 아버지조차……
누구도 그에게 길을 제시한 적이 없었다는 뜻이죠. 이 만화의
주인공인 *아무로 레이*조차도 '생존' 이외의 마땅한 가치관이
없습니다. 그렇기 때문에, **기동전사 건담**은 선과 악 구도에서
상당히 열려 있는 작품이 됩니다.

　'지온 공국'이 악역에 가깝게, '지구 연방'이 선역에 가깝게
묘사된 만큼 어느 정도의 선악 구도가 녹아 있기는 하지만,
개개인으로 따지면 '지온 공국'의 사람들이 더 도덕적이고
책임감 있게 묘사되는 경우도 허다합니다. '지구 연방'의
고위층들은 대개 무능에 찌들어 있으며, 가끔은 소년에 가까운
*아무로 레이*를 혹사시키기도 합니다.

　전형적 구도로 따지면 '지온 공국'이 절대 악, '지구 연방'이
절대 선처럼 묘사되는 것이 맞겠지만, 「기동전사 건담」 시리즈는

시리즈가 이어지면 이어질수록 선악 구도에 매몰되지 않는 편입니다. 이 작품에서 오히려 가장 중요한 것은, 소년 아무로 쥬레이가 누구를 지키고 어떤 생각을 가지게 되느냐죠.

「건담 시리즈」가 인기를 끈 순간부터, 일본은 더 이상 수뇌부가 어떠냐에 따라서 책임감 없이 변하는 힘의 집합체가 아닌, 선택하고 성장하는 존재가 되었다고 봅니다. 실제 제2차 세계대전에서도 악한 국가 속에서도 선을 따라가려고 했던 사람이 있었고, 선이라고 취급되는 승전국에서도 악한 행동을 하는 사람들이 있었던 만큼……. 어른들의 정치적 싸움은 그 자체로 좋은 것은 아니지만, 그 중간에서 행동하는 바로 우리들이 극의 중심부로 오게 된 것입니다. 가끔은 움직이기 싫고, 가끔은 히키코모리처럼 집 안에만 박혀 있기도 한 부족한 면모를 보이는 영웅 아무로 쥬레이가 주인공이 되었듯이요.

이는 이 작품의 감독 '토미노 요시유키'의 성향과 밀접한 관련이 있을 겁니다. 그는 일본의 제국주의 시절, 고문 전문가로 일본의 전쟁 수행에 기여한 아버지 밑에서 자랐습니다. 그는 자신의 아버지가 전쟁범죄에 관여하고 있었음을 알고 큰 충격을 받아 반전주의자가 되지만, 자기 스스로가 그 공로로 인해 어린 시절 나름 유복하게 성장할 수 있었다는 사실 때문인지 굉장히 냉소적인 반전주의자가 됩니다. 선한 줄 알았던 사람에게도 악이 있고, 악으로 보이는 사람에게도 선한 면모가 있는 그의 작품세계는 이런 성장배경에서 출발하지 않았나 싶습니다.

「건담 시리즈」의 주제의식은 언제나 반전이긴 하지만,
반전이 이루어진 세상을 배경으로 하는 시리즈 따위는 존재하지
않습니다. 인간은 언제나 싸움박질을 하고 다니고, 계급은
여전히 유지되고 있으며, 평등이 이루어진 사회 같은 것은
가능하다고 생각지도 않는 듯 보입니다.

　　플랫하게 선한 사람이 악을 때려잡고 모두가 함께 웃음짓는
사회가 불가능하다는 듯이, 그는 평화를 노래하지만 그의
작품에서 보이는 묘사들은 대개 잔혹한 죽음입니다. 지온의
전투기 조종사는 어머니를 지키겠다는 일념으로 싸웁니다.
그는 아무죠의 적이기 때문에 주인공의 입장에서 끝장을 내야
합니다. 그럼 누가 선이고 누가 악일까요. 선과 악이라는 것은
결국 어느 편에 섰느냐일 뿐 아닐까요?

　　물론 이렇게 말하면 악인의 변명쯤으로 받아들이실 분들도
많을 것입니다. 하지만 토미노는 꾸준히 그런 것을 어쩔 수
없는 '비극'으로 묘사하지, '어쩔 수 없는' 비극으로 묘사하지는
않습니다. 아무죠는 무능하고 타성에 젖은 '지구 연방'의
사람들에게 이용당하고는 있지만 마지막에 진정으로 자신이
지켜야 할 대상을 찾고 그것을 위해 노력하게 됩니다.

　　물론, 일본 사람들이 그의 의도와 다르게 작품을 어떻게
받아들였는지는 모를 일입니다. 그는 더 리얼하고 현실을
직시하는 '반전'을 노래했지만, 그의 작품을 좋아하는 사람들은
'리얼하고 현실적인' 전쟁 병기 「건담」을 좋아하는 결과를

이끌어내기도 했죠.

　그의 시도는 전쟁과 다툼을 끝내자였지만 그의 팬들은
지온과 연방의 전쟁을 흥미진진하게 보는 사람들로 이루어졌던
것입니다. 거대로봇물은 언제나 반전을 노래해왔지만 사람들은
거대로봇이 사람을 짓뭉개는 것을 좋아하니까요.

　하지만 **기동전사 건담**이 보여준 시도는 후세를 울리며
아무쪼보다도 더 우울하고 더 글러먹은 아버지를 가지게
된 「신세기 에반게리온」의 주인공 '이카리 신지'에도 영향을
줬습니다.

　전후 일본에 필요했던 '힘을 거머쥔 선한 영웅'은 필요 없고,
지금을 살아가는 작은 우리의 이야기가 더 중요하게 된 것이죠.

3장

일본의 전성기, 불길한 예감

☞ 일본의 고도성장

지금 이야기를 '서브컬처'에 집중해서 해봅시다. 일본은 단순히 제조업 국가로만 성장한 것이 아닌 문화산업으로도 성장한 국가입니다. 일본이 가장 먼저 미국을 제압한 것은 다름 아닌 전자기기였습니다. 그것도 게임이었죠. 일본이 가장 먼저 세계 문화에 아성을 떨친 것은 일본산 아케이드 게임, 그리고 가정용 게임기 시장이었다고 봐도 무방합니다.

게임의 범주를 넓게 잡으면, 「오징어 게임」에 나오는 놀이들도 게임이라고 할 수 있겠지만, 우리가 말할 게임의 범위는 전자기기를 이용한 오락으로 좁힙시다. 이 업계에서 최초의 게임이라고 하면 역시 「퐁」입니다. 서로 넓적한 판을

2   아타리 쇼크:
미국의 게임기업
아타리가 독점적인
시장 상황에 자신감에
넘쳐 방만하고 안일한
개발 전략을 구사하다
시장에서 붕괴한 사건.

움직여서 공을 쳐내는 그 게임 맞습니다. 이 「퐁」 역시도 처음에는 아케이드 게임으로 오락실에서 볼 법한 엄청난 크기의 게임기에서 플레이해야 했으나, 이 「퐁」을 개발한 개발사 '아타리'는 즉시 「퐁」을 대중에게 보급하기 위해 가정용 게임기를 만들어냅니다. 그것이 바로 가정용 「퐁」 게임기죠. 이런 노하우로 시장을 선점하게 된 아타리는 '아타리 2600'과 같은 가정용 게임기를 만들어내기 시작했고, 여기에 고무된 일본은 아케이드 게임과 가정용 게임을 만들어내기 시작합니다. 1970년대의 일본은 참으로 흡수를 잘하는 나라였기 때문에 그 유명한 「스페이스 인베이더」와 같은 명품 아케이드 게임을 만들어냅니다. 하지만 아타리는 **모종의 이유로 몰락**[2]합니다.

호랑이가 사라진 굴에 여우가 왕노릇 한다고, 문화를 지배하고 있던 기업이 사라졌을 때 가장 쾌재를 불렀던 것은 당연히 일본 기업들이었을 겁니다. 그 중에서 선두를 달린 것이 바로 일본 기업 '닌텐도'입니다. 닌텐도의 패밀리 컴퓨터, 줄여서 '패미컴'이라고 부르는 기계는 미국에서는 닌텐도 엔터테인먼트 시스템, 줄여서 'NES'라고 불리며 판매되었습니다. 아타리는 게임기가 워낙 잘 팔렸던 탓에 온갖 쓰레기 게임들이 난무했지만 닌텐도의 게임들은 훨씬 재미있었습니다.

그 유명한 「슈퍼 마리오 브라더스」가 NES의 시장

어타쿠의 목망을 읽다

지배력을 견인했습니다. 미국에서 게임은 이제 게임이라고 불리지 않습니다. 그냥 그들에게는 '닌텐도를 하는 것'이 바로 게임을 하는 것이었죠. 우리나라 사람들에게도

3　1세대 유튜버 제임스 롤프의 고전게임 리뷰 시리즈. 보통 거친 욕설과 함께 게임을 비판하는 콘텐츠를 진행한다.

유명한 미국의 고전게임 리뷰 크리에이터 **'AVGN - Angry Vedio Game Nerd'** [3]는 사실 초창기에는 'Angry Nintendo Nerd'였을 정도로, 미국의 고전게임은 곧 닌텐도였습니다.

　　그럼, 닌텐도는 미국 시장에서 완전히 독주하고 있었느냐? 그건 또 아닙니다. 게임의 본토라고 볼 수 있는 미국에서 감히 일본 기업이 독주하게 둘 수는 없죠. 닌텐도라는 일본 기업의 독주를 막은 것은 바로…… 일본 기업 세가였습니다. 「소닉 더 헤지호그」 시리즈로 유명한 그 SEGA입니다.

미국은 게임기 시장에서 거의 철수하다시피 할 수밖에 없었고, '마이크로소프트'가 이 업계에 뛰어들기 전까지는 미국 게임기 시장에서 미국 기업은 찾아보기 어려웠습니다. 이 구도는 지금도 그리 다르지 않습니다. 게임 시장의 삼파전은 여전히 일본 기업 닌텐도, 일본 기업 소니, 그리고 미국 기업 마이크로소프트가 삼분하고 있는 모양새죠.

☞ 미국은 일본의 성장을 두려워하는가?

미국이 일본의 문화적인 침략과 비슷한 상황에 직면해 있을 때, 미국 내부의 일본에 대한 감정은 매우 복합적이었습니다. 당시의 원로 세대들은 대부분 태평양전쟁을 겪어 보았던 세대였기 때문에 일본이 막대한 자본과 문화력으로 미국의 안방을 침범하는 것에 대해서 거부감을 느꼈죠. 반대로, 젊은 세대를 주축으로 한 꽤 많은 사람들에게 일본의 문화는 제법 매력적인 것이었습니다. 다만, 일본 문화에 대한 관심은 어디까지나 메이저하지는 않았는데, 당연히 중국(홍콩) 쪽의 문화가 더 방대하고 교류도 더 빨랐기 때문입니다.

그러나 때는 어디까지나 냉전시대, 중국은 미국의 최대 적국인 소련의 동맹국이었기 때문에 그들을 싫어하는 여론도 많았고, 그러다보니 자연스럽게 미국의 동맹국이었던 일본 쪽으로 선회한 경우가 아주 많습니다. 가령, 미국에서는 소위 **'Weeaboo'**[4]라고 부르는 일본 문화 광팬들이 있습니다.

미국에서 일본 문화하면 점잖게 떠올리는 것은 하이쿠라든지, 분재를 키우는 것 등이 연상되지만 역시 Weeaboo들이 떠올리는 것은 '닌자' 때문일 것입니다. 일본의 애니메이션과 작품이 마구 들어오던 시절이기 때문에 닌자에 대한 인식이 점점 솟아나던 도중…… 누가 봐도 「용쟁호투」의 아류작 냄새가 솔솔 나는 「Enter the ninja」라는 작품이 1981년 영화관에서 개봉되게 됩니다. 「용쟁호투」의 원어명은 다름아닌 「Enter the dragon」입니다. 「Enter the ninja」는 3편이나 제작되며 대박에 이릅니다. 닌자가 유행하면 자연스럽게 미국 만화/ 애니메이션에서도 영향을 받아야겠죠. 1980년대 미국 어린이들이 열광하던 「닌자 거북이」가 탄생하게 됩니다.

4   Wapanese의 동의어. 일본인이 되고 싶어 하는 사람을 일컫는 속어.

1970년대에서 80년대까지는 홍콩의 영화가 최전성기를 맞는 동시에 일본의 문화도 점점 미국의 안방을 점령해가기 시작합니다. 또한 당대 미국의 소수민족 중 아시아계는 평균적으로 소득이 어마어마하게 높았을 뿐더러, 특히 1999년 조사에서 일본계 미국인의 평균 소득은 미국 평균보다 40% 이상 높았습니다. 이러다 보니 미국에서는 아시아계, 특히 일본에 대한 부담감이 생길 수밖에 없었겠죠.

그 영향은 문화에서 여실히 드러납니다. 대표적으로는 너무나도 유명한 1982년 상영작 「블레이드 러너」 속에 나오는 2019년의 LA의 모습입니다. LA의 마천루에는 광고가 등장하고

있는데, 일본의 게이샤와 비슷하게 차려 입은 동양인 여성이
무언가를 광고하고 있고, 그 직후에 등장하는 광고판에도
후지산이 보입니다. 이 작품이 디스토피아(세상이 망하고 난
뒤를 묘사하는 장르)인 점을 생각하면, 일본인들이 광고를
지배하다시피 하는 미국의 미래 사회가 두려움을 드러낸다고 볼
수 있습니다.

영화가 아닌 소설로 무대를 옮겨볼까요? 우리에게 「쥬라기
공원」의 저자로 익숙한 '마이클 크라이튼'이 쓴 소설 「떠오르는
태양」은 제목에서도 진하게 일본을 암시하는 느낌이 납니다.
그리고 당연하게도, 이 작품은 미국과 일본 사이의 갈등을
묘사한 작품이에요. 간단한 미스터리극인 이 작품은 일본의
'나카모토 그룹'의 파티장에서 미국 콜걸이 죽게 된다는
이야기로 시작합니다. 그리고 대강 그 마무리는 미국의 경제적
이익을 쥐고 있는 첨단 기술 회사를 일본 회사가 삼켜버린다는
내용으로 끝납니다. 참고로 이 작품은 영화로도 나왔습니다.

일본은 계속 성장세를 보였고, 누구도 쓰러질 것이라고 생각하지 못했던 '떠오르는 태양'이었습니다. 현대 사람들이 보기에는 일본의 경제가 버블이었다는 복선이 보인다고 말하지만, 그 당시에는 대부분의 매체가 그것을 예측하지 못했습니다.

이번 장에서 주로 소개할 작품, AKIRA를 제외하면 말이죠.

5　미술에서 대상을 사실적으로 묘사하지 않고 일부 변형, 과장, 축소, 왜곡을 가해서 표현하는 기법.

☞ 「AKIRA」, 일본의 버블을 찌르다

리얼함의 작가이자 감독인 '오토모 가츠히로'는 1980년을 전후하여 일본 만화계에 새로운 패러다임을 제시했습니다. '디즈니'의 만화처럼 눈을 중심으로 하여 과하게 **데포르메**[5] 되어 있던 데즈카 오사무 시대의 작품들, 그리고 그것에서 조금 더 선이 굵고 세밀하게 묘사하기 시작한 '극화체' 작가들. 그들의 어깨에 올라서서 오토모 가츠히로 작가는 완전히 리얼한 세계를 묘사하게 됩니다. 작금의 '모에 그림' 역시도 커다란 눈을 중심으로 감정을 표현하는 데포르메형 그림체이지만, 오토모 가츠히로는 평범한 일본인을 묘사하겠다는 듯, 작은 눈, 짧은 다리, 둥글둥글한 몸으로 사람들을 묘사하게 됩니다.

이 파트에서 말하고자 하는 것은 그의 만화가 아닌 그가 감독한 영화 **AKIRA**입니다. 물론 만화의 내용도 들어가긴 하겠지만, 제 개인적으로 영화 **AKIRA**의 주제의식과 만화 **AKIRA**의 주제의식 중 영화 쪽이 더 깔끔한 모습을 보여준다고 생각하기 때문입니다. 만화 **AKIRA**는 투 머치한 편입니다.

만화든 영화든 **AKIRA**의 시작은 동일합니다. 도쿄가 폭발해버리는 것이죠. 한창 잘나가던 자기 나라의 수도에 폭탄이 터진다는 설정은 당황스럽기 그지없습니다. 물론 모종의 테러를 당했을지도 모르는 일이죠. 제3차 세계대전이 일어나게 되었다고 하는 내용이 있으니까요. 영화 **AKIRA**의 시작지점은 거대도시 도쿄가 소리도 없이 잠깐의 섬광이 나타난 뒤 완전히 사라져버리는 것으로 시작하기 때문에, 그 당시가 디스토피아 SF의 전성시대였다는 점을 생각하면 자연스레 이렇게 생각하게 될 것입니다.

"도쿄가 대폭발하게 된 것은 모종의 음모가 있을 것이고, 디스토피아에 빠진 일본에서 몇몇 영웅들이 나타나서 그 음모의 주동자 혹은 권력자를 때려 부수는 이야기겠구나!"

그런데, 이 작품은 오히려 반대의 모양새를 보여줘요. 겉으로 보기에는 화려한 세계관을 기반으로 주인공으로 보이는 인간이 폭주족 노릇을 하고 있죠. 이 작품의 주인공은 카네다 쇼타로. 크고 멋진 빨간색 바이크가 그의 트레이드 마크입니다. 뭐, 훔친 거지만요. 카네다 쇼타로가 타고 다니는 훔친 바이크를 내심 부러워하는 시마 테츠오라는 소년도 있습니다. 카네다 쇼타로가 패거리의 아지트같이 사용하고 있는 바에서 패악질을 부리는 동안, 테츠오는 그의 바이크를 타보며 이것저것 둘러봅니다.

그때 쇼타로가 나와서 테츠오에게 하는 말이 바로 "나한테 맞춰서 개조한 거라 너한테는 무리야."입니다. 테츠오가 "탈 수 있어."라고 쏘아붙이지만, 쇼타로는 "갖고 싶으면 너도 하나 훔치든가."라고 쾌활하게 말하죠.

대충 감이 잡히시겠지만, 테츠오는 어린 시절부터 친구였던 쇼타로에게 열등감을 느끼고 있습니다. 무리의 중심도 쇼타로, 폭주족들 사이에서 인정받는 것도 쇼타로, 어느 무리에서든 중심에 서는 것은 늘 쇼타로의 몫이죠. 반대로 테츠오는 학교에서도 그다지 중심에 서 있지 못하고 겉돕니다. 그와 연인관계 비슷한 여자친구도 있지만 테츠오는 자신이 가진 것보다 쇼타로와 그 무리에게 인정받는 것을 더 원합니다.

작품에서 나오는 두 주역의 이름은 모두 직전 파트에서 심도 깊게 얘기했던 거대로봇물, 그 중에 「철인 28호」에서 가져온 것입니다. 리모콘을 누가 쥐느냐에 따라서 선과 악이 바뀌는 거대로봇을 조작하는 주인공이 바로 카네다 쇼타로죠. AKIRA의 주인공 이름과 완전히 똑같습니다. 시마 테츠오 역시 「철인 28호」에서 철인을 만든 과학자 '시키시마' 박사의 아들 '시키시마 테츠오'에서 따온 이름이죠. 원작에서도 쇼타로와 동갑내기 친구입니다. 오토모 가츠히로 감독의 캐릭터 해석이 조금 변태적이라고 느껴졌던 포인트인데, 「철인 28호」에서

시키시마 테츠오는 딱히 쇼타로에게 질투를 보이는 캐릭터는 아니거든요. 하지만 왠지 공감은 가죠. 과학자인 자신의 아버지의 피조물을 자신이 물려받은 것이 아니라 철인을 더 잘 다룰 수 있는 카네다 쇼타로에게 향했다는 점을 생각하면…… 오토모 가츠히로 감독의 *시마 테츠오*처럼 열등감을 가지고 있는 캐릭터로 보일 여지가 있겠네요.

　　이 작품의 시놉시스는 다음과 같습니다. 때는 2019년 '네오 도쿄'. 도쿄가 원인미상의 폭발로 파괴된 이후 이주하게 된 '네오 도쿄'는 마천루들로 밤하늘을 수놓고 화려한 조명이 거리를 장식하는 가까운 미래 사회입니다. 이 도시는 겉으로 보는 것과 달리 속은 곪을 대로 곪아 있는 상황입니다. 일본 정부는 이런 고민을 화끈하게 해결해줄 신병기를 개발하고 있었는데…… 그것은 바로 '초능력자'입니다. 소위 '넘버즈'라고 불리는 초능력자들은 그 실험의 부산물들이라고 볼 수 있어요. 몸은 어린아이지만 얼굴은 늙어 있는 넘버즈. *시마 테츠오*는 도시에서 폭주족끼리의 전투를 하며 바이크를 타던 도중 넘버즈 중 하나와 부딪히게 됩니다.

　　그 날 이후로부터, 테츠오의 일생은 달라집니다. 테츠오는 초능력이 개화하게 되고, 연구 기관으로 끌려간 지 얼마 되지도 않아서 테츠오는 엄청난 힘이 자신의 몸에 흐르는 것을 깨닫게 됩니다. 고아원에서 자라서, 계속 인정욕구에 메말라 있던 테츠오는 탈출하게 됩니다. 그 과정에서, 자신보다 강한 초능력자가 있다는 것을 알게 되죠. 그것이 바로 *AKIRA*입니다.

테츠오는 자신을 구하러 온 쇼타로를 대충 때려눕히고, 자신보다 강한 존재인 *AKIRA*가 있다는 곳으로 향하게 됩니다. 그곳은 한 쓰레기가 산처럼 쌓여 있는 아무도 돌아보지 않는 공터. 테츠오는 힘을 제어하지 못하고 점점 폭주해나가기 시작하고 쇼타로는 최후의 최후까지 그런 테츠오를 막아세우러 오게 됩니다.

테츠오의 폭주는 거의 막을 수 없는 수준까지 이르게 되고 테츠오의 부풀어오르는 신체가 세상을 완전히 뒤덮어버릴 위기에 처합니다. 그런 테츠오를 막으러 온 넘버즈의 힘을 빌려 *AKIRA*에게 도움을 요청하게 되고, *AKIRA*는 테츠오의 폭주를 힘으로 날려버리는 동시에, 그 힘은 다시 한 번 '네오 도쿄'도 완전히 박살내버리게 됩니다. 테츠오는 죽고, 네오 도쿄는 멸망하지만 카네다 쇼타로에게는 한 점의 빛이 내려오게 됩니다. 그렇게 극은 마무리되죠.

이 작품은 「철인 28호」를 강하게 오마주한 작품이다보니 *AKIRA* 역시 '철인'과 같은 것을 상징합니다. 바로 핵과 같은…… 인간이 만들어낸 재앙적인 힘입니다. *AKIRA* 역시 코드네임 28번으로 28번째 연구결과, 즉 28번째 넘버즈입니다. 당연히 맨해튼 프로젝트를 상징하는 것이구요.

이 작품에서 도쿄는 두 번 파괴된다고 볼 수 있는데, 보통 수도가 파괴되는 것이 곧 국가 그 자체가 파괴되는 것으로

6 　실제로는 일본의 현실이 아니지만 일본의 이미지처럼 사용되는 것들을 일컫는 표현.

상징되니까…… 그냥 핵과 같은 힘이 일본을 두 번 파멸시킨다고 생각합시다. 애니메이션은 개봉한 그 해 1988년에 도쿄에서 핵과 같은 것이 폭발하는 것으로 시작하고 이후 31년이 지나 2019년에 네오 도쿄에서도 또 한번 핵과 같은 것이 폭발하는 것으로 끝나죠.

　작 중에서 '네오 도쿄'와 테츠오는 똑같은 것을 상징하고 있습니다. 바로 '일본'의 현재 모습이죠. '네오 도쿄'는 한 번의 재앙을 경험한 이후 화려하기 그지 없는 겉모습을 띠고 있습니다. 자본이 넘쳐나는 듯 거리 어디서나 화려한 차들로 가득하고, 거리거리가 모두 부유해 보입니다. 일본의 경제 거품이 터지기 딱 4년 전에 개봉한 **AKIRA**의 예언은 무서울 정도입니다. 겉으로 보이는 일본의 화려함은 전부 거짓말에 가깝다는 내용이거든요. 또한 **AKIRA**의 작 중에서 나오는 '네오 도쿄'의 모습은 명색은 '도쿄'이지만 일본을 상징하는 물건이 거의 아무 것도 보이지 않습니다. 마치 일본의 근대화 이후 급격한 서구화를 이룩하며 서구의 건물들로 자신들의 수도를 완전히 메워버린 1920년대의 일본처럼……. 일본에는 일본이 더 이상 존재하지 않는 수준으로 보입니다.

　이 부분은 '아즈마 히로키' 평론가가 말하는 **의사 일본** [6]에 대해서 알고 계시다면 더욱 도움이 될 것이라 생각합니다. 네오 도쿄에는 더 이상 일본의 것이 없는 상황이다, 라고만 생각하면 좋겠습니다. 자신의 모습을 모두 잃고 미국의 문물과 미국의 문화를 주워섬겨 자신을 치장한 일본의 모습을 보여주는 것이 '네오 도쿄'입니다.

시마 테츠오는 미국에게 열등감을 갖고 있는 일본의 모습처럼 보입니다. 테츠오는 아주 어린 시절부터 쇼타로의 권유로 무리에 합류하게 되고, 같이 주변에 패악질을 부리고 다녔지만 늘 쇼타로보다 못한 존재처럼 살게 됩니다. 그러나 '초능력'이라는 엄청난 힘을 보유하게 된 이후로는 자신의 열등감을 풀어버리겠다는 듯 모든 것을 공격하고 파괴하고 다닙니다. 그 힘은 급기야 자기 스스로까지 파괴하게 되고, 끊임없는 팽창으로 인해 스스로마저 잠식해버립니다.

이 작품은 테츠오와 네오 도쿄가 동시에 파괴되는 것으로 마무리됩니다. 그것은 일본 입장에서 상당한 재난일 텐데도 불구하고 마치 희망적인 엔딩인 것처럼 묘사됩니다. 오토모 가츠히로 감독이 생각하는 그 당시의 일본의 모습은 이런 화끈한 폭발과 같은 극단적 해결책이 아닌 이상 해결할 수 없는 구렁텅이에 빠져 있다고 생각한 듯 보입니다.

☞ 일본은 잘못 성장해버린 것일까?

테츠오나 네오 도쿄는 잘못된 존재입니다. 그들이 일본을 상징한다는 것을 생각하면 이 작품에서는 '일본' 그 자체가 잘못되어 있음을 말하고 있는 거죠. 버블시대에

탄생한 작품인만큼 승승장구하고 있던 자국을 비판하는 일은 쉽지 않았을텐데, 오토모 가츠히로 작가는 일본은 현재 잘못된 모습이다라는 것을 작품으로 드러냈습니다. 하지만 그 모습은 역설적으로 일본을 예찬하는 듯 보이기도 합니다. '지금의 일본'이 잘못된 모습이고, 어느 때엔가는 순수하고 제대로 된 일본이 존재했었다는 인상이 느껴지기 때문입니다. 미국을 좇아 발전하게 된 지금의 일본이 잘못되었을 뿐 원래의 일본으로 돌아간다면 제대로 된 새로운 일본을 쌓아 올릴 수 있을 것처럼 느껴집니다. 역사 얘기를 하며 말했던 '일본주의'에 가까운 인상이 들기도 합니다.

일본의 현재는 그릇되었을지도 모른다라는 주제를 담고 있는 작품은 생각보다 제법 많습니다. 좌익으로 유명한 미야자키 하야오 역시 「원령공주」 혹은 「바람계곡의 나우시카」 등으로 미루어보아 기술 발전과 서구화만을 좇다 보면 모두가 멸망하는 미래만이 있을 것인 양 일본의 현재 모습에 상당한 반감을 가지고 있는 것처럼 보입니다. 일본의 현실을 비판적으로 보았던 사람들이 생각한 것처럼, 고래로부터 내려오다가 잃어버린 '이노센트의 일본'이라는 것이 존재하는지 아닌지는 잘 모르겠습니다. 복고주의적인 감상을 가진 사람들은 모두 우리가 간직했던 무언가를 잃었다고 주장하기 마련이니까요. 다만, '이노센트의 일본'이 존재했는지 아닌지는 몰라도…… 많은 일본 작가들이 우리는 그릇되게 성장했다고 생각하는 듯 보입니다. 현대 작품에서는 그렇게까지 많이 보이는 감상은 아니지만 전후 시기로 거슬러 올라가면 올라갈수록, 문명에 대한 회의주의와 욕망만이 가득한 성장에 대한 부정적인 심상이 제시되는 편입니다.

만화/애니메이션이라는 서브컬처는 전후 일본의 정서를 치유해 왔습니다. 하지만 그와 동시에 '이렇게 되어버린' 지금의 모습을 비판하는 데에도 전력을 다했습니다. "우리의 과거는 잘못되었지만 본성만은 아름다운 우리에겐 아름다운 미래가 있을 거야."라고 위로하는 쪽이든, "본성만은 아름다웠던 시기가 있던 우리가 완전히 그릇되게 성장해버렸다."라고 스스로를 꼬집는 쪽이든 그들의 공통점은 '원래의 우리'에 대한 긍정적인 감각입니다.

일본의 많은 매체들이 과거에 매달리고 있다고 하는 평을 들어보셨을지도 모르겠습니다. 일본은 유달리 청소년기의 화자가 많이 나오고, 학교를 중심으로 하는 이야기가 많으며, 그들의 사랑은 대개 첫사랑입니다. 대부분의 수용자가 지나쳐온 시절을 기준으로 이야기가 진행됩니다. 그들은 기억의 한 조각에 갇혀 있는 듯 보이기도 합니다. 그럼에도 불구하고, 그들의 성장 의지는 엿보입니다. 미국의 슈퍼 히어로들이 있지만, 그들은 처음부터 강한 경우가 많습니다. 약한 존재가 서서히 최강자의 자리로 올라간다는 '소년만화'적인 성장을 일본만큼 잘 표현하는 나라가 없습니다. 그들은 깨질 정도로

도전하고 부서질 정도로 고통받지만 언젠가는 자신이 원하는 목표를 이룹니다.

그러니 그런 만화의 트렌드도 지났을 지도 모릅니다. 성장을 재앙처럼 묘사하는 작품도 있습니다. 이미 완전히 강한 존재로 시작하는 작품도 드물지 않습니다. 내적인 성장이 중요한 것이 아닌 당장에 눈에 보이는 보상이 더 트렌드가 된 시기이기도 합니다.

전후 일본을 위로한 서브컬처들을 살피다보면 결국 성장의 문제로 귀결되게 됩니다. 일본은 패전 이후 전 국민적인 열패감과 열등감을 맛보았지만, 그들에게는 더 나은 미래가 존재할 것이라는 희망도 있었습니다. 그래서 서브컬처는 그들에게 희망적인 작품들을 선사했습니다.

그렇다면 지금은 어떨까요. 1990년대부터 30년간 장기 저성장을 마주하고 있는 일본에게 성장은 여전히 유효한 주제일까요? 그 이야기를 다음 장부터 본격적으로 다뤄봅시다.

4장

성장하는 일본, 멈춰 있는 일본

☞ 일본의 소년만화와 성장

아직 입문한지 얼마 되지 않은 오타쿠들이라면, 혹은 가끔씩 만화를 보는 평범한 사람들이라면…… 일본의 서브컬처 중 가장 인기가 있는 것은 역시 '소년만화'일 것입니다. 여러분이 아시는 그 만화들이죠. 1990년 근처에 태어나신 분들에게는 소위 「원나블」이 소년만화의 대표주자였을 것이고, 그 이전에 태어나신 분들에게는 토리야마 아키라의 「드래곤볼」이 대표작일 것입니다.

어떤 사람들은 스포츠물을 소년만화에 포함시키기도 하죠. 얼마 전에 극장판으로 개봉하여 3040세대를 열광하게 했던 이노우에 다케히코 작가의 「슬램덩크」가 대표적이겠네요. 모리카와 조지 작가의 「더 파이팅」, 한국에서는 그다지 유명하진

않지만 타카모리 아사오 작가와 치바 테츠오 작가의 「내일의
죠」도 소년만화의 범주에 들어갑니다.

사실 소년만화라는 말은 그대로 뜯어보면, 소년이 주인공인
만화처럼 느껴집니다. 루피와 이치고, 나루토가 그렇듯이
청소년이 주인공으로 등장하면 소년만화처럼 느껴지죠. 하지만
「드래곤볼」의 손오공은 나이가 들어 손자까지 봐도 소년만화
주인공으로 등장합니다. 「은혼」의 경우처럼 주인공인 사카타
긴토키가 아예 처음부터 아저씨여도 소년만화라고 불리죠.

사실, 소년만화의 정의는 약간 찌그러져 있습니다.
우리나라에서는 만화 잡지가 거의 사라진 수준이어서 젊은
독자들은 어색할 수 있겠지만 만화는 보통 잡지에서 연재하는
것이 일반적이었습니다. 한국도 과거에는 그랬고 일본은
여전히 잡지 연재가 메이저입니다. 이 잡지는 당연히 타깃층을
설정하고 만드는데요. 소녀들을 위한 잡지면 소녀지, 소년들을
위한 잡지면 소년지, 청년들을 위한 잡지면 청년지라고
불립니다. 참고로 일본에서 가장 유명한 소년지는 역시 「소년

어른쿠의 목망을 읽다

점프」입니다. 이 「소년 점프」라는 잡지에서 통용되는 3요소를
소위 '점프 3요소'라고 부릅니다. 우정, 노력, 승리죠. 그래서
주인공이 우정을 쌓고 노력을 해서 승리하는 작품들이 대부분의
소년만화에 속합니다. 물론 꼭 그렇지 않은 경우도 많지만요.
전형적인 구조를 보자면 그렇다고 볼 수 있습니다.

이 중에서 우정은 살짝 곁다리의 느낌이 강합니다.
소년만화에서 소년들을 전율시키는 것은 노력을 통해서 승리를
거머쥐는 것이죠. 그렇기 때문에 소년만화에서는 성장을
묘사하는 것이 가장 중요합니다. 소년만화 파트에서 가장
전형적인 작품인 드래곤볼을 중심으로 일본의 작품에서 어떻게
성장을 표현하는지 알아봅시다. 반대로, 전형적인 구조를
산산히 부수어버리는 여러 작품들도 이야기해보죠.

☞ 「철완 아톰」과 기호의 문제

데즈카 오사무 작가의 **철완 아톰**은 일본 만화의
원류답게 가장 근본적인 문제점을 제시하고 있습니다. **철완
아톰**에서 아톰이 자신을 창조한 아버지격인 '텐마 박사'에게
듣는 불평 불만. "너는 왜 나의 아들 토비오처럼 성장하지 않는
것이냐.". 이 말은 만화의 정곡을 찌르고 있습니다. 아톰은
기계라서 성장하지 않지만 만화 속 캐릭터들도 사실은 성장하지
않죠.

만화는 기호의 예술이라고들 합니다. 긴장을 하면 땀이

뻘뻘 흐르는 기호가 등장하고, 빠르게 뛰는 모습 뒤에는 왠지
모를 바람을 표현하는 기호가 등장하듯이……. 만화 속 상황
묘사에는 현실을 살짝 비틀어놓은 기호들이 사용되고 있죠.
이것은 상황묘사에 그치지 않습니다. 캐릭터를 묘사하는 데에도
'기호'라는 것은 매우 중요한 역할을 맡고 있죠. 「크레용 신짱」의
짱구가 매번 옷을 갈아입는다고 생각하면 어색하지 않을까요?
루피를 상징하는 기호는 역시 밀짚모자와 붉은 윗옷이겠죠?
나루토를 상상하면 언제나 주황색 츄리닝이 생각나는 것은
어떨까요? 만화에서 가장 중요한 것은 우리의 머리 속에
즉각적으로 남는 기호화입니다.

철완 아톰에서의 아톰 역시 작품에서 가장 핵심적인 기호를
맡고 있죠. 아톰을 떠올릴 때 코가 큰 박사님을 떠올리는 사람은
없을 것입니다. 아톰은 언제나 변하지 않아야 해요. 성장기의
주인공을 다루는 작품이라고 해도, 그 캐릭터가 어른이 되었을
때 몰라보게 달라져서는 안 됩니다. 현실에서는 1~2년 차이로
아이가 쑥쑥 크는 경우도 매우 흔하지만…… 만화 속에서는
'같은 캐릭터'라면 어른일 때의 모습과 어린이일 때의 모습은
거의 동일해야만 합니다.

그렇다면 우리는 만화에서 대체 어떻게 성장을 표현할 수
있을까요? 우리가 흔히 생각하는 성장이란 어른이 되어가는
과정이겠죠? 신체적 변화로 성장을 표현할 수 없다면 주인공이
성장했음을 나타내는 방법은 어디에 있는 것일까요?

어른쿠의 욕망을 읽다

☞「드래곤볼」, 천하제일 무술대회를 열다

개그만화「닥터 슬럼프」로 정식 연재를 시작한 '토리야마 아키라'. 한국 애칭으로는 보통 조산명(朝山 明 - 토리야마 아키라) 선생님이라고 불리죠. 토리야마 아키라 작가는 살짝 아톰이 떠오르는 설정의 인조인간 '노리마키 아라레' (한국명 송아리)가 등장하는 「닥터 슬럼프」를 연재하면서, 데뷔한지 2년 만에 역대급 인기를 얻게 됩니다.

80년대 이전까지의 일본 만화들은 상당히 무거운 주제를 다루곤 했었는데요. 일전에 이야기했던 SF 붐의 시대였기 때문이기도 했지만…… 데즈카 오사무, 이시노모리 쇼타로, 요코야마 미츠테루와 같은 일본 거장들이 엄격하고 진지한 이야기를 많이 전개했기 때문이기도 합니다.

이에 대한 반동이었을까요? 1980년을 전후하여 상당히 새로운 시도들이 많이 등장합니다. 어두운 이야기를 명랑만화 그림체로 그리던 시절에 대한 반동으로, 오토모 가츠히로는 완전히 리얼한 그림체로 사람들의 이목을 끌었습니다. 반대로 토리야마 아키라 작가는 「철완 아톰」과 비슷한 설정인 '박사가 인조인간을 만들어냈다'는 설정을 이용하지만 오히려 마이페이스인 아라레에게 휘둘리는 유쾌발랄한 이야기를 그려내죠. 방향성이 완벽히 반대죠?

　　이런 유쾌발랄한 이야기 전문인 토리야마 아키라는 또 하나의 시도를 하게 됩니다. 1980년 당시는 홍콩 무술 영화가 잘나가던 시절이었습니다. 토리야마 아키라 작가 역시 홍콩 무술 영화에 빠져 있었고, 이 영화적 클리셰를 기반으로 서유기의 스토리를 매시업한 **드래곤볼**을 그리기로 결정한 것이죠.

　　이 선택은 처음에는 그다지 주목받지 않았습니다. 소위 '피라후 편'이라고 불리는 **드래곤볼**의 첫 번째 에피소드까지는 그저 서유기의 새로운 해석에 불과했으니까요. 전작인 「닥터 슬럼프」처럼 초인적으로 강하면서 유쾌발랄한 어린아이인 손오공이 특유의 엉뚱함으로 악역을 물리치고 세상을 구한다는 이야기였죠.

　　하지만 폭발적인 인기를 얻은 것은 '무천도사'의 밑으로 들어가 수련을 하고, '천하제일 무술대회'라는 곳에 참여하게 된 순간부터입니다. 여기서부터 **드래곤볼**은 '수직적 성장'을 보여주게 되죠. 아주 전형적이지만 확실한 묘사. 노력을 해서 승리를 쟁취한다라는 구조의 확립입니다. 그 노력이란 대체로 '수련'이구요.

　　「철완 아톰」을 말하면서 얘기했듯, 만화 캐릭터들은 성장을 표현하기에 적절하지 못합니다. 변화해서는 안 되니까요. 하지만 외면은 변화하지 않았더라도 성장을 인식하게만 해주면 되는 문제입니다. '천하제일 무술대회'는 그 성장을 보여주기에 안성맞춤이었습니다. 누가 누구보다 강한지 확실하게 보여줄 수 있었죠. 오공은 크리링보다 강합니다. 왜냐하면 '천하제일 무술대회'에서 더 높은 곳까지 갔기 때문입니다. 반면 초반에는 무천도사보다 약했습니다. 왜냐하면 무천도사에게 무술대회에서 패배하기 때문입니다. '천하제일 무술대회'는 성장을 계단식으로 묘사하기에 안성맞춤이었습니다.

☞ 초사이어인이 되다

물론 여기에서 그쳤더라도 **드래곤볼**은 어마어마한 인기를 끌었을 것입니다. 피콜로 대마왕이 나오고, 왠지 모르게 피콜로도 '천하제일 무술대회'에 출전하게 되고…… 지금까지 준우승만 했던 오공이 처음으로 '천하제일 무술대회' 1등을 차지하면서, 노력으로 승리를 쟁취한다는 점프식 연출에 쐐기를 박으며 끝낼 수도 있었죠.

하지만 **드래곤볼**은 여기서 계속 한 발짝 나아갑니다. 물론 작가 스스로가 원한 것이 아닌 듯 보이긴 해요. 이야기가 마무리되는가 했더니 다시 시작하고, 이젠 진짜 끝인가 했더니 또 시작하고. 이렇게 반복되는 것으로 보아 편집부의 압력으로 보입니다. **드래곤볼** 같은 황금알을 낳는 거위를 죽일 수는 없었던 것이죠.

보통은 이렇게 박수칠 때 떠나지 못하면 추해지기

마련입니다. 하지만 **드래곤볼**은 오히려 추해질 뻔한 것을 예술로 승화시켰어요.

많은 사람들이 **드래곤볼** 에피소드의 정점으로 평가하는 것이 바로 '사이어인 편'입니다. 네, 베지터가 나오는 그 에피소드예요. 이미 '천하제일 무술대회'에서 우승을 차지해 지구에서 가장 강한 인간이 되어버린 손오공. 이 손오공을 어떻게 더 성장시킬 것인지에 대한 토리야마 아키라 작가의 기상천외한 해답들이 쏟아져 나오는 편입니다.

가장 첫 번째로 주목할 것은 바로 '스카우터'입니다. 전투력을 측정하는 기계죠. 물론 예전부터 전투력 측정기의 개념은 있었습니다만, 보통은 사람을 사용했습니다. 야무치보다 강하면 탈인간급, 야무치보다 약하면 인간급 같은 것이죠. 하지만 스카우터는 그냥 쿨하게 숫자로 강함이 얼마큼인지 보여줍니다. 지구에서 가장 강한 손오공도 아무 것도 아닌 것처럼 보이게 만드는 전투력 측정기 스카우터. 이것은 새로 등장한 라데츠와 베지터가 얼마나 무지막지한 존재인지 보여주는 기계였습니다. 그냥 '베지터는 손오공보다 훨씬 강하다'라고 말하기보다는, '베지터가 손오공보다 100배는 강하다'라고 보여주는 것이 더 재미있었기 때문이죠. 어른은 숫자를 좋아한다는 어린 왕자의 말은 틀렸습니다. 소년이야말로 숫자에 환장합니다. 이 스카우터는 '프리저 편'에서 가장 돋보이게 사용되는데, '사이어인 편'에서는 주인공의 파워 업을 그때 그 사진처럼 보여주는 경향이 강했습니다. 수련을 하기 전에는 이 정도로 강했는데, 수련을 한 이후부터는 이 정도의 파워를 가지게 되었다 식으로요.

하지만 **드래곤볼**에서 가장 임팩트가 강한 장면은 '호오 전투력이 올라가는군요' 장면일 것입니다. 프리저가 분노한 손오공을 보면서 말하는 것이죠. 이 작품에서 하나의 공식을 성립하기도 하는 장면입니다. 손오공은 빡치면 세진다. 시쳇말로 표현해서 죄송합니다. 이 공식을 주입당하게 된 독자들은 프리저가 끼고 있던 스카우터가 폭발해버릴 때, 주인공의 전투력이 성장했음을 즉각적으로 인식하게 됩니다. 동시에 주인공인 손오공의 기분까지 전달받을 수 있죠. '손오공이 정말 정말 정말 정말 빡쳤구나'. 스카우터가 보여주는 마법입니다.

또 하나의 발명품은 '초사이어인'이라고 볼 수 있습니다. 이것은 아톰에서 제시된 기호의 문제를 정면으로 돌파해버린 것이었죠. 사실은 그 이전부터 낌새는 보였습니다. 분명 변하지 않아야 할 주인공의 디자인이 어느 순간 변해버린 것이죠.

'사이어인 편'에 돌입하면서 주인공인 손오공이 어른이 되어서 등장하고, 손오공은 실제로 성장하는 캐릭터가 되었습니다.

그런 와중에 손오공이 자신의 출생의 비밀을 깨닫고 후에 '슈퍼 사이어인', 한국에서는 '초사이어인'으로 각성하게 되는 장면에서는 머리 깃을 세우고 옷이 찢어지고 아주 난리를 피웁니다. 왠지 묘하게 덩치도 커지는 것처럼 보이기도 합니다. '만화 캐릭터가 변하는 게 어딨어'라고 생각하는 독자들에게 비웃음을 날리듯, 손오공은 자신의 성장을 변화로 보여줍니다. **드래곤볼**이 고전이 되어버린 지금은 무엇이 대단한지 모를 수도 있지만, **드래곤볼**은 연출의 판도를 바꾼 작품입니다.

이후에 진행되면서 합체 진화를 하질 않나, 죽은 사람을 되살리질 않나, 아예 '**드래곤볼**'은 뒷전으로 밀려나질 않나. 온갖 독특한 시도로 과거의 자신을 뛰어넘으려고 한 토리야마 아키라이지만, 제가 생각하는 **드래곤볼**의 정점은 역시 '스카우터'와 '초사이어인'입니다. 많은 사람들이 **드래곤볼**을 생각할 때 얘기하는 포인트이기도 하니까요.

☞ 「원피스」, 동료가 돼라!

원나블, 「원피스」와 「나루토」, 「블리치」를 한 데 일컫는 말입니다. 단기 임팩트로 따지면 「블리치」가 최고의 인기를 구가했지만, 롱런과 인기를 동시에 잡은 경쟁작은 역시 「원피스」와 「나루토」입니다. 「나루토」의 설정은 닌자를 중심으로 한 스토리이지만, 그 성장 구조는 거의 「드래곤볼」과 유사하기 때문에, 여기서는 굳이 다루지 않겠습니다.

성장을 다룰 때 주목할만한 작품은 역시 **원피스**입니다. 현재까지도 연재하고 있는 소년만화의 전설이죠. 1997년부터 2023년 현재까지 26년째 연재중입니다. 원피스의 원(原)서사는 매우 간단합니다. 존경하는 해적 샹크스에게 영향을 받아 해적이 되기로 결정한 루피가, 해적왕이 되기로 하는 것이죠. 여기서 재미있는 점이, 해적왕은 혼자 될 수 없다는 것입니다. 루피가 일당백의 전투능력을 가지고 있다고 하더라도, 그는 너무나도 부족한 점이 많습니다. 배 위에서 요리도 할 줄 모르고, 선박을 고치는 방법도 모르고, 항해 같은 것은 해본 적도 없습니다. 다른 소년만화들과의 명백한 차이점이죠. 다른 소년만화들은 대충 두들겨패면 해결됩니다. 호카게가 되기 위해서는 적들을 모두 쓸어버리면 해결되고, 소울 소사이어티의 문제들은 위험한 종자들을 전부 베어버리면 그만입니다.

하지만 **원피스**에서 제시되는 해결책은 결코 루피 혼자 풀 수 없는 것들입니다. 특히 모험만화의 성격을 띠고 있는 **원피스**답게, 가장 핵심적인 인물은 고고학자인 니코 로빈입니다. 그녀가 없다면 작품에서 가장 중요한 '포네그리프'의 해독조차 할 수 없죠. 그렇기 때문에 **원피스**가 제시하는 성장은 매우 독특합니다. 루피가 강해지는 것보다도, 모험을 떠난 곳에서 새로운 동료를 찾는 것이 더 큰 수확으로 여겨지죠. **원피스**의 골수 팬들이

원피스의 1부를 그리워하는 이유도, 이런 수평적인 성장이 가장 도드라졌기 때문일 것입니다. 그래서 소년만화에서는 보통 주인공 외에는 대부분 병풍이 되는 현상이 일어나지만, **원피스**에서는 오히려 ~~루피~~가 병풍이 되기도 합니다. 어떤 에피소드에서는 저격수인 우솝이 주인공처럼 활약하기도 하고, 어떤 에피소드에서는 요리사인 상디가 중심인물이 되기도 합니다.

‘밀짚모자 일당’은 모두 전투원급의 무투 능력을 갖춘 것도 사실이지만, 독자들이 **원피스**에 열광하고 기대하는 부분은 단순히 전투에 있지 않습니다. 항해사인 나미를 상징하는 대사는 “상대가 바람과 바다라면 항해를 해야지.”이고, 요리사인 상디를 상징하는 설정은 손은 요리를 하는 것이기 때문에 발로만 전투를 한다는 것입니다. **원피스**는 ‘적재적소의 동료’에 열광케 합니다.

하지만 조금 아쉬운 부분이 있는 것도 사실입니다. 처음에는 동료들과 함께 성장하는 것으로 인기를 얻었으나 결국 **원피스**에서 가장 열광을 받은 것은 바로 ‘기어 세컨드’였다는 사실이죠. **원피스**의 독창성은 동료를 늘리는 것에 있었으나, 실제로는 소년만화의 정석적인 형태인 주인공의 수직적 성장이 가장 인기를 끌었습니다. 지금은 ‘기어 세컨드’를 지나 ‘기어 피프스’까지 나온 상태이죠.

어타쿠의 욕망을 읽다

☞ 성장을 비틀다, 「데스노트」와 악역 주인공

2004년 작품 **데스노트**는 세간에 충격을 안겨준 작품이었습니다. 첫 번째 충격은 이런 범죄 서스펜스 작품이 「소년 점프」에 연재되어도 되는가에 대한 충격이었고, 두 번째 충격은 그럼에도 불구하고 이렇게 재밌어도 되는가에 대한 충격이었죠. 세 번째 충격은 그 작가가 「떴다! 럭키맨」의 작가 '가모우 히로시'라는 점이었습니다. 물론 공식적으로 인정한 적은 없지만요.

오바 츠구미의 **데스노트**의 서두는 다음과 같습니다. 아버지를 따라 경찰을 꿈꾸는 정의소년 야가미 라이토에게 노트에 이름을 쓰기만 하면 죽일 수 있는 데스노트가 떨어지게 됩니다. 그 데스노트를 주운 야가미 라이토는 혹시나 하는 마음에 인질극을 벌이는 범인의 이름을 노트에 쓰게 되고, 실제로 그 범인은 심장마비로 죽게 됩니다. 이 노트가 진짜임을 깨달은 라이토는 노트의 능력으로 세상을 정의롭게 바꾸고자 한다……라는 시놉시스입니다.

데스노트는 많은 사람들의 정의관을 뒤흔든 작품입니다. 야가미 라이토라는 주인공이 일종의 살인마 역할을 한다는 점 때문이겠지요. 범죄자에 대한 단죄 방법으로 살인을 하는 주인공. 그리고 그가 세간에서 불리는 별명은 **'키라'**[7]입니다. 종종 그를 숭배하는 사람도 있지만, 그를 부르는 명칭은

어디까지나 '키라'인 그대로입니다.

　　사실 **데스노트**는 의도적으로 소년만화의 플롯을 비틀기 위해 만들어진 작품으로 보이기도 합니다. 소년만화는 미국식 슈퍼히어로물과 비슷하게 보이기도 하죠. 노력을 통해 승리를 쟁취한다. 여기서 승리는 선의의 경쟁자일 수도 있겠지만 명백한 악역인 경우가 더 많습니다. 루피는 극악무도한 악당 '아론'을 물리치고 마을을 해방하고 다니죠. 나루토는 자기 마을을 지키기 위하여 '오로치마루'를 물리치려고 하구요. 슈퍼히어로들도 악역을 죽이는 데 전혀 거리낌이 없습니다. 유쾌한 이야기인 「가디언즈 오브 갤럭시」에서도 경쾌한 음악과 함께 학살신이 시작됩니다. 슈퍼맨이든 배트맨이든 악역에게는 가차없습니다. 대의를 위해서라면 누군가를 죽여도 될지도 모릅니다.

　　하지만 야가미 라이토가 사용하는 데스노트에서만큼은 사람들이 큰 위화감을 느꼈죠. 물론 초반에는 라이토가 천재적인 두뇌를 이용해 수사망을 빠져나가면서 악을 단죄해 나가는 모습을 보며 라이토에게 심정적 지지를 보내는 독자도 있었겠지만요. 그러나 결국에는 주인공이 패배하고 추하게 무릎 꿇는다는 점에서 이 작품은 라이토를 명백한 빌런으로 설정했음을 알 수 있습니다.

　　소년만화, 슈퍼히어로물의 클리셰를 그대로 사용하고 있는 **데스노트**. 하지만 그것을 묘사하는 방식은 매우 달랐습니다.

첫째로 악역의 잔혹함을 거의 보여주지 않는다는 점입니다. **데스노트**의 초반부에서는 죽음을 맞이하는 악역들이 죽어 마땅한 짓을 하는 모습을 보여줘 독자에게 통쾌함을 줍니다. 하지만 **데스노트**의 후반부에서는 마치 *라이토*가 업무를 처리하듯 무심한 표정으로 데스노트를 활용합니다. 아니, 더 이전에 이미 자신을 쫓는 FBI 수사관 '레이 펜버'를 죽인 시점부터 그의 허울 뿐인 정의는 탄로나버렸을지도 모릅니다. 그는 자신을 위해서라면 권력도 서슴없이 사용합니다. 옥에 갇혀 있다는 것으로 그들이 나쁜 사람인 것은 추정할 수 있지만 감정적인 공감이 되지는 않습니다. 공권력에 대항해 공포로 지배하는 키라를 추적한다는 이유만으로 사람들이 죽기 시작하는 순간부터 키라의 대의에는 공감할지언정 '*야가미 라이토*'라는 인물을 옳다고 말할 수는 없게 됩니다.

둘째로 데스노트라는 것이 그다지 액션성이 없는 물건이라는 것입니다. 소년만화에서 사람들이 보고 싶어 하는 것은 어찌 되었든 호쾌한 액션신입니다. 하지만 데스노트의 피해자들은 어느 순간 심장을 부여쥐며 죽음을 맞이할 뿐입니다. 폭력은 사람을 설득하는 강력한 무기이기에 폭력이 거의 배제된 데스노트는 우리에게 설득력을 주지 못합니다.

「소년 점프」에 연재된 **데스노트**는 사람들에게 주인공의 노력을 여실히 보여줍니다. 그리고 살짝 이상하게 보일 수도 있지만 그의 아치 에너미인 'L'과의 우정도 여실히 보여줍니다.

하지만 그가 쟁취해내는 '승리'에서 만큼은 아무도 기뻐하지
못합니다. 그가 보여준 것은 성장이 아니라 타락이었기
때문입니다.

☞ 왜 주인공은 부모님이 없나요?

'야가미 라이토'의 이상인 "악당을 모두 공포로
지배해 범죄가 없는 시대를 만든다."에 공감을 했던 사람들도
있었겠지요. 하지만 대체로 라이토가 정의롭고 소시민적인
자신의 아버지를 죽음으로 내몬 장면에서 모두 실망했을 것이라
생각합니다. 그리고 여기서 하나 재미있는 점이 있습니다.
명백한 악역으로 성장하는 야가미 라이토만은 양친이 모두
존재하는 것으로 보인다는 거죠.

소년만화의 특징 중 하나라면, 아니 대부분의 영웅 전설의
특징 중 하나를 꼽자면 부모 모두를 가지고 있는 아이가
드물다는 점입니다. 원나블의 주인공들은 모두 어머니가 없고,
'나루토'는 양친이 모두 없습니다. 사쿠라가 처음부터 지적하는
부분이기도 하죠.「강철의 연금술사」의 엘릭 형제도 어머니를
잃었습니다.

반면 스포츠물에 가까운 작품들은 아버지의 부재가 눈에
띕니다.「더 파이팅」의 일보는 아버지를 여의고 어머니와
함께 살고 있습니다.「포켓몬스터」의 주인공 지우는 어머니와
둘이 살고 있고, 아버지의 행방은 모릅니다. 전설적인 포켓몬

트레이너일 것이라는 추측만 가득할 뿐입니다.

이렇게 보았을 때, 아무래도 부모라는 존재는 영웅 서사 속 성장 묘사에 방해가 되는 것 같습니다. 아버지와 어머니가 사용되는 방식이 조금 다르긴 하지만요. 보통 작품에서 등장하는 아버지들은 태반이 인간 쓰레기들입니다. 하지만 처음부터 아버지의 모습을 제거해버린다면, 주인공에게는 '막연하게 좋아야 할 이상적인 남성상'을 만들어낼 수 있습니다. 네, 「더 파이팅」의 일보가 아버지의 모습을 좇는 것처럼 말입니다.

반대로 아버지가 존재하는 작품에서의 아버지들은 대개 나쁜 부모처럼 묘사됩니다. 주인공이 절대 닮고 싶어 하지 않는 남성상을 보여주는 편이죠. 하지만 가장 오래된 클리셰가 여기에 잠들어 있죠. 사실 아버지는 서툰 존재라서 아들에 대한 사랑을 말하기 부끄러워한 것이고, 실제로는 아이를 매우 사랑하고 있었다는 클리셰.

'이상적인 남성상'이 없어서 방황하는 소년만화 주인공들을 묘사하는 것은 꽤나 재미있는 시퀀스이기 때문에 대체로 많은 작품들이 주인공에게서 어머니를 앗아갑니다. 어머니를 지키지 못한 아버지라는 애증의 대상을 만들 수 있을 뿐더러 무한한 사랑을 상징하는 기호인 어머니를 제거하는 것만으로도 주인공에게 심적 공허함을 설정해줄 수 있기 때문입니다. 성장 서사에서 아버지의 역할은 이토록 재미있게 사용되는 편이지만 어머니의 역할은 비교적 얄팍한 편입니다. 살아 있다면 지켜야 하는 존재이고, 죽어 있다면 주인공의 외로움 증폭 장치죠. 창작물에서 어머니라는 기호는 대개 '돌아가야 하는 곳'이라는 뜻을 가집니다.

올바른 성장의 제물로 방황이 있어야 하는 것일까요? 관계를 위해서는 결핍이 있어야 하는 것일까요? 많은 작품들이 가장 좋은 방법으로 부모의 부재를 소재로 사용하고 있는 반면 **데스노트**에서는 아버지와 어머니가 생떼같이 살아만 있습니다.

보통 껄렁하고 아들을 실망시키는 모습으로 나오는 주인공의 아버지와 달리 *야가미 라이토*의 아버지는 너무나도 강직하고 올곧은 인물입니다. 이런 인물들은 가정에 소홀한 편이라는 클리셰가 있지만 '야가미 소이치로'는 가정에도 나름 충실한 인물로 나옵니다. 나쁜 점이 부각되지만 내심 아들을 사랑하는 아버지를 정반대로 비틀어 놓듯이, **데스노트**에서 나오는 주인공의 아버지는 본받아 마땅한 인물로 등장합니다.

왕따를 당하는 나루토와 일보, 아웃사이더인 루피, 이치고 그리고 엘릭 형제. 그들과 달리 *야가미 라이토*는 품행이 방정하고 교우관계도 좋습니다. 굳이 데스노트 따위를 줍지 않아도 사회에 영향을 끼칠 수 있는 엘리트로 자라고 있었습니다. 그가 가볍게 일본 최고의 대학에 입학했다는 것으로 미루어 짐작할 수 있습니다.

이렇게 보면, **데스노트**는 의도적으로 소년만화의 클리셰들을 몽땅 비틀었다고 볼 수 있습니다. 우정이라고

말하지만 서로를 의심하고 기만하는 전개, 등장인물의 노력은
그의 천재적인 두뇌에 기인할 뿐이고, 그가 이루어낸 승리는
결국 자기 가족의 파멸을 불러옵니다. 타락도 일종의 성장인
셈이지요.

☞ 「진격의 거인」, 거악의 주인공

「데스노트」의 야가미 라이토와 유사한 듯 다르게
보이는 캐릭터가 있습니다. **진격의 거인**의 '엘런 예거'죠. 이
두 작품은 비교적 유사한 면이 있습니다. 처음에는 주인공이
영웅적인 모습을 보이다가 후반부에는 완전히 타락해버린다는
것이죠.

진격의 거인의 간단한 스토리는 다음과 같습니다.
방벽이라고 불리는 벽 안에서 독자적인 문화를 구축한 '파라디
섬'. 이 섬의 방벽 바깥에는 거대한 거인들이 살고 있습니다.
거인들은 사람을 잡아먹거나 공격하기 때문이죠. 하지만
방벽을 뚫지는 못하기 때문에 파라디 섬 내부는 비교적 안전한
편이었습니다.

그러던 어느 날, 방벽에 작은 구멍이 나버리게 됩니다.
거인은 그 구멍으로 침입해 '에르디아인'들을 공격합니다.
주인공의 어머니가 이 공격에 휘말려 죽게 됩니다. 이제 더
이상 파라디 섬은 안전하지 않습니다. 위의 내용은 상당히
전형적인 디스토피아입니다. 실상 생각해보면 대화도 통하지

않는 적대자 중간에서 생존해야 된다고 하는 내용일 뿐이죠. 좀비 아포칼립스, 혹은 쥬라기 공원 같은 재난물에 가까운 플롯입니다.

하지만 **진격의 거인**의 본격적인 이야기는 2부부터라고 볼 수 있습니다. 사실 에르디아인이 살고 있는 파라디 섬은 인류의 유일한 낙원이 아니었습니다. 오히려 방벽 바깥에 있는 인류가 더 융성하게 살고 있죠. 자세한 이야기를 다 하기는 어렵지만…… 간단하게 말하면 에르디아인이 '거인화'라는 힘으로 세계를 공포에 떨게 하였으나 이후 전쟁에서 패배하고 파라디 섬이라는 곳으로 자진 유폐를 결정한 것이었습니다. 다만 거인이 될 수 있는 능력은 에르디아인들에게만 있기 때문에 세계의 모든 인류는 에르디아인들을 증오하고 있죠.

진격의 거인 2부부터는 거인에 맞서는 아포칼립스 생존물이 아닌, 현실적인 정치 군상극으로 바뀌게 됩니다. 너무나도 현실적인 까닭에 현실에 있는 독자들이 거부감이 들 정도죠. 이 작품의 주된 주제의식은 '증오의 연쇄'입니다. 「나루토」랑 비슷하죠? 하지만 「나루토」와는 달리 **진격의 거인**의 이야기는 오독하기 쉬울 만큼 현실의 국가 관계와 유사합니다. 에르디아인들은 '마레 제국'과의 패권 전쟁을 위해 '거인의 힘'을 사용합니다. 그들은 잔인하게 민간인을 학살해가며 최강대국이 되지만 이내 몰락하여 다시 마레 제국에게 핍박받는 위치가 됩니다.

이 작품에서는 어디가 가해자이고 어디가 최초의 원인인지가 애매합니다. 거인의 힘에 욕심을 낸 '에르디아' 쪽이 나쁜 쪽일까요? 아니면 마레에 대항할 마음을 먹게 통치한 '마레 제국'이 나쁜 쪽일까요? 이런 구도는 일견 나치 독일과 유대인의 관계처럼 보이기도 합니다. 일본 작품이기 때문에 일본 제국과 동아시아 식민지들의 관계처럼 보이기도 하죠. 실제로 **진격의 거인**은 작품의 우익 논란이 있었을 정도로 주인공인 에르디아인 측이 나쁜 쪽으로 보입니다. 그리고 이 작품은 나쁜 국가 측에 서서 공감을 유도하고 있죠. 그래서 한때 **진격의 거인**은 일본이 피해자 행세를 하는 만화라고 비판받은 적도 있습니다.

일본의 피해의식 때문에 마레 제국의 행보를 현실의 제2차 세계대전 식민지 국가들의 모습보다 과장해서 그렸다고 반박할 수 있겠습니다. 하지만 후반으로 갈수록 결국 빌런은 에르디아인입니다. 그 빌런의 중심에는 주인공이 서 있죠. 주인공은 최후에 에르디아인이 살고 있는 파라디 섬의 문명이 도태되고, 에르디아인이 절멸될 미래를 예견합니다. 그리하여 엘런 예거는 마레 제국을 포함한 파라디 섬 외부의 모든 인류의 80%를 학살하기에 이르죠.

엘런 예거는 억압된 파라디 섬을 해방하고 자유를 가져오는 투사에 가까운 인물이었습니다. 하지만 2부부터…… 정확히는 자신의 형인 '지크 예거'를 만난 이후부터 에르디아인의 원죄를 깨닫고 방황합니다. 그리고 자신의 형인 지크 예거가

에르디아인이 모든 원죄를 짊어지고 사라지는 선택을 하는 것을 막아 세우게 되죠. 지크 예거 본인은 '에르디아인의 안락사 계획'이라고 표현합니다. 지크 예거의 계획을 막아 세운 엘런 예거가 파라디 섬을 제외한 모든 인류를 박살내는 '땅울림'을 시도하게 되면서 이 작품은 굉장히 재미있는 모습을 띱니다. 소년만화에서 흔히 나오는 아름다운 결말은 있을 수가 없고 어떠한 사상도 완벽할 수 없다는 것을요.

마레 제국 입장에서는 에르디아인은 거인으로 변할 위협이 있는 잠재적 범죄자들입니다. 그리고 과거에 마레 제국을 공포에 떨게 만들었던 과거사 문제도 있지요. 그것을 해결하기 위해 지크 예거는 공리주의적으로 자기 종족인 에르디아인을 세계에서 사라지게 만들려고 합니다. 하지만 그것은 정말 옳은 것일까요? 세계를 위해 어떤 민족이 과거사의 원죄를 짊어지고 자살을 선택하는 것이 아름다운 결정일까요?

만약 그렇게 하지 않도록 결정하면 어떨까요. 마레 제국이 에르디아인을 관용적으로 대할 일은 사실상 없다고 봐도 무방합니다. 그렇다면 엘런 예거처럼 극단적인 결정을 내릴 수밖에 없습니다. 자신이 죽기 전에 상호확증 파괴를 해버리는 것이죠. 「나루토」보다 더 극단적이고 현실적인 증오의 연쇄입니다. 자진해서 무기를 내려놓는 선택지는 사실상 없는 것이죠.

그렇기 때문에 **진격의 거인**은 소년만화의 또다른

안티테제입니다. 비교적 악을 짊어지고 깔끔하게 퇴장하는 듯한 「데스노트」보다도 더 찝찝하게 끝나는 작품이죠. 평화로운 공존과 공생은 불가능하다라고 결정을 내린 옐첸 예거의 성장은 '야가미 라이토'의 그것과는 또 다릅니다. '야가미 라이토'가 타락이라면, '옐첸 예거'는 체념 혹은 때묻음이죠.

오히려 어른이 된다는 것은 이 쪽이 더 현실적일지도 모르겠습니다. 세상의 모든 어른들이 슈퍼 히어로가 아니고 나쁜 어른들도 '야가미 라이토' 같은 다크 히어로가 아니듯이요. 많은 어른들은 어쩔 수 없이 성장하고, 그다지 고결하지 않은 이유로 행동하며, 그러면서도 간혹 감정적이기도 합니다. 소년들에게 '변화'를 묘사한 것이지요.

☞ 어른도 「원피스」를 꿈꿀 수 있어

"사람의 꿈은 끝나지 않아!"

소년만화에서 등장하는 어른들은 비교적 얄팍하고 전형적인 편이지만 가끔씩 소년보다도 더 큰 울림을 주는 어른들이 등장합니다. 「나루토」에서는 자신의 모든 노력과 열정을 담아 한 순간에 쏟아내는 '마이트 가이'가 있고, 「블리치」에서는 누구보다 강하고 열정적인 할아버지 '겐류사이'가 있듯이요.

하지만 이들은 현실에서도 매우 보기 힘든 멋진 어른들이고…… 실제로 우리가 '되어버린' 어른은 그렇지는

않은 듯 보입니다. 서른이 되어도 마흔이
되어도 중년이 노년이 되어도 나는 언제나
철이 없이 살 것 같아요. 우리네 인생은

「드래곤볼」의 **'미스터 사탄'** [8]에 가깝죠. 미스터 사탄은 '셀

게임 편'에서 나오기 시작한 지구인 캐릭터입니다. 지구

최강의 남자로 이름을 떨치고 있죠. 하지만 그 대부분은 허풍!

실제로도 지구인 평균보다는 강한 모습을 보이긴

하지만, 주인공 주변의 Z전사에

비하면 한참 모자란

캐릭터입니다. 하지만

그의 허풍은 세계에

먹혀들어갔고, 그의

허풍이 지구를 구원하는

서사를 확립하기도 합니다. 중요한 순간에 활약하는 허풍쟁이

캐릭터의 원류라고 볼 수 있죠.

    이 미스터 사탄 캐릭터를 가장 잘 이어받은 것이

원피스입니다. 애초에 「드래곤볼」의 유쾌한 이야기라는 향기를

가장 잘 이어받은 작품답게, **원피스**에는 「드래곤볼」에 대한

수많은 오마주가 엿보입니다.

    그 중에 하나가 미스터 사탄의 행적을 따라가는 최초의

보스 '광대 버기'입니다. 광대 버기는 처음에는 극악무도한

악당으로 등장하지만 '동강동강 열매'라는 특유의 우스운

어타쿠의 욕망을 읽다

능력과 '광대'라는 재미난 캐릭터성 덕분에 후반까지 등장하는 캐릭터죠.

원피스는 유달리 등장인물들을 죽이지 않는 불살주의로 유명한 만화인데, 그 안에서도 버기의 입지는 매우 탄탄한 편입니다. 버기는 '정상결전 편'에서의 허풍을 기반으로 자신보다 강한 해적들을 규합해 거대 해적단을 만듭니다. 그리고 '칠무해'라는 작품의 꽤 강한 집단에 소속되기도 하고, 최근엔 바다의 가장 강한 세력 중 하나인 '사황'에 등극하기도 합니다. 이 모든 것은 허풍 하나로 이루어낸 것입니다.

단순히 여기서 그친다면 버기는 그저 재미있는 설정 중 하나일 뿐이겠지만, 버기는 우리에게 감동을 주기도 합니다. '사황 세력들'이 모두 원피스를 목표로 출발할 때 자신의 부하로 알려진 전 칠무해 '미호크'와 '크로커다일'에게 얻어맞고 있었습니다. 허장성세로 이룬 세력 답죠. 하지만 얻어맞고 핍박받고 찌질하고 능력 없는 버기에게도 한때는 바다에 나온 꿈이 있었습니다. 그것은 바로 '원피스'. 해적왕이 되는 꿈이죠. 그리고 그가 거느리고 있는 크로스 길드의 실세인 미호크에게도 크로커다일에게도 어쩌면 해적왕의 꿈이 있었을지도 모를 일입니다.

버기는 미호크와 크로커다일에게 일갈을 합니다. 너희들에게도 한 때는 꿈이 있지 않았냐고. 너희들에게 나의 이름을 빌려줄 테니 사나이라면 꿈을 좇으라고. 버기는 선원들에게 다짜고짜

'원피스'를 찾자고 선언하고, 두 사람은 당황합니다. **원피스**의 이 장면은 단순히 *버기*의 무모한 모습을 보여주는 개그신으로 보일 수도 있지만 실제로는 **원피스**와 함께 나이가 들어버린 소년들에게 전하는 헌사로 보입니다. 1997년에 연재를 시작한 **원피스**. **원피스** 1권이 나올 때 그것을 손에 들었던 소년은 이미 40대가 훌쩍 지나 있을 것입니다. 왜냐하면 제가 **원피스**와 동갑이거든요.

한때는 **원피스**를 보며 꿈을 키웠을 소년들이 이제는 사회의 주역으로 성장한 만큼, 해적왕을 꿈꾸는 소년 *루피*의 서사는 그들에게 와닿지 않을 가능성이 높습니다. 사회에 '원피스'는 없었고 우리는 *루피*가 아니죠. 잘해봐야 광대 버기, 하찌, 아론 정도일까요. 캡틴 크로 정도의 인물만 되어도 성공한 축일 것입니다.

원피스는 독자들과 함께 나이가 들어간 것입니다. 그러면서 어른이 된 독자들에게 다시금 말하는 것이죠. '이 책과 함께 해적왕의 꿈을 꿨던 소년 시절이 있지 않았느냐'라구요. 이 장면을 읽을 때만큼은 다시 소년으로 돌아갈 수 있게 한 **원피스**. 어른들도 '원피스'의 꿈을 꿀 수 있습니다.

☞「바다를 달리는 엔딩 크레딧」

"상상은 자유로워서 한 번 달리기 시작하면 멈추지 않는다. 내가 영화를 찍는다면."

이렇듯 성장은 비단 소년만의 전유물이 아닙니다.

소년만화로 운을 띄운 만큼 살짝 민망하지만요. 소년들의 여정도, 한때 소년이었던 가장들의 꿈도 아닌 성장물도 있습니다. 남편과 사별한 할머니가 성장하는 만화. **바다를 달리는 엔딩 크레딧**입니다.

바다를 달리는 엔딩 크레딧의 내용은 비교적 단순합니다. 남편과 사별한지 어언 49재가 된 주인공 *우미코*. 그녀는 남편 뒷바라지하랴 애들 키우랴 정신없이 보내다가 남편과의 이별을 겪고 나서야 드디어 처음으로 영화관에 갑니다. 늘 영화를 좋아했었지만 지금까지는 비디오 테이프로 보고 있었죠. 그녀는 영화를 좋아하는 것일까요? 그렇다고 말 할 수도 있고 아닐 수도 있습니다. 영화를 틀어놓고는 영화 내용보다 그것을 보고 있는 남편의 뒷모습만을 바라보고 있었던 *우미코 씨*. 사실 그녀는 남편과의 첫 데이트에서도 영화관을 갔었습니다. 그때도 그녀는 영화보다는 영화를 보는 관객들을 관찰하는 것을 즐겼죠. 이번에도 여전히 *우미코*는 영화보다는 영화를 보는 관객들을 봅니다. 그리고 그 영화관에서 운명 같은 만남이 일어납니다. 영화보다는 관객의 반응이 신경쓰이는 당신은, 영화애호가가 아닌 영화 제작자가 되고 싶지 않냐구요. *우미코* 할머니에게 영화 제작을 권하는 청년 카이, 두 바다가 크게 일렁이게 되는 작품입니다.

할머니라는 캐릭터는 보통 '전달'의 역할을 합니다. 주로 하게 되는 대사는 이런 것이죠. "느이 할애비가 늘 하던 말씀이 있으셨어……". 여러분에게도 익숙한 할머니 캐릭터죠? **바다를 달리는 엔딩 크레딧**에서는 이런 편견을 타파하고, 오히려 익숙지 않은 것에 도전하는 할머니 캐릭터를 보여줍니다. 진정한 의미에서 주인공의 역할을 꿰찬 것이죠.

물론 클리셰적인 할머니의 모습이 보이는 것도 재미있는 포인트입니다. 두 번째 주인공이라고 볼 수 있는 '카이'는 생활능력이 영 떨어지거든요. 하지만 우리가 늙어보지 못했기에 공감하지 못하는 할머니 할아버지들의 이야기. 도전에 어울리지 않는다고 체념했을 뿐, 여전히 새로운 것에 도전하고 싶은 어른들의 성장을 **바다를 달리는 엔딩 크레딧**에서는 담아냈습니다. 천편일률적인 노인 묘사에서 벗어난 것이죠. '삼각김밥'이 처음 나왔을 때 굉장히 궁금해하시던 제 할머니가 떠오르네요.

☞ 파랑새 이야기, 「강철의 연금술사」

소년만화에서 가장 중요한 것은 성장이고, 성장은 대개 결핍에서 시작합니다. 또한 대부분의 소년만화에서 성장하는 것은 주인공의 실력입니다. 특히 싸움 실력이죠. 하지만 **강철의 연금술사**는 다릅니다. 주인공인 에드워드 엘릭은 더 이상 성장할 곳이 없는 캐릭터죠. 그는 이미 국가 연금술사라는 자리에 올라섰습니다. 최강의 캐릭터라는 뜻이죠.

하지만 그에게는 치명적인 약점이 있었습니다. 그는

금지된 연금술에 손을 댔다는 것이죠. 죽은 어머니를 살려내는 부활 연금술. 아버지는 전 세계를 여행 중이고, 어린 엘릭 형제에게는 어머니밖에 없었습니다. 이 작품에서 연금술의 대전제는 '등가교환'입니다. 죽은 어머니를 살려내기 위해 그들이 교환 물품으로 내건 것은 인간의 구성물질. 인, 황, 칼슘, 칼륨 같은 것이죠. 하지만 엘릭 형제는 죽은 자를 부활시키는 데 실패합니다. 정확히는 무언가가 살아 움직이긴 했는데, 어머니라고 볼 수는 없는 무언가였죠. 그리고 생명을 창조하는 데에는 인간의 구성물질 이상의 대가가 필요했나 봅니다. 어린 알폰스 엘릭은 몸 전부를 빼앗기고, 에드워드 엘릭은 한 쪽 팔을 빼앗기죠.

강철의 연금술사는 이런 엘릭 형제가 세계를 유랑하면서, 세계와 관련된 사악한 계획을 저지하는 만화입니다. 하지만 이 작품에서 에드워드 엘릭은 새로운 연금술을 배운다거나 신체가 강화되는 일은 없습니다. 오히려 엔딩에서는 자신의 연금술 능력을 다 빼앗겨버리죠. 하지만 이 작품은 여전히 성장물입니다. 전투력이나 신체적 능력이 강화되는 것이 성장을 묘사하는 데 가장 직관적인 묘사인 것은 사실입니다. 하지만 **강철의 연금술사**는 그 모든 것을 뒤엎고 정신적인 성장을 묘사하는 데 전력을 다합니다.

성장을 하기 위해서는 무언가 결핍된 것이 있어야 합니다. 이 작품을 처음 읽었을 때 엘릭 형제에게 결핍된

것은 모성애 혹은 부성애로 보였습니다. 실제로 어머니를
살려내기 위해 금단의 술법에 휘말린 것이 서두니까요. 하지만
실제로 그들에게 부족한 것은 어머니 같은 것이 아닌, 이별을
받아들이는 성숙함이었습니다. 애기들한테 바라기에는 너무
가혹한 것은 아닌가 싶긴 하네요.

엘릭 형제는 어머니를 잃었다는 사실을 받아들일 수
없었기 때문에 산 것도 죽은 것도 아닌 불완전한 상태로
돌아다니게 됩니다. '어머니의 부재'라는 표면적인 결핍은 그를
최강의 연금술사로 만듭니다. 하지만 여전히 그는 어머니라는
족쇄에 묶인 채로 자신의 연금술 실력에만 집착하는 불완전한
존재입니다. 최후에 지금까지 쌓아온 것을 모두 버렸을 때만
진리는 그를 향해 웃어줍니다. "네가 찾던 것은 처음부터 네
안에 있었다."라는 듯이요.

☞ 살아라. 「마이 브로큰 마리코」

마이 브로큰 마리코, 이 작품의 서두에서는 이미
어떻게 되어버린 *마리코*를 말합니다. 한 맨션에서 20대 여성이
추락사. 스스로 목숨을 끊은 것이죠. *마리코*의 가장 친한 친구인
*시이*는 적잖이 당황합니다. 지난 주만 해도 만나서 같이 놀았던
마리코. '그럴 낌새'라곤 보이지 않았던 *마리코*가 갑자기 목숨을
끊다니요. 생각해보니, '그럴 낌새'가 없다는 말로 '그럴 리'가
없다고 생각한 것은 너무한 일입니다. *마리코*가 '그럴 이유'는

수도 없이 많았기 때문입니다. 친부의 가정폭력, 성폭행, 친모의 가출, 그다지 좋지 않은 교우관계……. 그녀는 제법 현실적인 이유로 불행했고, 그녀에게는 살 이유보다 살지 않아야 할 이유가 더 많았습니다.

마이 브로큰 마리코는 *시이*가 *마리코*의 유골을 강도를 하는 내용입니다. 칼을 들고 친부를 협박해 유골을 빼앗아 달아난 *시이*. *시이*는 *마리코*를 데리고 그녀가 가보고 싶다고 한 바다에 데려다 줍니다. 그런 행동을 한 이유는 무엇일까요? 하나뿐인 친구의 죽음을 막지 못했다는 죄책감? 혹은 그녀의 부탁을 죽어서라도 들어주고 싶은 속죄? 아니면 *마리코*가 죽었다는 사실을 받아들이고 싶지 않아서? 위에 언급한 모든 것이 정답입니다. 그녀는 복합적인 감정으로 *마리코*를 안고 바다로 향한 것이죠.

하지만 그녀의 최후의 결정은 역지사지였습니다. *마리코*를 안고 달아나면서 계속 *마리코*의 입장을 생각해온 *시이*. 하지만 친구는 한 쪽만 생각해주는 관계가 아니잖아요? *마리코*도 *시이*의 입장이 되어봐야 할 것입니다. *시이*는 *마리코*의 유골함을 한 켠에 두고 바다에 뛰어내리려고 합니다.

마이 브로큰 마리코에서는 성장보다는 변화에 초점을 맞춥니다. *마리코*는 어떻게 되어야만 하는 아이였죠. 그녀는 계속 이런 말들을 들어왔습니다. "네가 잘못했기 때문에.", "네가 유혹해서.", "네가 먼저.". *마리코*는 *시이*에게 부탁을 하죠. "네가 잘못했다'고 말해줘…! 안 그러면 이상하잖아?" 그녀는 있는 그대로의 자신을 받아들일 수 없었습니다. 자신이 잘못한 게 아니라면 왜 그런 불행을 맞이해야 했던 것일까요?

그대로의 자신을 받아들일 수 없었던 *마리코*는 변화합니다. 죽음이라는 못으로 자신을 내던지죠. 그 결과는 *시이*에게도 동일한 상태를 야기합니다. *마리코*의 죽음에 자신의 잘못이 없다면 이상하잖아요? 그녀는 왜 자신에게 도와달라고도. 하다못해 함께 죽어달라고도 하지 않았던 것일까요.

이 작품은 그렇게 '자신을 받아들일 수 없는 사람'에게, 멈추어도 좋다고 하는 내용입니다. 그대로여도 이상하지 않다. 세상의 약함을 모두 짊어진 사람에게, 자책할 필요 없이 그대로 살아가도 좋다고. **마이 브로큰 마리코**는 그저 그대로 살아보라고 제안합니다. 성장통이 너무 아프면 쉬어 가야 하는 법이죠.

☞ 지나간 것은 지나간 대로,「초속 5센티미터」

일본 작품을 볼 때 유달리 두드러지는 것이 있습니다. 곧 스러질 것이나 이미 사라진 것에 대한 애틋한 추억을 강조한다는 것이죠. 한국에서의 벚꽃은 만개하기 직전 혹은 만개한 상태이지만 일본에서의 벚꽃은 대체로 잎이 떨어지고 있는 상황입니다. 벚꽃비라고도 하죠.

이런 아름다웠지만 사라져버린 추억, 아련한 과거를 회상하는 일본의 감성을 흔히 모노노아와레(物の哀れ)라고

합니다. 현재의 일상과 유리된 물건 등을

접하면서 느끼는 애수를 표현하는 말이죠.

헤테로토피아[9], 혹은 헤테로크로니를

상기시키는 물건에서 오는 애틋함이라고 하면

더욱 적절할까요? 영화 애호가 분들이라면 「러브레터」에서

느끼는 감성이라고 하면 알아들으실 것이라고 생각합니다.

　　모노노아와레 덕분에 많은 일본 작품들은 과거의 한

때를 다루는 것을 즐깁니다. 그리고 현재의 주인공이 과거의

무언가를 회상하는 매개체를 보는 시퀀스도 허다하죠.

한국에서도 유명한 '신카이 마코토' 작가가 이 감성을 찌르기로

유명합니다. 한국에서 가장 유명한 「너의 이름은」도 3년 전에

멸망해버린 마을을 소재로 하고 있고, 「스즈메의 문단속」도

재난으로 인해 유리되어버린 일상의 물건을 조명하고 있죠.

　　하지만 제가 모노노아와레 혹은 멈춤의 미학으로

가장 좋아하는 작품은 **초속 5센티미터**입니다. 영화의

캐치프레이즈가 참 어여쁩니다. '벚꽃이 떨어지는 속도 초속

5센티미터'. 실제로는 거짓말이라고 하지만요.

　　이 작품은 단일한 주인공이 겪는 두 가지 사건을 묘사한 뒤

현실의 주인공을 묘사하는 형식을 띠고 있습니다. 1부에서는

중학교 시절 겪은 주인공의 사랑 2부에서는 고등학교 시절 겪은

주인공에 대한 짝사랑이죠. 네, 1부와 2부는 시점이 다릅니다.

1부는 주인공이 서로 사랑을 하는 것이고, 2부에서는 주인공이

9　일상의 공간과
분리된 공간, 여기서는
헤테로크로니(분절된
시간)을 강조하기 위한
원어로 사용한 용어.

짝사랑의 대상이 되죠.

초속 5센티미터는 상영시간이 짧은 만큼 주제가
직관적입니다. 추억은 추억으로 두라는 이야기지요. 하지만
그 추억을 너무나도 아름답게 묘사하면서 신카이 마코토는
사람들에게 꽤나 많은 저주를 받았습니다. '이토록 아름다운
사랑 이야기를 그리고 어찌 잊으라고 할 수 있냐'는 것이죠.
실제로 1부에서의 사랑 이야기는 눈물 없이는 볼 수 없을
정도입니다. 약속 시간이 한참 지나도 나를 기다리고 있는 그녀
그리고 그런 그녀를 기다리게 둔 채로 눈발을 헤치고 다가가는
주인공. 그 두 사람이 마주치는 시점에서 우리는 더할 나위 없는
감동을 느낄 수 있습니다. 하지만 보통이라면 막연히 이 뒤로도
행복하게 잘 살았습니다~ 라고 할 법한 내용임에도 불구하고
주인공도 이사를 가게 되며 둘 사이의 연락은 거의 끊기게
되었습니다. 비현실적일 정도로 아름다운 사랑을 묘사하고 이제
와서 현실적인 모습을 연출하다니……

당연하게도, 2부에서도 주인공은 무언가를 쭉 그리워하고
있습니다. 그런 그를 짝사랑하는 소녀가 있었으니, 서핑을
즐기는 카나에입니다. 카나에는 늘 먼 곳을 보고 있는 *타카키*를
보며 사랑에 빠지지만 최후에는 자신의 속도와 그가 걷는
속도가 같지 않다는 사실을 깨닫습니다.

1부에서 아카네와 *타카키*는 느릴지라도 서로를 향해 착실히
다가가 만나 정점을 이루지만, 함께 걸어갈 수는 없는 운명이

어타쿠의 목망을 읽다

됩니다. 그들은 뜨겁게 부딪힌 뒤 멀리 떨어지게 됩니다. 반면 2부의 카나에와 *타카키*는 같은 방향을 향하고 있습니다. 그러나 그들의 속도가 달라 *타카키*는 카나에에게서 멀어질 뿐입니다.

그리고 3부, 서른 가까이가 된 *타카키*는 멈추어 있습니다. 한때는 이루어졌던 아카네와의 사랑도, 자신은 몰랐지만 아름다웠던 카나에의 사랑도 모두 지나가버린 30대의 정경입니다. 그는 무엇인가를 계속 찾아나서고 있지만 마땅히 보이지 않습니다. 함께 흘러나오는 노래 「One more time, One more chance」가 *타카키*의 마음을 아련히 대변해줄 뿐입니다.

그렇게 무언가를 찾고 있던 *타카키* 앞에 아카네로 보이는 누군가가 스쳐 지나가고 *타카키*는 아카네의 뒤를 홀린 듯이 쫓습니다. 하지만 두 사람은 분리되게 됩니다. 한때는 *타카키*를 아카네에게 다가가게 해줬던 기차가 두 사람을 갈라놓습니다. 기차가 다 지나가고 난 뒤 *타카키*의 눈 앞에는 아무도 보이지 않습니다. *타카키*는 오히려 후련한 미소를 지으며 뒤돌아 갑니다.

이 작품의 주제는 직관적입니다. 지나간 일은 모두 딛고 걸으라는 내용이죠. 그래야 추억을 아름답게 만들 수 있으니까요. 모노노아와레는 지나가고 사라진 것에 집착하라는 내용이 아닌, 사라져버렸기에 그제야 아름다웠음을 깨달으라는 내용에 가깝습니다.

*타카키*가 아카네와 우연히 재회하여 그녀에게 집착하게

되었다면 어땠을까요. 과연 후련히 털어내고 전진할 수
있었을까요? 아카네는 이미 다른 남자와 약혼까지 한
상황이었기에…… 불편한 상황만이 예상됩니다. 반면 아카네와
재회하지 못하고 그녀를 그저 추억으로 떨쳐내자 *타카키*는 마음
편하게 웃으며 걸어갈 수 있게 됩니다. 아카네와 '반대 방향'으로
말입니다.

이 작품에서는 방향과 거리, 속도가 아주 중요한 키워드로
깔려 있습니다. 그리고 그 모든 것을 통틀어 이 작품의
주제의식을 말하면 '거리를 인정하고 올바른 방향과 속도로
걸어라'가 될 것입니다. 그래야만, 남은 추억이 아름다워질
테니까요.

☞ 자기 혐오로 얼룩진 성장, 「치이는 조금 모자라」

성장은 늘 좋은 방향으로만 이루어지는 것은
아닙니다. 오히려 성장해야만 한다는 압박감이 사람을 더
깊은 수렁으로 끌어들이는 경우도 있죠. '아베 토모미' 작가의
단편 **치이는 조금 모자라**는 정말 조금 모자란 친구 '치이'가
등장합니다. 약간의 지능 쪽 문제가 있는 것으로 보이는 친구죠.
하지만 실제로 이 작품의 주인공은 치이의 친구인 '나츠'입니다.
나츠는 치이의 거의 하나뿐인 친구죠. 나츠의 장점은 착하다는
것입니다. 달리 말하면 착하다는 것 외에는 그다지 장점이 없죠.
교우관계가 넓은 것도 아니고, 예쁜 아이도 아니고, 공부도 잘

못합니다. 평범하기 그지없죠.

　　나츠도 사실은 멋진 사람이 되고 싶습니다. 친구인 아사히처럼 공부를 잘하고 싶기도 하고, 당연하다는 듯이 해외여행을 갔다오는 것도 원합니다. 하지만 집안 형편이 부유하지 않아 그림의 떡입니다. 꾸미는 것도 좋아하지만 용돈이 부족합니다. 그런 나츠가 가지고 있는 것은 '착하다'라는 평가 뿐입니다. 그리고 그것은 나츠 스스로의 무기이기도 합니다. 치이랑 놀아주는 것은 자신 뿐이니까요. 어느 날 갖고 싶던 인형을 사지 못해 마지못해 구매한 못난이 인형이 떠오릅니다. 치이만큼은 나츠 곁에 있어주겠지요?

　　치이는 조금 모자라의 실질적인 주인공인 나츠는 자기혐오로 얼룩져 있습니다. 흔히들 말하는 '착한 사람은 나쁠 기회가 없었다'라는 얘기를 형상화해 놓은 것과 같은 나츠는, 우연한 기회로 나쁜 일을 저지를 수 있게 되자 거리낌 없이 저지릅니다. 더 나은 사람이 되고 싶어서. 더 좋은 사람이 되고 싶어서. 하지만 그 결과는 언제나 실패입니다. 나츠는 더 나은 인간은 커녕 실패만 거듭합니다.

　　나츠는 주변을 둘러봅니다. 아사히는 좋은 남자친구를 사귀고 착실히 인생을 걸어 나가고 있습니다. 평소 양아치라고 무시했던 동급생은 자신보다도 치이랑 잘 놀아주는 자상한 면이 있습니다. 우리 반의 반장과 부반장은 예쁘게 교제를 하면서도 공부도 잘합니다. 나츠는 무엇을 가지고 있는 것일까요?

나츠는 이 작품에서 일련의 사건을 겪고 아예 수렁 속으로 빠져들게 됩니다. 자기보다 잘난 사람들이나 성장해 나가는 사람들은 모두 남이라는 듯 굽니다. 그녀에게는 치이밖에 없습니다. 여우와 신포도의 우화처럼, 포도를 따먹지 못한 여우는 집으로 돌아와 평소 가지고 놀던 못난이 인형만을 가지고 놉니다.

　　이 작품에서 가장 잔인한 점은, 영원히 나츠의 못난이 인형이 되어 주리라 생각했던 치이가 나츠도 해보지 못했던 타지역으로 전철을 타고 갔다가 돌아오는 경험을 한다는 점입니다. 치이는 조금 모자라고 느릴지언정…… 올바른 방향으로 성장하고 있었다는 것이지요. 그것을 깨달은 나츠는 치이마저 떠나가는 모습을 볼 수 없었는지, 치이를 꼬드깁니다. 자신의 잘못에 책임을 지려는 치이에게, 책임을 질 필요가 없다고 말합니다. 치이도 더 이상 나츠의 잘못으로 멀어진 아사히와 놀지 말라고 말합니다. 그리고는 던지는 말이 백미죠. "우리는 앞으로도 친구지?"

　　자기 혐오가 세상을 향한 혐오로 발전하는 것도 성장이라고 볼 수 있을까요. 더 나은 사람이 되고 싶다는 욕망이 변질되어 남을 자기 수준으로 끌어내리는 것도 성장일까요. 어찌되었든 나츠는 변화했고, 이런 나츠의 변화에 공감하는 사람들도 많은 듯 보입니다. 인간은 누구나 이기적이고 자신을 가장 소중하게 여기기 마련입니다. 하지만 남들보다 나은 점이 하나도 보이지 않는다면…… 나츠는 어느 방향으로 성장해야 하는 것일까요? 모두가 달리고 있을 때 혼자 멈춰 있다면 뒤처질 뿐인 것은 아닐까요?

☞「잘 자, 푼푼」

"잠에 들어버리면 꿈에서 깨버릴 것 같아."

나츠는 자기혐오라는 고통에서 벗어나려다, 결국 고통 속에 침잠해 버립니다. 그와 정반대로 **잘 자, 푼푼**에서의 푼푼은 고통과 자기 혐오 속을 편안하게 여기다가 결국 꿈에서 깨버립니다. 그와 함께 고통을 아름답게 여행하다 혼자 은하수 너머로 사라져버린 아이코의 꿈입니다. 아이코의 유언은 다음과 같습니다. '나를 잊지 말아줘'. 하지만 푼푼이 꿈에서 깨어버리고 난 뒤 푼푼의 기억 속 아이코는 흐릿해져 갑니다.

잘 자, 푼푼은 한국에서 정식 발행이 5권밖에 되지 않았습니다. 일본어 기능자라면 일본어로 읽는 수밖에 없습니다. 그러므로 아주 간략하게만 이야기하겠습니다. 푼푼에게는 아름답던 기억이 있습니다. 푼푼의 첫사랑이죠.'아이코에 대한 이야기입니다. 하지만 푼푼은 내성적이고 수줍음이 많습니다. 아이코에게 고백할 기회를 수도 없이 놓쳐버리고 어른이 되어서야 재회합니다. 아주 최악의 재회를요. 마치「초속 5센티미터」에서 타카키가 아카네를 마주쳤다면 어땠을까 라는 생각이 들 정도의 재회입니다.

불행한 가정사, 내성적인 성격, 뒤틀려 버린 첫사랑, 오묘한 교우관계, 무엇 하나 제대로 이룬 것이 없는 쿤쿤은 단 하나에 몰두합니다. '아이코와 함께 지구를 떠나 별나라로 갈 거야'. 그 아이코가 쿤쿤의 모든 고통의 시작이라는 점을 생각하면, 이 작품에서 쿤쿤은 이불킥에 중독된 상태인 것입니다. 아름다웠지만 고통스러운 과거에 중독된 상태죠.

쿤쿤은 상당히 운이 좋습니다. 그를 사랑한다는 사람들도 많은 편이고, 아이코를 잊을 기회도 많았죠. 하지만 번번히 일이 꼬여서 혹은 스스로가 아이코를 잊고 싶지 않아서 자기 혐오와 고통에 중독됩니다. 그리고 어른이 되어서 아이코와 재회했을 때, 아이코도 자기 혐오와 가정폭력에 시달리고 있는 상황이었지요. 두 어둠은 만나 지옥으로 빠져듭니다. 보니 앤 클라이드 같은 느낌이랄까요.

잘 자, 쿤쿤은 끔찍합니다. 농담이 아니라 읽고 나면 한동안 고통스러운 작품입니다. 저도 사명감으로 모든 작품은 2번 이상 읽는 편이지만 이 작품은 2번 읽기가 매우 힘들었습니다. 가장 끔찍한 점은 아이코와 함께 고통스러운 환상 속에서 죽는 결말이 아니라는 점입니다. 아이코를 영원히 짊어지고 기억하는 엔딩도 아닙니다. 어린 시절 아이코를 잊고 성장했다면, 중학교 때 성장했다면, 아이코를 만나기 전에라도 아이코를 잊었다면……. 모든 상황에서 그는 성장할 수 있었지만 그 모든 기회를 내버린 채 자기 혐오로 빠져듭니다. 그리고 절대로 성장해서는 안 되는 그때, 그는 그 모든 아름다웠던 꿈에서 깨버리고 맙니다.

소년의 성장이란 복잡한 주제입니다. 옳고 그름이 있는 듯 보이지만 실제로는 좋아하는 것과 싫어하는 것에 더 가깝기도 합니다. 앞으로 나아간 사람이 실제로는 그릇된 방향을 향하기도 합니다. 오히려 멈추는 것이 하나의 방법이 되기도 합니다. 유명한 만화 제목이기도 하죠. 「도망치는 건 부끄럽지만 도움이 된다」.

여러분은 어떤 어른이 되고 싶고 어떤 어른이 되어버렸나요? 당신의 변화는 두렵지 않았나요?

일본의 성장과 멈춤에 대한 서사를 부족하나마 이 장에 열심히 표현해 보았습니다. 물론 창작물에 성장이라는 테이스트가 없는 작품은 드물기 때문에 앞으로도 성장 드라마가 나올 예정이지만 이번 챕터에서는 일본 창작물 속의 '변화'에 초점을 두어서 읽어 주셨다면 감사하겠습니다.

자연과 신, 일본을 덮치다

☞ 재기발랄한 요괴들 그리고 「이누야샤」

이누야샤, 말 그대로 개 야차입니다. 요괴와
신들이 뛰어놀았다는 일본의 전국시대로 가게 된 여학생이
만나게 된 첫 요괴가 바로 이누야샤죠. 이누야샤와 함께
동행하게 된 카고메는 그 당시에 날뛰는 나쁜 요괴들을 하나하나
처리합니다. 그와 동시에 '사혼의 구슬조각'이라고 하는 물건을
모으게 되죠. **이누야샤**는 지금 생각해보면 한국에서 어떻게
방영이 되었는지조차 모를 애니메이션입니다. 과거만 해도
왜색이 많이 느껴지면 검열하는 것이 관행이었거든요. 하지만
이누야샤의 주인공은 이미 신사의 딸입니다. 당연히 무녀
역할도 겸하고 있죠. 한국에는 신사도 거의 없고, 무녀는 당연히
없기 때문에 이것을 설명하기란 몹시 곤란했을 것입니다.

게다가 **이누야샤**에서는 수많은 요괴들이 나오는데, '다카하시 루미코' 작가의 창작인 경우도 많지만 일본에 원래 존재하던 요괴인 경우도 많습니다. 뭐 어느 쪽이든 한국에는 당연히 없는 요괴들이겠지요. 애초에 그 언어부터 다릅니다. 한국에서는 보통 귀신이나 도깨비라고 부르는 경우가 대다수이지요. 요괴는 사실 일본의 괴물을 지칭하는 고유어라고 봐도 무방합니다. **이누야샤**에 나오는 요괴들은 악한 쪽도 선한 쪽도 있습니다. 하지만 여기서 주목해야 할 것은 그들이 등장하게 된 배경입니다. **이누야샤**의 시대는 '전국시대'입니다. 전국시대란 일본 전국이 갈라져서 한바탕 싸워대던 시기를 의미하는 것이지요. 당연히 기근에 전쟁에……. 전국시대는 사무라이가 돌아다니던 낭만의 시대처럼 묘사되기도 하지만 근본적으로는 인간이 매우 살기 힘든 시기였다는 것입니다. 수도 없이 일어나는 전쟁에, 앞서 나가기 위해 외국인 선교사가 마구마구 들어오고, 돈도 쌀도 수탈해가는 판국이었으니까요.

이누야샤를 잘 보면 요괴가 저지르는 사건들이 주요 스토리입니다만 민생 자체도 도탄에 빠져 있는 것을 볼 수 있습니다. 특히 만화판에서는 곳곳에 죽음과 고통이 가득한 세계관이죠. 역설적으로 재기발랄한 요괴들은 바로 이 고통 속에서 나오는 것입니다. 인간은 도저히 받아들일 수 없는 부조리를 머리 속으로 납득하기 위해 신이라는 개념을 내세웁니다. 신이 주신 고통일 것이다. 신이 주신 시험일 것이다.

일본에는 '카미카쿠시'라는 개념도 있습니다. 아이가 실종되면 신이 데려갔다고 믿는 것이지요. 인간은 불합리한 상황을 마주하면 신을 찾게 됩니다. 그 신은 선한 신도 악한 신도 아니지요. 신이 아닌 인간을 달래기 위한 개념이니까요. **이누야샤**의 수많은 요괴들은 '전국시대'의 고통을 형상화한 개념입니다.

☞ 「게게게의 기타로」, 우리를 구해줘

이런 부분은 마냥 일본에만 국한되어 있을 이유가 없습니다. 한국에서도, 중국에서도, 심지어 서방에서도……. 신앙이라는 것은 이렇게 출발하는 경우가 많았기 때문이죠. 조금 더 세세한 부분을 따져보면 요괴 설화나 신벌 같은 서사는 당시의 사람들에게 일종의 규범을 제시하는 역할을 했음을 알 수 있습니다. 문지방을 밟으면 귀신이 나온다는 말은 문지방을 밟지 말라는 뜻이지요. 밤에 피리를 불면 뱀이 나온다는 설화도 밤에 피리를 불지 말라는 뜻이구요.

요괴와 신은 규범을 어긴 사람에게 벌을 주는 권위의 역할을 했습니다. 물 속에 있는 요괴는 물에 가까이 가지 말라는 이야기이고, '카미카쿠시'에 대한 이야기는 아이를 혼자 두지 말라는 조언입니다. 이런 부분에서 도드라지는 것이 **게게게의 기타로**이지요. 원래는 「묘지의 기타로」였던 **게게게의 기타로**는 '미즈키 시게루' 작가의 연재작입니다. 미즈키 시게루 작가는 만화가인 동시에 민속연구가이기도 했어요. 제2차 세계대전 이후 일본에서 서서히 사라지던 민간 신앙들을 정리해서 재기발랄한 캐릭터로 재탄생시켜준 것이 바로 미즈키 시게루 작가입니다. 일본 작품에서 요괴가 주요 설정으로 사용될 수 있게 해준 은인이라고 볼 수 있죠.

　게게게의 기타로는 대체로 다음과 같은 구성을 띕니다. *기타로*라는 아이 모습을 한 요괴가 나쁜 요괴들을 혼내주거나, 나쁜 사람들을 혼내준다는 이야기죠. 초기 작품에서는 '나쁜 사람'들을 혼내주는 모습을 많이 보였습니다. 하지만 시간이 갈수록 사람들을 위해서 나쁜 요괴들을 혼내주는 모습이 더 두드러지게 되었죠.

　게게게의 기타로의 에피소드 중 하나인 '대해수'는 자신의 영욕을 위해서 과학을 독점하려는 사람을 혼내주는 에피소드입니다. 이 에피소드의 재미있는 점은 과학에만 목을 매다는 사람을 요술로 혼내준다는 것이죠. 그리고 후반에 밝혀지는 것으로는, 이 과학자도 사실은 어릴 때 요술의 도움을 받은 적이 있기까지 합니다. 사실 우리는 과학만으로는 아무 것도 알 수 없는 것이었죠.

　게게게의 기타로를 통해 보이는 인간들은 늘 실수를 하는 존재입니다. 위의 과학자와 같이 오만하고 독선적이고 겸손하지 못하여 실수를 하기도 하고, 그냥 눈 앞의 약간의 이득에 눈이 멀어서 실수를 하기도 합니다.

이 작품은 굉장히 따스한 재구성입니다. 그저 이렇게 하면 요괴가 찾아온다, 이렇게 하면 죽는다라고 차갑게 말하던 요괴 설화를 바꿔 놓은 것이지요. 몇몇 요괴는 인간처럼 욕망하기도 하고, 인간을 조금 골려주고 싶어 하는 요괴도 있으며, 인간의 공포를 이해 못해서 장난이 심각해지는 경우도 있습니다.

가장 따뜻한 부분으로는 역시 *기타로*가 슈퍼히어로화 된다는 점이겠지요. 인간의 실수를 한두 번 정도는 봐주는 요괴가 있다는 것입니다. 특히나 *기타로*가 중요한 점은 '인간의 실수'로 인해 생겨난 요괴가 아닌 경우에서도 인간을 지켜준다는 것에 있습니다.

☞「학교괴담」은 불합리해

「게게게의 기타로」에서는 상당히 많은 요괴들이 인간의 실수를 벌하는 용도로 사용되었습니다. 하지만 요괴나 신을 조금 더 본격적으로 사용하는 장르들은 어떨까요? 불가해한 사건들로 인간에게 감정을 불러일으키는 장르. 공포 장르입니다.

한국에서 나오는 공포영화와는 다르게 일본의 공포영화는 조금 더 스산합니다. 가령「高死」와 같은 영화에서 공포스러운 사건이 일어나는 이유는 사회적 문제가 발단입니다. 인간들끼리의 갈등이 공포스러운 사건으로 발현되는 것입니다. 이처럼 일본의 공포영화나 공포만화는 한국의 그것과는 조금 다른 분위기를 띱니다. 인간의 잘못이 있는 경우도 있지만, 그냥 휘말리는 경우도 상당히 많습니다. 잘못이라고 해봐야 호기심을 가졌다 정도일까요?

한국의 공포작품들은 마무리가 될 때 쯤엔 대충이나마 사건이 해결되는 모양새를 띱니다. 하지만 일본의 공포작품들에서 해결이란 없습니다. 무서운 것은 그 자리에 그대로 있고 인간만이 그 후유증을 안고 살아갑니다.

한국에서 유명한 **학교괴담**에서도 인간은 사건을 거의 해결하지 못합니다. 영력이 강한 인간이 가까스로 많은 것을 희생하고 봉인해 놓거나, 그냥 그 귀신에게서 피하는 것이 최선입니다.

심지어 최종보스라고 볼 수 있는 오우마는 비슷한 수준의 요마인 아마노자쿠가 활약해서 동귀어진(상대와 함께 죽는 일)해줘야 겨우 봉인할 수 있었습니다. 죽인 것도 아니고 봉인입니다.

한국에서도 이렇게 그냥 휘말리는 작품이 있었지요. 「곡성」이라는 영화가 그러합니다. 감독은 이를 살리기 위해 일본인을 작품에 넣은 것 같습니다. 지금껏 한국에 별로 없었던 '이유 없이 불가해한 공포에 휩쓸려야 하는 작품'을 마주했기에, 한국에서는 해석 붐이 불었었던 것도 기억이 나네요. 누가 잘못을 했었던 것인가, 누가 잘했던 것인가 등으로 말입니다.

한국과 일본에서 바라보는 '요괴'의 관점이 다른 것은 근본적으로 한국과 일본의 상황 차이라고 보아야 합니다. 한국에서는 인간의 실수가 아닌 이상 크게 불합리한 일이 벌어지지 않았던 반면 일본에서는 이유도 모르게 사람들이 죽거나 다치는 일이 흔했던 것이죠. 갑자기 마을이 사라지거나, 갑자기 사람이 없어지거나 하는 일이 가득하면서, 그 지역과 연관된 사람들이 사건을 쉬쉬한다면 그것은 신의 짓이라고 생각할 법 합니다. 그리고 보통 요괴나 신은 '자연'을 상징하기도 하죠.

한국에서는 자연이 이유없이 인간을 벌주는 경우가 별로 없었으나 일본에서는 수도 없이 많았던 것입니다. 그렇습니다. 일본의 요괴는 재앙입니다.

☞ 재앙의 대전제, 「스즈메의 문단속」 속 체념

일본 영화로는 한국에서 유달리 성공했던 **스즈메의 문단속**. 많은 사람들이 이 영화를 본만큼, 많은 사람들이 의문을 표하기도 했습니다. 등장인물, 특히 주인공의 심리선이 이해가 되지 않는다는 것이었죠.

스즈메의 문단속은 어린 시절 토호쿠 대지진을 겪은 여고생 스즈메의 이야기입니다. 일본 각 지역마다 '문'이 있는데, 그 문을 꼭 닫아 놓지 않으면 일본 전역에 대재앙이 발생하게 된다는 설정이지요. 스즈메는 토호쿠 대지진을 겪은 이후로 이모네 집에 얹혀 살고 있었습니다. 그러던 어느 날, 재앙을 부르는 문을 닫는 일인 '토지시'를 가업으로 하고 있는 '무나카타 소타'를 만나게 되었죠. 자기가 살고 있는 지역인 미야자키 현에 있는 문을 닫는 경험을 한 이후로 소타와 함께 문을 닫는 여정을 떠난다는 것이 **스즈메의 문단속**의 이야기입니다.

스즈메의 문단속에서 주목해야 할 것은, 역시 스즈메의 심리상태입니다. 이 작품은 스즈메의 로드무비와 비슷한 장르이고, 작품의 맨 마지막에서도 스즈메의 트라우마를 해소하는 방향으로 짜여 있습니다.

두 사람이 막으려는 재앙은 일본에서 흔한 '지진'으로 묘사됩니다. 하늘에 무언가가 솟아오르고 나면 땅이 흔들리는 것으로 전조가 느껴지죠. 일본의 재난을 더 잘 알고 있는 사람들이라면 스즈메가 여행한 지역들이 모두 재난으로 큰 상처를 입은 곳임을 알 수 있습니다. 고베 대지진, 도쿄 대지진 그리고 이 작품에서 메인 테마로 삼은 '토호쿠 대지진'의 피해지인 이와테 현까지. 재난을 겪은 곳들이 폐허가 되어 있는 장면을 묘사하는 동시에, 그곳이 '폐허가 아니었던 시절'을 묘사합니다. 더 이상 사람들이 발을 딛지 않는 공간에, 사람들의 일상이 있었다는 사실은 그곳을 더욱 쓸쓸하게 느껴지게 합니다.

'문단속'이라는 것 역시 일상을 의미합니다. 사람이

매일매일 문을 나갔다 들어오는 것은 일상의 상징입니다. 매일 똑같은 행위를 하고, 매일 똑같은 행위로 돌아옵니다. 재난이란 이 일상을 끊어버리는 것입니다. 돌아올 곳을 파괴하거나 돌아올 사람을 사라지게 만듭니다. 한때 일상이라는 연속이 있었던 곳에 단절이 들이닥친 광경은 살아남은 사람조차 그곳을 떠나게 만듭니다.

스즈메가 토호쿠 대지진을 겪고 나서 이사를 간 곳이 규슈의 '미야자키 현'인 것도 상당히 씁쓸한 일입니다. 토호쿠 대지진은 일본 전역이 영향을 받은 지진이었지만, 유일하게 규슈의 끝자락인 미야자키 현에서는 거의 영향을 받지 않았기 때문입니다. 트라우마를 최대한 피하려는 모습으로 읽힐 수 있겠지요.

이 작품에서 가장 사람들이 의문을 가지는 부분은 스즈메는 왜 소타의 목숨을 위해 자신의 목숨을 바치는가입니다. 두 사람은 만난 지 일주일도 되지 않은 사이임에도 불구하고 스즈메는 이런 대사까지 내뱉습니다. "당신이 없는 세상에서 사는 것이 더 무섭다."라구요. 그래서 이런 농담도 돌았죠. 금사빠가 얼마나 무서운지 알 수 있다고 말입니다. 두 사람의 관계성을 사랑으로 해석하는 것도 좋은 시도라고 생각하지만 제게는 다르게 느껴졌습니다. 스즈메에게 소타는 영웅이기 때문입니다. 남녀관계인데다 스즈메가 사춘기이기 때문에 두 사람의 관계가 남녀관계처럼 비추어지는 경우도 적지 않긴

합니다. 하지만 스즈메가 소타에게 느끼는 감정은 근본적으로는 동경에 가깝다고 봅니다.

스즈메는 대지진으로 인해 가족과 일상이 모두 사라져버린 아이입니다. 아주 어릴 때 겪었으니 상당히 트라우마가 되었겠죠. 어린 시절 스즈메가 헤매는 것을 보면, 삶과 죽음의 경계선이 매우 모호하다는 것을 알 수 있습니다. 스즈메는 왜 살아야 하는지조차 혼란스러워 합니다. 어머니가 없는 곳에는 의미가 없다고 생각하기 때문이죠.

이런 낌새는 중간중간 보입니다. 스즈메는 무서워하는 것이 별로 없습니다. 사람들은 본능적으로 죽음이 두렵기 마련인데 스즈메는 자기 자신의 죽음보다 재난을 더 무서워합니다. 재난으로 인해 피해를 겪어본 사람들의 심리상태를 반영하고 있죠. 일상이 과격하게 끊기는 장면을 마주한 사람은 일상의 가치를 소중하게 느끼지 못합니다. 언젠가 지진이 온다면 어차피 사라질 일상이니까요.

스즈메는 재난을 겪은 피해자, 조금 더 확대하면 재난과 함께 살아온 일본인들의 심리를 표현한 캐릭터입니다. 한국에 비해 일본은 조금 더 운명론적이고 납득을 잘하는 편입니다. 불행을 어쩔 수 없다고 여기는 스즈메에게 그런 재난을 막는 일을 하는 소타는 한 줄기 빛처럼 느껴졌을 것입니다. 그렇기 때문에, 자신의 목숨이 소중하지 않다고 여기는 스즈메는 소타 대신 요석이 되든, 목숨을 잃든 그것이 더 옳은 방향이라고 생각한 것입니다. **스즈메의 문단속**은 이렇게 체념한 *스즈메*, 재난을 겪은 일본인들에게 희망을 주는 내용인 것이죠. 소타가 문단속을 할 때마다 외치는 문구에서도 그것이 드러납니다. 자신들의 목숨이 덧없다는 것은 알고 있지만 하루라도 더 오래 살고 싶은 희망이 있다고 말입니다. 이것은 신에게 바치는 말이지만, 실제로는 사람에게 전하는 희망의 메시지겠지요. 당신의 삶이 무의미하다고 생각하지 말고 삶을 소중하게 생각하라는 메시지입니다.

다만, 저 역시도 한국인이다 보니 **스즈메의 문단속**이 비교적 찝찝한 부분이 있었습니다. 저는 경주 사람이라서 재난을 겪은 *스즈메*의 심리를 이해하는 건 비교적 쉬웠습니다만, 역시 마지막에 아무것도 해결이 되지 않는 일본의 서사는 조금 거슬리는 부분이 있었습니다.

재앙을 막고 있는 '요석'의 역할을 하던 다이진은 마지막에 다시 요석으로 돌아가버립니다. 이 작품의 시작이 다이진이 더 이상 이런 역할에 메어 있고 싶지 않다는 욕망에서 시작되었음에도 불구하고 결국 마지막에 원래 희생하던 다이진이 다시 희생하기로 결정하는 것으로 문제가 해결되는 양상을 띱니다.

제 눈에 보이는 것은 누군가의 생명을 희생해야만 모두의 삶이 행복해지는 구조적인 문제였습니다만, 구조적인 문제는 그대로 두고 문제는 봉인 상태로만 둔다는 점이 찝찝하기

오타쿠의 욕망을 읽다

그지없었습니다. **스즈메의 문단속**은 한국에서 어떻게 흥행한 건지 모를 정도로 한국인들의 정서와는 맞지 않았던 것 같네요.

☞「고지라」, 일본을 위협하다

압도적인 자연과 재난을 형상화한 것으로는 역시 **고지라**를 빼놓을 수가 없겠습니다. 미국에서 '고지라'를 Godzilla라고 번안한 것은 상당히 괜찮은 시도였던 것 같습니다. '고지라'는 말 그대로 신적 존재기 때문입니다. '거대로봇물'을 이야기할 때, 핵에 대한 공포를 상징한다고 이야기를 한 바 있습니다. **고지라** 역시 설정을 뜯어보면 핵과 전쟁에 대한 이야기임을 알 수 있지요. 고지라는 핵실험으로 인해 자신의 서식지가 파괴되어 인간에게 분노를 품은 괴수입니다. 인간이 자연을 훼손했다는 이유로 인간에게 벌을 내리러 온 것이지요.

물론 일본 작품들이 대개 그렇듯, 인간은 고지라를 완전히 죽이지 못합니다. 뭐, 최초의 고지라는 죽긴 했습니다만, 고지라는 여러 마리가 있다는 식으로 이어졌죠. 그 뒤로는 그저 고지라가 돌아가게 할 뿐입니다. 고지라는 인간을 벌하는 자연의 역할에 충실할 뿐더러, 나중에 접어들면 아예 인간을 지키는 역할을 하기도 합니다. 「스즈메의 문단속」의 다이진이 변덕스러운 자연을 보여주는 것처럼, 고지라는 인간을 단죄하기도 구원하기도 하는 자연의 상징입니다.

또한 한국의 「괴물」이 약간의 반미주의적 정서를 담았다고 이야기되듯, 괴수물의 원류 중 하나인 **고지라** 역시 반미주의적 정서를 담고 있습니다. 애초에 거대로봇물이든 괴수물이든 미국의 핵 투하에 대한 일본의 충격을 형상화한 것입니다. 두 장르가 바라보는 해법이 다를 뿐이지요.

거대로봇물은 일본의 정서를 달래주기 위한 물건입니다. 힘 자체가 나쁜 것이 아닌, 나쁜 방향으로 힘을 사용했기 때문에 위험한 것임을 드러내는 장르죠. 반면에 **고지라**를 중심으로 한 거대괴수물은 힘 자체에 대한 우려를 표합니다. 과학력이라든지 파괴적인 공격력이라든지 인류에게 위협이 될 수 있는 모든 힘을 금기시하죠.

첫 번째 고지라를 죽인 물건은 '옥시즌 디스트로이어'라고 하는 것입니다. 산소를 모두 없애버리는 미사일이죠. 이것은 대량살상무기인 동시에 파괴적이어서, 그것은 거의 핵과 비슷합니다. 하지만 세리자와 박사는 이것을 사용하지 않고 묻어두기로 결정했었지요. 고지라가 날뛸 때만 사용하기로 결정하구요.

어쩔 수 없이 대비가 되는 부분입니다. 고지라를 일깨운 핵 실험, 고지라를 죽여 인간을 구한 옥시즌 디스트로이어. 이것은 힘 자체를 사용하지 않는 편이 좋다는 인식을 주게 만듭니다. 당연히 은은한 반미정서가 깔려 있을 수밖에 없겠지요. 우리는 힘이 있음에도 반인륜적인 것 같아 사용하지 않았고 미국은 거리낌 없이 사용했다는 서사가 되어버리니까요.

거대로봇물이 힘을 어떻게 사용해야 되냐면 **고지라**는 힘을 사용하지 않아야 한다입니다. 그리고 그것을 단죄하는 것은 역시 불가해하고 신비로운 존재. **고지라**라는 자연이 담당하구요.

☞「불새」, 순환

일본의 SF작들을 보다 보면 이런 서사가 흔하다는 것을 알 수 있습니다. 과학에는 한계가 있고, 인간의 자의적인 욕심에 불과하다고 말하는 이야기들이요. 다시 데즈카 오사무로 돌아와 볼까요. 그의 SF적 상상력을 가득 담은 작품이자 자신만의 철학관을 가감 없이 드러낸 **불새**입니다.

데즈카 오사무 작가는 사람들에게 밝은 작품과 어두운 작품을 모두 보여줬습니다. **불새**는 어느 쪽이냐고 하면 애매하지만, 진중한 쪽이라고 볼 수 있겠습니다. 불새는 말 그대로 피닉스입니다. 영생한다고 알려진 새이지요. 이 불새는 모든 시대에 살고 있습니다. 일본이 건국된 지 얼마 안 된 시기에도 불새는 관측되었고, 불교가 전래되던 시기에도 불새는 관측되었습니다. 가까운 미래 시기에도 불새는 보이고, 인류가 아예 멸망한 후에도 불새는 고고히 날아다닙니다.

불새는 사람들에게 다양한 상징으로 사용되기도 하며, 등장인물들의 욕망이 되기도 합니다. 영생에 욕망을 가진 수많은 사람들이 불새를 좇고, 불새를 따라가다

스러져버립니다. 오히려 불새를 포기하거나 그에게 욕망을
가지지 않은 사람에게 불새는 축복을 내려줍니다. 영생을
가능하게 만들기도 하고, 세계의 진리를 알려주기도 합니다.

　　불새는 형식부터 상당히 재미있는 만화입니다. 일본의 건국
직후, 인류 멸망 이후의 미래와 같이 원과거와 원미래를 먼저
보여준 뒤…… 히미코 시기와 우주개발시대를 보여주고…….
이렇게 되어 점점 '현재'로 양쪽이 다가오는 구성입니다.
데즈카 오사무 작가가 **불새**를 그리다 타계하였기 때문에, '현대
편(가제)'는 그려지지 못하게 되었습니다. 미완의 작품이지요.

　　불새에서 관측되는 것은 인간의 욕망입니다. 그리고 불새는
'자연의 섭리'이지요. 인간은 섭리에 맞는 욕망을 보여주기도
하지만, 섭리 자체를 지배하려는 욕망을 드러내기도 합니다.
그걸 가장 간단하게 보여주는 것이 '영생에 대한 욕망'이죠.
불새는 자연의 섭리를 상징하다 보니, 약간은 훈계적인 철학이
들어가 있습니다. 특히 SF 붐이던 시기였기 때문에, 과학만을
좇는 인간들에게 욕심을 버리라고 권하는 경우가 많죠. 앞에
나온 작품들을 다 보신 분들이라면 비슷한 감상을 느끼셨을
겁니다. 「게게게의 기타로」에서도, 「고지라」에서도 유사한
분위기가 뿜어져 나오거든요.

　　일본의 SF작품들이나 고전 작품들을 보면, 과학이 인류를
멸망케 할 것이다라는 감상이 있습니다. 과학이 고지라를 깨워
우리를 멸망케 하든, 기타로 같은 신을 분노케 하여 인류가

어타쿠의 욕망을 읽다

멸망하게 되든…… **불새**의 '미래 편'에서도 인류는 멸망합니다. 과학 발전이 극에 달한 이후, 인간은 자기 판단을 완전히 잃게 되고 AI에게 모든 결정을 일임하죠. 그런데 AI들이 너무 발전해서 그런가 감정이 생기게 되고, 핵전쟁으로 인해 인류는 멸망하게 됩니다.

　불새의 미래편에서는 인류가 멸망한 이후에, 인간 개인의 불멸이 아닌 인류 전체의 불멸을 위해 불로불사 연구를 하던 연구자가 나옵니다. 그 연구자의 연구는 모두 실패하게 되지만, 불새가 '미래 편'의 주인공을 불로불사로 만들어주죠. 그 이후로 세상은 계속 돌아가 새로운 생명체가 탄생하고, 인간과 같은 지성체가 나타나기도 합니다.

　불새는 이런 일본의 과학과 발전에 대한 우려를 드러냅니다. 몇몇 평가에서는 일본의 시각이 묵시록적이라고도 합니다. 아무래도 역시 최첨단 기술의 발전이 어떤 무기를 만들어냈는지. 그것을 가장 잘 아는 나라라서 더 민감한 것일지도 모릅니다. 하지만 아예 멈추자고 하는 창작물은 드뭅니다. 일본의 상징은 和입니다. 화합할 때의 그 화입니다. 과학은 자연과 조화되어야 한다 혹은 발전은 기존의 사회를 고려해야 한다에 가까운 의견이지, 아예 멈춰버리자가 포인트가 아니라고 생각합니다. 급격한 발전을 두려워하는 것이지, 발전 자체를 꺼리는 경우는 그리 많지 않습니다.

　일본의 시각은 묵시록적이라기보다는 순환론적이라고

생각합니다. 일본이 한국보다 비교적 숙명론적이라고
말했었지요. 지금의 불합리 혹은 고통을 일본에서는 비교적
더 잘 받아들입니다. 그 모든 것이 무언가의 비료가 될 것이기
때문입니다. 만약 모든 것이 틀렸다고 해도 괜찮습니다. **불새**의
마무리처럼 세계는 거대하게 순환하여 처음으로 돌아갈
것입니다. 인류가 없어진다고 해도 다른 지성체가 새로운
사회를 꾸리며 살아갈 것입니다. 어떠한 끝은 어딘가에서는
시작이 됩니다. **불새**의 마지막 엔딩 장면은 과거편의 처음과
이어지게 구성되어 있습니다. 발전도 운명의 한 시도이고,
멸망도 하나의 시도입니다.

　위와 같은 작품들로 일본인의 운명론, 숙명론적인 감정을
알아보았습니다. 또, 이를 기반으로 하여 순환론적인 발전에
대한 시각도 엿볼 수가 있었죠. 일본에서의 '신' 혹은 '요괴'
혹은 불가사의한 '불새'……. 이 모든 것은 우리를 불합리하게
괴롭히기도 하고, 공포스럽게도 하며, 함께 걸어가야 할
'자연'에 대한 상징입니다. 이는 이웃나라를 이해하는 데 도움이
되겠지요.

☞「그대들은 어떻게 살 것인가?」

　　전쟁과 성장, 자연과 신, 일본을 이해하기 위해
사용된 주요 키워드였습니다. 전쟁은 모든 것을 파괴했고,
성장은 희망을 심어주었으며, 자연은 성장의 희생양이

되었다가, 신은 그 모든 것을 엎어버리고 새로운 시작의 토양을 마련하죠. 방금 전의 「불새」 리뷰에서도 드러나는 순환론적 인식입니다.

2023년 '미야자키 하야오 감독'의 영화, **그대들은 어떻게 살 것인가**를 톺아봅시다. 당초 미야자키 하야오의 은퇴작으로 알려진 만큼, 이 작품에선 그가 관심있어 하던 주제를 총망라한 느낌이 들지요.

「바람이 분다」에서 보여준 일본과 전쟁, 「원령공주」에 담은 자연과 생명, 어린 존재의 신적인 영역에 대한 탐방은 「센과 치히로의 행방불명」처럼 느껴지기도 하고, 멸망에 대한 암시와 극복의 단초는 「바람계곡의 나우시카」, 그리고 어디로든 연결되는 탑은 「하울의 움직이는 성」 같습니다.

그의 작품 인생을 모두 담아낸 작품인만큼, 미야자키 하야오라는 감독이 어떤 작품활동을 해왔는지를 잘 알면 알수록 이 영화를 이해하기가 쉬워지지요.

다만, 많은 사람들이 이 영화를 난해하게 생각합니다. 그리고 제 생각도 크게 다르지 않지요. 오마주는 대충이나마 눈치챌 수 있다고 하더라도, 작품에 개연성이라는 것이 아예 없는 수준이며, 나타났다가 사라졌다가 하는 수많은 상징들 속에 어설프게 연결된 연결고리를 겨우겨우 찾아내야만 이 영화를 어렴풋이나마 이해했다고 볼 수 있기 때문입니다. 심지어 인터넷 커뮤니티에선 이런 농담까지 떠돌죠.

"이 영화는 왜가리가 나와서 주인공 엄마를 찾아대다가 주인공이 저 세상을 멸망시키고 돌아오는 작품이다!"라고 요약해놓은 글을 보고, 일본에서만 개봉되었을 때는 헛소리인 줄 알았는데 영화를 보고 나니 무슨 말인지 이해가 된다고 하는 농담이 말입니다. 요약한 글조차 연결고리가 없이 툭툭 끊어져 있으니 작품을 이해하기는 난해하겠지요.

하지만 제가 이 책을 통해 제시한 일본에 대한 이해에 기반하여 영화를 본다면, 이 영화를 조금 더 쉽게 이해하시리라 생각합니다. 제가 보는 **그대들은 어떻게 살 것인가**는 창조와 파괴, 그 순환 사이에서 영원히 반복되는 인간의 가냘픈 '이어짐'을 주제로 하는 작품입니다. 정확히 이렇다라고 하긴 어렵지만, 이 작품에 등장하는 주요 인물인 '큰할아버지'와 '마키 마히토'는 동일한 인물이라고 보면 좋겠습니다. 미야자키 하야오 옹이 될 수도 있고, 혹은 현재를 살아가는 여러분이 될 수도 있지요.

이 영화 속에서 '큰할아버지'는 세계를 조율하고 쌓아 올려 갑니다. 그러나 그가 쌓아 올린 세계는 불안정하고 위태위태하지요. 그는 자신의 실패 이유를 '악의'라고 설명합니다. 자신이 주춧돌 삼은 것들이 너무 악의에 물들어 있었다고 말하면서 자신의 세계를 손주뻘인 마히토에게 맡기고 싶어 하지요. 그가 마히토에게 세계를 맡기고 싶어 하는 이유는 '네게는 나와 같은 악의가 없다'라는 얘기였습니다. 하지만 마히토는 그런 할아버지의 제안을 거절하며 이렇게 말하지요. "제게도 제 악의가 있습니다. 이 상처가 그 증거입니다."라고 말입니다.

할아버지가 지금까지 해오던 방식대로, 인물만 마히토로 바뀌고 재료만 바뀐다고 해서 아무 것도 바뀌지 않을 것임을 암시합니다. 마히토가 그의 세계를 이어받지 않겠다고 결정하면서 '큰할아버지'의 세계는 산산조각납니다. 하지만 '큰할아버지'는 웃으면서 그들을 보내주지요.

그대들은 어떻게 살 것인가는 80이 넘은 미야자키 하야오 감독의 고루한 잔소리처럼 느껴지는 제목입니다. 늙은이가 젊은이에게 던지는 흔한 멘트이지요. '니네들은 어떻게 살런지 모르겠구나!' 어른들은 언제나 젊은이를 고까워 하는 법이니까요. 하지만 이런 잔소리 같은 멘트는 사실 과거의 스스로가 받았던 질문과 동일합니다. 미야자키 하야오의 부모, 혹은 조부모의 세대로부터 자신의 세대가 배턴을 넘겨받을 때 들었을 질문이었겠지요.

이 영화의 배경 자체가 1940년대, 미야자키 하야오의 어린 시절의 시기라는 점도 특기할 만합니다. 만약 마히토가 지금까지 살아 있다면 미야자키 감독과 비슷한 나이일 것이고, '큰할아버지'의 세계를 파괴하고 새로운 시작을 하는 신세대처럼 보였던 마히토도 지금은 '큰할아버지'의 위치에 있겠지요.

이 작품은 그가 스스로에게 던지는, 그리고 후대 사람들에게 던지는 질문입니다.

'나는 내 윗세대와 달랐는가? 내 다음 세대는 나와 다를 것인가?'

그 대답이 어떨지는 모를 일이지만, 이 질문과 사명감 자체는 끊임없이 '이어지는 것'입니다. 인간이 역사를 남긴 순간, 혹은 어쩌면 그 이전부터 꾸준히요.

아들은 아버지의 방식을 파괴하고 자신만의 방향을 새로 쌓아 올립니다. 그리고 그의 세계는 다시 그의 아들이 파괴합니다. 신화부터 꾸준히 등장하는 부친살해에 대한 메타포는 2023년까지도 꾸준히 순환해 이 작품을 낳습니다. 그리고 미야자키 감독은 아버지의 위치에서 아들에게 질문을 던지는 것이지요.

그대들은 어떻게 살 것인가라고 말입니다.

이 작품에서 늙은이는 젊은이의 발판이 됩니다. 주인공의 어머니인 히미는 아들을 낳기 위해 기꺼이 자신의 죽음을 받아들입니다. 큰할아버지는 자신의 세계가 파괴되어도 분노하지 않습니다. 오히려 세계를 지키려 드는 앵무대왕이 그 세계를 파괴하는 제1 원인이 됩니다.

이 작품은 '너희가 어떻게 살아갈 것인가'를 보여주기 위해, 그 스스로가 '어떻게 살아왔는가'를 보여주는 작품입니다. 그렇게 인간은 파괴와 재건, 창조와 파괴를 반복해가며

순환하고, 인간은 그렇게 이어집니다. 일견 허무할 수도
있습니다. 우리가 살아온 방식은 후대에 의해 부정될 것이라는
의미이니까요. 노인의 삶이 얼마나 훌륭했든, 얼마나 큰 가치를
이루었든, 그들의 아들이 앞장서서 아비의 것을 파괴하고
새로운 방식을 찾을 것입니다. 이것은 조금 쓸쓸하지요. 누구나
'큰할아버지'처럼 후대를 믿을 수는 없는 법입니다.

파괴와 재창조만이 이루어질 뿐이라면, 이 작품은
'이어지는 것'이 아니겠지요. 전면적인 부정과 파괴뿐이라면
말입니다.

하지만 작품에서 주인공은 파괴된 큰할아버지의 세계에서
'부수어진 돌'을 들고 나옵니다. 보통은 그 세계에서 나온 즉시
그 기억을 모두 잃는다고 하지만, 그 돌을 들고나온 덕분인지
마히토는 그곳에서의 기억을 잃지 않습니다. 물론 왜가리는
이렇게 이야기합니다. "어차피 시간이 지나면 그 돌도 효력이
없어져서 결국 너도 그 기억을 잊게 될 거야."

작품의 마지막에 실제로 그것을 잊었는지 아닌지는 나오지
않으나, 이 '부수어진 돌'은 노인에 대한 냉소적이면서도 찬란한
존경방식입니다. 후대는 아비의 세계를 이내 잊어버릴지도
모르지만, 그들의 세계도 '그 정도의' 영향력은 후대에게 남겨줄
것이라는 차가운 위로가 되어주지요. 미야자키 하야오 스스로의
방황일 수도 있습니다. '나의 방식을 잊게 되겠지만, 잊지
않았으면 한다'라는 양가적인 마음을 담은 것이겠지요.

이 영화는 이어져왔고, 앞으로 이어줄 우리 모두의 이야기입니다. 우리는 젊어서는 マ히토요, 늙어서는 큰할아버지가 될 것입니다. 그 사이에 치열하게 파괴하고 재창조하는 숙명을 짊어집시다. 부모가 만들어준 요람 같던 알을 깨고 나와야 자신의 세계가 시작되는 법이니까요. 그렇게 인간은 이어집니다.

☞「나와 호랑이님」은 단군 모독일까?

한국에 비해서 일본은 조금 더 신성모독적(?)입니다. 한국에서는 흔히 상상하지 못할 일들이 벌어지죠. 인터넷 유머글 중에 하나인데, 한국의 라이트 노벨 중에 **나와 호랑이님**이라는 소설이 있습니다. 단군신화를 모티브로 한 라이트 노벨인데…… 도서관에서 이 책을 발견한 어르신의 호통이 낙서로 적혀 있습니다.

"저질, 왜쪽바리화(化) 되 가는 구나!"[10]

오타쿠 문화를 처음 접하신 할아버지의 충격이 느껴지기도 했지만…… 아무래도 소재가 단군신화이기 때문이기도 한 듯 보였습니다. 우리는 모두 단군과 웅녀의 자손일진데, 마치 그것을 소재로 하면 우리의 뿌리를 희화화하는 것처럼 느껴지기 때문인 것일까요.

그러나 이웃나라 일본은 매우 다릅니다. 일본은 자국의 요괴는 물론이고 신까지도 거리낌 없이 사용합니다.

148

「나루토」라는 닌자 만화에서는 기술 이름으로 신의 이름을 사용합니다. '츠쿠요미'는 일본의 대표 신 중 하나입니다. 신화에서 그다지 분량은 없지만 밤의 신이기 때문에 좀 멋있죠. 이것을 「나루토」에서는 망설임 없이 기술로 사용합니다.

천황 가문에 쭉 내려온다는 보물들도 술법의 하나입니다. '야사카니의 곡옥'은 「원피스」에서도 '팔척경구옥'이라는 이름으로 나오고, 「나루토」에서도 '야사카의 곡옥'이라는 이름으로 등장합니다.

제 세대의 사람들이라면 일본의 주신이라고 볼 수 있는 '아마테라스'를 몇 번이고 외쳤을 것입니다. 「나루토」의 가장 강한 기술 중 하나이기 때문입니다. 마치 한국으로 따지면 '단군왕검'이 하나의 기술 이름처럼 사용되는 것과 똑같다고 볼 수 있습니다.

이에 그치지 않습니다. 아예 게임과 같은 체험형 창작물에서도 적극적으로 사용되고 있지요. 「요괴워치」는 말 그대로 요괴를 수집하고 요괴를 키웁니다. 요괴는 인간의 친구일 뿐더러 상당히 귀엽기도 하지요. 이런 분류는 아예 「포켓몬스터」나 「디지몬」처럼 몬스터로 따로 잡아야하는 것은 아닌가 싶긴 하지만……. 어찌되었든 일본은 몬스터들과 친한 관계입니다.

조금 더 성숙한 작품으로는 「진여신전생 시리즈」와 「페르소나 시리즈」도 있겠습니다. 「페르소나 시리즈」가

「진여신전생 시리즈」의 아들 뻘이죠. 이 작품에서 독특한 점은, 다양한 신화에서 모티브를 따온 악마들을 주인공이 부리게 된다는 것입니다.

기본적으로는 솔로몬의 악마들이 중심인 것 같긴 한데…… 인도의 비슈누나 독일의 샌드맨도 나오고 웬만한 지역의 민간 전승들은 모두 등장합니다. 신이고 요괴고 딱히 구분은 없는 듯 보입니다. 일본 작품이다보니 일본의 신들이 최고 레벨에 있긴 합니다만, 사실 이것도 한국인 입장에선 매우 신기합니다. 결국 자기네 신들도 외국의 요괴나 신이랑 동격이라는 것 아니겠어요?

각 지역마다 유명한 신사가 있고, 여전히 신토의 관습을 따르기도 하는 일본입니다. 자국 신화에 대해서도 잘 알려져 있고, 오컬트에 대한 관심도 많은 나라가 바로 일본입니다. 하지만 신을 묘사하는 방법에서 그다지 권위(?)는 없는 듯 보입니다.

일본은 야오요로즈의 신을 모신다고들 하죠. 야오요로즈는 800만을 뜻합니다. 팔백만의 신이 있었다는 것은, 역설적으로 신앙으로 찍어누르는 경우가 드물었음을 뜻합니다. 일본은 '일본식'으로 소화만 된다면 그다지 신념에 대해 억압이 없었던 것으로 보이지요. 전국시대에 일본에 들어온 가톨릭이 일본의 토속신앙화 된 것을 보면 굉장히 재미있습니다. 물론 이 쪽은 억압을 받았기 때문에 성모상을 불상으로 속여서 섬기던 것이 이어내려져 온 것이지만요.

그래서 일본은 비교적 한국에 비해서 신과 신화, 요괴 등을 소재로 한 작품들이 많습니다. 초자연적인 것이 교훈을 주는 것이 일본 작품의 특징이기도 하지요. 이번 파트에서는 조금 더 오타쿠적이고 서브컬처적으로 신을 다루는 일본에 대해 이야기해봅시다.

☞ 본격은 괴기해, 「소년탐정 김전일」

갑자기 다짜고짜 등장하게 된 추리만화 **소년탐정 김전일**. 신에 대한 이야기를 한다고 해놓고 왜 *김전일*인가라고 생각하실 분들이 계시겠지요. 하지만 **소년탐정 김전일**을 자세히 읽어보면, 특히 초반부에서는 오컬트를 다룬다는 느낌이 강렬합니다. *김전일*의 첫 에피소드가 「오페라 극장 살인사건」이고, 이 살인사건에서는 범인이 오페라의 유령극을 모방해서 살인을 저지릅니다.

이후에도 일본의 다양한 설화와 전설을 맛볼 수 있습니다. **키리시탄**[11]이던 아마쿠사 시로가 숨겨놓았다는 보물이 중심이 된 「아마쿠사 보물 전설 살인사건」, 일본에서 흔한 설귀에 대한 전설을 중심으로 한 「유키야샤 전설 살인사건」, 참수무사라는 요괴를 소재로 한 「쿠치나시 촌 살인사건」 등등……

사실 이것은 일본의 특색이라기보다는, 영미권의 고전 추리소설을 현지화한 것이라고 봐야 합니다. 소위 말하는 '본격'이죠. 본격 추리물이란 소설의 사건편만으로도 독자가

11 17세기까지 밀교 형식으로 이어져온 일본의 로마 카톨릭교회 신자들

능히 해결할 수 있던 옛날의 추리소설을 재구성하자는
움직임입니다.

『셜록 홈즈』나 크리스티의『에르퀼 푸아로 시리즈』같은
추리소설을 자주 읽으신 분들이라면 이 때의 작품들이
오컬트적인 분위기를 띠고 있음을 알고 계실 것입니다. 비밀이
가득한 작은 사회의 끈적한 분위기라든지, 차례차례 사람들이
사라지는 일이라든지…….

소년탐정 김전일 시리즈는 이런 분위기를 적극적으로
재구성한 것입니다. 단, 일본의 민속을 중심으로 말이죠. 이는
*김전일*이 매일같이 얘기하는 자기 할아버지의 모습을 따라한
것이지요.

「긴다이치 코스케 시리즈」. 사실「긴다이치 코스케 시리즈」의
작가랑 합의 없이 *김전일*이 자신이 손자라고 자칭한 것이기
때문에, **소년탐정 김전일**은「긴다이치 코스케 시리즈」를 오마주
혹은 베낀 것에 가깝습니다.

「소년탐정 김전일」이 이런 일본의 어두컴컴하고 괴기스러운
이야기를 소재로 삼아 얻은 것은, 역설적이게도 신과 믿음에
대한 핵심을 찌르게 됩니다. 김전일 시리즈에서는 가끔씩
초자연적인 현상이 일어나기도 하지만, 결국 그 초자연적인
현상은 본질에는 아무런 상관이 없다는 것이지요.

*김전일*의 범인들은 모두 괴인명이 있습니다. 다들
어떠한 이야기를 따라서 하는 것이기 때문이죠.「오페라

어타쿠의 목망을 읽다

저택 살인사건」의 범인은 '오페라의 유령', 「유키야샤 전설 살인사건」의 범인은 '유키야샤'입니다.

그들은 괴인명의 모티브와 기묘하게 닮은 꼴입니다. '오페라의 유령'은 사랑 때문에 범죄를 저지르고, '유키야샤'는 복수를 위해 범죄를 저지릅니다. 각자가 조금씩 비틀려 있을 뿐입니다. 이를 통해서 과거를 짐작해볼 수도 있을 것입니다.

실제로 유령이나 야차가 있었던 것이 아닌, 끝모를 인간의 비련과 복수심만이 있었던 것이겠지요. 그 이야기가 구전되고 비틀리면서 한 사람의 처절한 감정이 요괴 혹은 괴수로 전래되게 됩니다. 그 이야기가 또 다른 비련을 비극으로 만들어버리지요. 결국 존재하는 것은 신이나 유령이 아닌 '인간' 뿐입니다.

☞ 트라우마, 「괴물 이야기」

2000년대 중후반, 오타쿠들을 가장 뜨겁게 달군 작품이 있다면 역시 **괴물 이야기**일 것입니다. 한국에서는 애니메이션으로 먼저 유명해졌기 때문에…… 「바케모노가타리」라고 불리는 경우가 더 많았지만요. 사실 정확한 명칭은 **이야기 시리즈**입니다.

이 작품은 주인공 '아라라기 코요미'가 다양한 사람들을 만나면서 그들의 문제를 해결해주는 것입니다. '게'의 귀신에 씌인 여자 센조가하라 히타기를 시작으로, 달팽이에 홀린 여자아이, 원숭이 손에 소원을 빌어버린 여자아이, 뱀의 저주를 받아버린 여자아이, 고양이에 씌인 여자아이 그리고 흡혈귀인 여자아이까지……

모든 대상이 여자아이죠? 네 그렇습니다. 이 작품은 소위 말하는 '하렘물'입니다. 해결사 역할을 하는 남자 고등학생 주인공 *아라라기 코요미*가 각종 괴이에 휩싸이게 된 여자아이들을 구해주는 서사죠.

구해준다는 얘기가 무색하게도, *아라라기 코요미*가 하는 일은 그다지 영웅적이진 않습니다. '게'에서 구출해준 것은 사실 자신이 아닌 자신이 잘 아는 음양사입니다. 달팽이에 씌인 아이를 구해준 것은 센조가하라 히타기이며, 원숭이 손의 여자에게는 그냥 하루 종일 얻어맞기만 합니다. 뱀의 여자아이는 거의 구경만 하고 있고, 고양이에 씌인 여자는 자신이 아닌 흡혈귀 소녀가 구해주죠.

괴물 이야기는 2006년, 매우 충격적인 인상을 남겼습니다. **괴물 이야기**라는 이름이 무색하게도, 이야기는 거의 없는 수준이고,

괴이에 당한 여자아이의 각각의 매력으로 극을 전개해나가는 방식이었습니다. 첫 번째 에피소드인 '히타기 크랩'은 그나마

제법 제대로 된 구성을 띠고 있지만, 두 번째 에피소드인 '마요이 마이마이'는 완전히 모에 일변도입니다.

애니메이션으로 보면 더욱 충격적인데, 으레 있는 애니메이션의 오프닝을 각 캐릭터의 캐릭터 송으로 대체해버렸습니다. 이 작품은 공식적인 오프닝이 없습니다. 오로지 캐릭터 송 뿐입니다. 주인공이나 서사의 색깔은 극한으로 지우고 캐릭터의 매력만 살렸다고 볼 수 있겠습니다.

그러다보니 **괴물 이야기**를 몰입해서 보는 방법은, 서사의 구조보다는 캐릭터에 몰입해서 캐릭터를 이해하는 것입니다. 그리고 그 캐릭터들을 풍부하게 만들어주는 것이 이 작품의 '괴이'입니다. 달팽이에 홀린 소녀는 왜 달팽이인가. 원숭이 손은 간바루 스루가라는 캐릭터를 어떻게 수식해주는가 등이죠.

게에 홀리게 된 소녀 센조가하라 히타기는 무게를 잃어버립니다. 오모시카니라는 신이 그녀를 덮친 것이지요. 그녀는 사이비 종교를 믿는 어머니를 두고 있습니다. 자신이 아팠기 때문에 어머니께서 사이비 종교를 믿게 되고, 급기야 그녀가 다 낫고 나서도 종교에 의존하게 됩니다. 종교 지도자가 그녀를 덮치려고 하는 것까지도 센조가하라의 모친은 허락합니다.

그것을 뿌리쳤다는 이유로 그녀의 집은 풍비박산나게 됩니다. 부모님은 이혼하고 가정은 파탄납니다. 가족들은 빚에 쫓겨 가난하게 살게 됩니다. 그녀는 그 모든 죄가 자신에게 있는

5장 자연과 신, 입김을 털치다

12 일종의 일본어
말장난. 무거움과 마음의
발음이 둘 다 오모이이다.

것은 아닐까 생각합니다. 그리고 그녀는 곧 감정을 버리게 됩니다. 동시에, **마음을 잃은 그녀는 무게도 빼앗기게 됩니다.**[12]

이와 같이 작품에 나오는 모든 괴이들은 캐릭터의 행동을 묘사하는 것입니다. 단순한 악신은 없습니다. 괴이가 발현되는 이유는 각자 다르지만, 모두 인간의 사연이 녹아있습니다. 거절을 잘 못하는 여자아이는 뱀에게 쥐어지게 됩니다. 가정에서 폭력과 억압을 견디면서도 어떠한 티도 내지 않던 소녀는 고양이 요괴가 되어 세상을 망가트리고 다닙니다.

이 작품에서 '*아라라기 코요미*'가 그다지 영웅적이지는 않은 모습으로 보인다고 한 이유도 이와 같습니다. 그는 악신을 때려부수는 정의의 사도가 아닙니다. 오히려 상담가에 가까운 느낌입니다. 사와리네코라는 고양이 요괴를 해결한 방법은, 마음을 솔직히 고백한 것입니다. *코요미*는 이것을 이끌어 낼 뿐입니다.

초자연적인 현상을 모에화하여 사용하는 것도 맞지만, '니시오 이신' 작가의 **이야기 시리즈**는 인간의 감정을 초자연적인 것으로 묘사한다고 볼 수도 있습니다. 캐릭터가 겪는 괴이는 결국 자아를 묘사하는 것입니다. 인간이 없다면 괴이도 없습니다.

내면을 묘사하는 장치로 초자연적인 것을 사용하는 것은 이전에도 흔했지요. 「디지몬 어드벤처」도 사실은 각자가 데리고 다니는 파트너 디지몬이 아이들의 심리를 형상화한 것이니까요.
이와 같이 「이야기 시리즈」는 인간을 묘사하기 위해 신을 사용한
것입니다.

☞「노라가미」, 믿음

　　　　　'아라라기 코요미'가 해결사인 것처럼, 또 다른
해결사도 있습니다. 코요미는 인간이지만 이 쪽은 신이라는
것 정도가 차이점일까요? 야토가 세간의 문제를 해결해주며
마주하는 모험들을 다룬 판타지 만화. **노라가미**입니다.

　　한국 신화가 그다지 잘 알려져 있지 않은 반면에, 일본
신화는 조금 더 잘 알려져 있습니다. 그 이유 중 하나를 저는
일본 신화의 조금 더 말초적인 느낌에 있다고 봅니다. 「이나바의
흰 토끼」 전승과 같은 모험심이 자극되는 소재나, 「아마테라스,
큰 굴에 숨다」 같은 일견 찌질해보이기까지 하는 신들의 모습이
굉장히 재미나지요.

　　「그리스 로마 신화」처럼, 신적인 존재들이 인간적인 부분을
많이 드러내는 신화들은 베스트셀러가 되곤 합니다. 일본
신화는 심지어 일본의 건국 신화이기도 하기 때문에…….
한국에서 기원전 2333년에 단군 왕검이 나타난 것을 고조선의
시작으로 보는 것처럼, 일본에서는 신의 가계도를 쭉 따라
내려와 기원전 711년에 태어난 '진무 천황'이 나타난 것을
일본의 시작으로 봅니다.

5장 자연과 신, 있고 없음을 넘치다

재미있는 것은 진무 천황의 가계도에는 한국에서 건너간 신인 '스사노오'가 있다는 점인데요. 아무래도 천황의 계통이 한국에서 넘어간 도래인임을 상상하는 것이 아닌가라고들 많이들 생각합니다. 대놓고 신라쪽에서 왔다고도 하고요.

일본 신화를 보다보면 중요 인물이 아닌 신들은 그다지 비중이 없습니다. 그래도 각자 이름은 남겨져 있어요. 일본에서 수많은 집단이 각자 존재했고, 그들이 각자 믿었던 신들이 하나의 신화로 봉합된 것으로 보입니다.

그렇게 되다보니 이름만 남고 행적은 불분명한 신들이 남아 있는 것이고, 실제로는 없어진 신도 수두룩하겠죠. 팔백만이나 된다는 신 중에 이름이 남은 신은 별로 없을 테니까요. 사람들이 기억하는 신만이 진짜 신인 것입니다.

노라가미에서는 이 설정이 중요합니다. 주인공인 야토와 같이 그리 강하지도 않고 알려지지 않은 신은, 자신의 존재감을 뽐내는 것이 매우 중요합니다. 그래서 해결사를 하는 것이기도 하죠. 인간들을 도와주는 신은 더 기억에 남기 쉬울 테니까. 신은 죽어도 사람들이 그를 기억한다면 영원히 살아남습니다. 반대로 살아있더라도 기억하는 이가 없다면 죽게 되지요.

노라가미를 보고 일본 여행을 간다면, 일본 여행의 단골 코스인 신사가 매우 의미있게 느껴질 것입니다. 신사는 누군가를 기억하는 곳입니다. 일본에는 '이와이덴'이라고 해서, 가족들을 지켜주는 신을 모시는 곳도 있습니다. 아무래도 그

신이란 자기 가문에서 유명한 조상이겠지요.

죽은 사람조차 신사에 모시면 신이 됩니다. 전범들을 안치한 '야스쿠니 신사'는 그런 면에서 문제가 되는 것이지요. 그를 영원히 기억하겠다는 이야기가 되어버리니까요. **노라가미**의 야토도 자신을 모시는 신사를 원합니다. 자신을 그리는 상징물이 있다면 영원히 기억되게 되는 것이니까요. 인간이 성화나 불상을 남기는 이유에 대한 재미있는 해석입니다.

노라가미의 메인 설정에 대해서만 깊게 이야기했는데, 작품으로도 매우 훌륭합니다. 소년만화의 전개를 따라가면서, 일본 신화를 매력적으로 녹여냈죠. 일본 신화에 관심이 없는 사람이라면 오히려 **노라가미**를 통해 입문해보는 것도 괜찮은 방향이 아닐까 생각이 듭니다.

5장 자연과 신, 일본을 덮치다

3부

오타쿠이

없다

홍한영혈

이 책을 읽고 계실 독자분들 중에선 무언가 어색한 분들이 계실 겁니다. 아마 세대에 따라서 각각 어색함을 느끼는 부분이 서로 다르시리라 생각합니다. 아마 40대 중반 이상의 독자분들은 이 지점이 어색하리라 생각됩니다. "일본 만화들의 스펙트럼이 너무 넓어진 것 아니야?". 각종 전문용어가 쏟아져 나오는 점에서도 거부감이 느껴지실 수 있겠지요. 모에 요소니 쿨계 히로인이니…….

반대로, 10대에서 20대 초반의 어린 독자분들에게는 이 책의 초반부가 너무 무거웠을 수도 있습니다. 만화나 애니메이션은 유쾌하고 즐거운 이야기라고 생각했는데, 조금 더 욕망적인 것들을 반영하는 것이 서브컬처가 아닌가? 라고요.

세상 모든 것이 변하듯, 일본의 오타쿠 문화도 변했습니다. 인간은 무엇인가? 사람은 무엇으로 사는가? 차별은 무엇으로 인해 이루어지는가? 따위를 이야기하던 일본의 만화들은 서서히 사라져 갔습니다.

그 대전환은 보통 1995년에서 2003년 사이에 이루어진 것으로 보입니다. 당연히 문화가 늘 그렇듯 칼을 댄 듯 딱 자를 수는 없는 법입니다. 하지만 보통 그 시작을 「신세기 에반게리온」이 방영된 1995년으로 잡고, 그 끝을 「스즈미야 하루히의 우울」이 발매된 2003년으로 잡습니다. 일반적인 한국인들에게 가장 대중적인 애니메이션을 꼽으라면 물론 「이누야샤」겠지만, 현대의 오타쿠라는 사람들을 만든 것은 위 두 작품이라고 보아도 무방합니다. 실제로도 「신세기 에반게리온」과 「스즈미야 하루히의 우울」은 각자가 시리즈의 문법을 만들어 준 기념비적인 작품이기도 합니다.

이번 파트는 '욕망적인 일본의 서브컬처'를 이야기하기 전에, 어떻게 이런 형태가 빚어졌는지를 이야기해보도록 하겠습니다. 그럼, 잠깐 과거로 가봅시다. 「신세기 에반게리온」 이전의 과거로요.

6장

가볍게, 오타쿠와 서브컬처

☞ 인간으로 돌아와. 「요술공주 밍키」

일본 만화의 가장 매력적인 요소는 주인공이 특별할 것 없는 일반인이라는 점입니다. 창작물은 우리에게 환상을 주어야 하는 법이지요. 이미 유명한 대도둑이 개심을 하여 영웅이 된다거나, 백만장자 기업인이 과학기술로 영웅이 된다거나…… 그런 것은 사실 우리에게 기대하기 어려운 일입니다.

'일상'에 있는 우리들은 그다지 별 것이 없습니다. 특히 만화나 애니메이션의 주 소비층인 학생들은 더더욱 별 게 없습니다. 친구들이 하듯이 똑같이 학교를 가고 똑같이 집으로 돌아옵니다. 하지만 우리에게는 모두 특별해지고 싶은 욕망이 있습니다. 친구들이 모두 나를 달리 볼 법한 특별한 사건이 나에게도 다가왔으면 좋겠습니다.

일본 만화와 애니메이션은 이 지점을 아주 잘 만족시켜줍니다. 등장인물 대부분은 평범한 아이 혹은 평범한 학생이고, 어느 날 묘한 전개에 휘말려 특별해집니다. 내가 뭔가를 적극적으로 하지 않더라도 특별한 사람이 나를 기이한 곳으로 데려가면 내가 특별해지는 법이지요. 우리는 평소의 내가 아닌 다른 존재로 변해 환상적인 일을 경험하게 됩니다. 말 그대로 변신이지요.

마법소녀물은 그런 의미에서 환상의 영역 그 자체입니다. 마법소녀물의 시초격인 「요술공주 샐리」의 샐리는 물론 평범한 사람이 아니지만, '평범한 척'을 한다는 점에서 가슴 뛰는 장면을 만들어냅니다. 친구들 사이에선 평범하게 통하는 내가 마법소녀라는 것을 들키면 어쩌지? 이런 가슴 뛰는 특별함은 마법소녀물의 단골서사입니다. 친구들에게 특별한 존재임을 들켜버릴 때도 있고, 오히려 친구를 특별하게 만들어주기까지 하죠. 함께 마법소녀가 되어서 사랑과 우정을 외치고 다니는 것입니다.

이런 서사는 마법소녀물의 원래 타깃층인 여자아이들 뿐만 아니라 남자아이들에게도 충분히 어필했습니다. 내가 아닌 다른 존재가 된다는 것은 즐거우니까요. 어린 시절 마법소녀물을 몰래몰래 즐기다 들켜본 경험이 있는 남자아이들도 꽤 많습니다.

하지만 이런 '특별함'에 주목한 서사는 1982년 애니메이션 **요술공주 밍키**가 환기시킵니다. 원제는 「마법의 프린세스 밍키모모」이기 때문에 밍키모모로 부르도록 하겠습니다. 밍키모모는 태생이 특별한 아이입니다. 「요술공주 샐리」와 같죠. 하늘의 왕국에서 내려온 공주입니다. 그녀는 평소에는 지구인인 척하다가 악이 나타나면 화려한 변신으로 적을 물리칩니다. 혹은 그냥 마법으로 곤란에 빠진 사람들을 도와주고 다닐 때도 있습니다.

하지만 마법과 같은 '특별함'으로 모든 것이 해결되지는 않습니다. 밍키모모는 목숨의 불꽃이 꺼져가는 남자를 구원해줄 수 없습니다. 인간의 목숨은 마법과 같은 특별함으로 바뀌지 않습니다. 마법 따위보다도 더 특별한 것이 인간입니다. 그 이야기를 압축해서 전하기라도 하듯, 밍키모모의 최후 전개는 충격적이었습니다. 적을 물리치고 일상으로 돌아온 밍키모모가 트럭에 치어 죽습니다. 현대인들에게도 엽기적으로 느껴지는 이 전개는 과거에는 더더욱 충격이었습니다. 트럭에 치이는 것도 무슨 특별함이 있는 것이 아닙니다. 정말 우리가 흔하게 보는 교통사고처럼 길을 건너다 트럭에 치어 죽습니다.

물론 이것에는 숨겨진 비화가 있습니다. 밍키모모도 마법소녀물이다 보니, 아동을 대상으로 하는 완구회사에 휘둘릴 수밖에 없었습니다. 완구의 매상이 그다지 나오지 않자, 밍키모모는 조기종영의 압박을 이기지 못하고 46화로 조기종영을 하게 되었습니다. 바로 이 후폭풍이 밍키모모 트럭사태인 것입니다. 밍키모모를 죽인 트럭은 장난감을 싣고 가는 트럭이었습니다.

다만, 이게 급조된 엔딩인 부분도 있지만, 어느 정도 의도한 엔딩이기도 하다는 점이 중요합니다. 밍키모모는 꾸준히 특별함의 상징인 '마법'에서 멀어지고 '인간'에 가까워진 작품이었습니다. 그래서 기존에도 밍키모모의 엔딩은 배드엔딩 혹은 새드엔딩으로 짜여 있었지요. 요술공주의 특별함보다 인간으로의 한계가 더 드러나게 말입니다. 밍키모모는 모든 것을 막을 수는 없고 스스로의 죽음마저 조절할 수 없는 한계가 있는 존재입니다. 물론, 밍키모모의 스폰서가 다시 완구를 판매하기로 해서 트럭에 치인 엔딩을 꿈으로 처리해버리고 다시 연재되게 되었다는 것은 웃지 못할 이야기입니다. 장난감 트럭이 밍키모모를 죽이기도 살리기도 하는군요.

☞ 이젠 다 싫어, 「세일러문」

엔딩이 충격인 만화라고 한다면, 역시 1992년 작품 **미소녀 전사 세일러문**을 빼놓을 수 없겠지요. 한국

명으로는 **달의 요정 세일러문**입니다. "정의의 이름으로 널 용서하지 않겠다!" 한국에서는 이 대사를 모르는 사람이 없을 정도로 유명한 작품이지요. 일본에서는 "달을 대신해서 혼내주겠다!"입니다. 당연히 일본에서도 이 대사가 가장 유명합니다.

세일러문의 특징이라고 하면 역시 다른 마법소녀물보다 한층 어두워진 스토리라인입니다. 밍키나 샐리가 싸우는 적이라고 하면, 친구를 괴롭히는 악당입니다. 가끔씩 전 지구적인 위기를 해결하기도 하지만, 분위기가 그리 무겁지는 않습니다.

반면 **세일러문**의 악역들은 모두 우주급 스케일을 갖고 있습니다. 친구의 고민을 해결해주는 우리 마을의 친근한 마법소녀는 없고, 우주에서 쌈박질하는 용사가 탄생합니다. 다른 마법소녀들은 마법봉 한번 샤랄라 흔들어주면 되는데, 세일러문은 상당히 고생스럽게도 싸웁니다.

세일러문은 전대물적인 특성도 가지고 있습니다. 사실 세일러문인 츠키노 우사기는 그렇게까지 강한 내행성 전사는 아닙니다. 그냥 악당에게 잘 먹히는 특성을 가지고 있을 뿐입니다. 그래서 그녀의 친구들이었던 다른 마법소녀들이 합세해줘야 합니다. 서로의 우정과 노력으로 악을 물리치고 승리를 따냅니다. 어쩐지 소녀만화 장르인 마법소녀물이지만, **세일러문**은 마법소녀물보다도 소년만화적인 특색이 강했습니다. 소년만화를 이야기하면서 영웅전설이라고 했었는데, **세일러문**도 영웅이 되어서 세계를 구하는 이야기지요. 그래서 **미소녀 전사 세일러문** 하면 성별 가릴 것 없이 모두가 사랑하는 이야기였습니다.

역설적이게도, 이렇게 거대한 이야기를 담아내는 주인공은 소박합니다. 밍키모모나 샐리는 특별한 태생을 갖고 태어났지만, **세일러문**의 주인공 *츠키노 우사기*는 그냥 여중생입니다. 그것도 그다지 특출날 게 없는 여중생이지요. 물론 나중에 가면 그녀의 특별한 전생이 드러나긴 하지만, 처음부터 드러난 다른 작품들과는 충분한 차별점이 있습니다.

그녀가 마법소녀가 되는 계기도 평범합니다. 길가에서 괴롭힘 당하던 고양이를 구해준 것이지요. 착한 심성은 마법소녀의 필수불가결 요소이지만, 영웅전설의 시작이라고 생각하기엔 너무나도 평범합니다. 아무 것도 아닌 *츠키노 우사기*가 '거대 서사'를 자기 한몸으로 견뎌내야 합니다. 평범한 일반인인 그녀가 모든 것을 짊어지게 되는 서사는 꽤나 슬프게 끝맺어집니다. **미소녀 전사 세일러문** 애니메이션의 최종화인

46화. 이 에피소드도 46화군요. 내행성 전사들이 하나하나 처절한 전투 끝에 죽고 그녀는 누구도 구해내지 못합니다. 다크 킹덤의 최후 결전에서는 어찌어찌 적을 쓰러트리긴 하지만 그녀 스스로도 치명상을 입습니다.

그저 고양이를 구해줬다는 이유만으로 맞이하기에는 상당히 억울한 전개입니다. 그녀는 소중한 친구를 잃었을 뿐더러 자신의 목숨까지 잃게 됩니다. 그녀가 남기는 유언은 다음과 같습니다. "평범한 생활로 돌아가고 싶어……."

세일러문의 엔딩은 밍키모모 못지않은 충격을 주었습니다. 밍키모모는 어느 정도 자신의 과업을 완수하고 불행히도 교통사고로 사망하는 엔딩이었기에, 엽기적일지언정 작품의 무언가가 비틀린다는 생각은 들지 않았습니다.

반면 **세일러문**은 마법소녀물을 보는, 아니 애니메이션을 보는 사람들에게 근본적인 무언가가 뒤틀린 것처럼 보였습니다. '사람들을 위해 싸우는 정의의 마법소녀가 왜 죽어야 하지?' 물론 영웅전설 중에서는 자신을 희생해서 세계를 구하는 영웅들이 많습니다. 몇몇 위대한 영웅들은 실패하기도 하죠. 하지만 그들은 비장했습니다. 또한 그들에게는 특별한 명예가 있었지요. 그러나 세일러문은 명예 따윈 없습니다. 그녀의 최후는 비장한 부분도 있었지만, 오히려 나약한 면모가 강조되었습니다. 평범하게 살았다면 이런 일은 없었을텐데…… 지금까지 시청자와 함께해 온 모든 이야기들이 허무하다 못해 우울하게까지 느껴지는 발언입니다.

　　물론 **미소녀 전사 세일러문**도 바로 다음 시즌이 시작되면서 모두 환생시켜버리긴 합니다. 이때의 충격이 컸는지 이후로는 등장인물들을 몽땅 죽여 버리겠다 따위는 하지 않죠. 우리가 생각하는 해피엔딩을 맞게 됩니다. 노력과 우정을 다하면 승리해야 하는 법입니다. 그러나 **미소녀 전사 세일러문**이 한 번은 이와 같은 결말을 냈다는 점을 주목해야 합니다. 일본 애니메이션은 우리의 욕망을 반영했습니다. 평범하기 그지없는 우리가 특별한 존재로 변신하고 싶다는 욕망을 말입니다.

　　하지만 실제로 그 대상인 '세일러문'은 행복은커녕 대가를 치르게 생겼습니다. 오히려 평범한 일상이 더 행복할 지경입니다. 그녀는 영웅보다는 희생양에 가까운 역할을 했습니다. 역설적으로 생각하면, 영웅은 원래 희생양일지도 모릅니다.

　　　　☞「신세기 에반게리온」

　　　　　현대적인 오타쿠의 시작선이라고 말할 수 있는 **신세기 에반게리온**. 이 작품은 워낙 유명하기도 하고, 한 가지 테마로만 이야기 할 수 없어서 아마 이후에도 종종 나올 듯합니다. 이 파트에서는 **신세기 에반게리온**이 무엇을 바꾸어놓았는지부터 얘기해보죠.

　　직전의「미소녀 전사 세일러문」에서 세일러문은 하나의

희생양이었습니다. 다만, 이 테마는 최후에서나 나오죠. 충격적인 엔딩이긴 하나 세일러문을 기억할 때는 밝고 명랑한 모습만 기억됩니다.

신세기 에반게리온의 주인공 *이카리 신지* 역시 희생양입니다. 세일러문과의 차이점을 찾자면, 그는 시작할 때부터 희생양이라는 점입니다. 워낙 복잡하기로 유명한 **신세기 에반게리온**이지만 이야기 구성을 뜯어보면 그렇게까지 까다롭지는 않습니다.

인류가 '세컨드 임팩트'라는 대재앙을 마주한 뒤, 포스트 아포칼립스의 상황이 닥쳤습니다. 그럼에도 불구하고 대충 수습해서 남은 인류들끼리 살아가고 있던 와중, 하늘에서 '사도'라는 것들이 내려와 인류를 멸망시키려고 합니다. 이렇게 모든 인류가 멸망하게 되는 사건을 '서드 임팩트'라고 말합니다.

이것을 막기 위해 인류가 만들어낸 결전 병기인 에반게리온. 이 에반게리온에 사람이 타서 밀려오는 사도를 차례차례 막아낸다는 것이 이 작품의 골자입니다. 그리고 그것을 막는 '파일럿'들이 작품의 주인공이죠. 에반게리온의 초호기, 첫 번째 기체를 조작하는 것이 **신세기 에반게리온**의 주인공 *이카리 신지*입니다.

간단한 시놉시스만 보면 결국 거대로봇물의 서사를 답습하는 것으로 보입니다. 주인공이 거대로봇에 탑승하게 되는 것이 자신의 아버지 때문이라는 점까지도 유사합니다. 다만 이 작품은 '리얼리즘'에 입각하여 거대로봇물의 서사를 뒤집는 데에 그 가치가 있습니다.

보통의 거대로봇물 주인공들은 열혈이거나 정의감에 불타는 존재들입니다. 하지만 *이카리 신지*는 사춘기 소년에 불과합니다. 열혈은커녕 내성적이고 타인을 상당히 두려워합니다. 가족을 잃은 것을 씩씩하게 극복하는 주인공들과 달리 *이카리 신지*는 그 모든 것에 상당히 스트레스를 받습니다. 그런 와중에 어린 시절 이후 거의 본 적도 없는 아버지가 자신에게 싸움을 권합니다. 특별함을 원하는 사람들에게는 절호의 기회이겠지만 평범한 사춘기 소년에게는 두려움에 불과합니다. 내가 출격하지 않으면 세계가 멸망한다는 압박감에 불과합니다.

하다못해 상황이 어떻게 돌아가는지 설명이라도 해준다면 그 숙명을 받아들일지도 모릅니다. 인류가 멸망할 상황이라는데 내가 영웅답게 희생하겠다는 생각을 가지게 될지 누가 알겠어요? 하지만 이 작품은 독자 입장에서도 혼란스럽고 난해하다는 평가를 받습니다. 그 이유는 아무도 *이카리 신지*에게 뭐가 어떻게 돌아가는지 설명해주지 않기 때문입니다.

신세기 에반게리온은 철저히 희생당하는 소년병의 심리상태를 그린 작품입니다. 부모는 없는 것만도 못하고 오히려 자신을 사지(死地)로 내몹니다. 자신과 함께 싸우는 파일럿들은 생전 처음 겪는 이성관계입니다. *이카리 신지*는 미숙하다보니 그 모든 것들을 제대로 처리하지 못합니다. 심지어는 자신을 유일하게 이해해준다고 생각한 동성 친구…… 견해에 따라 동성애 관계로도 묘사되는 '카오루'는 사실은 적이기까지 합니다. 그는 스스로 카오루를 쓰러트려야 합니다.

결국 이런 모든 상황을 겪고 *이카리 신지*가 성장하여 최후에 승리를 거머쥐었다면 **신세기 에반게리온**은 주인공이 상당히 불쌍하고 불행하긴 하지만 나름 정석적인 작품이었을 것입니다. 그러나 많이 알려져 있다시피, **신세기 에반게리온**의 원작 애니메이션의 엔딩은 난해하기 그지없고 「엔드 오브 에반게리온」은 충격적일 정도입니다.

사실 **에반게리온**의 핵심 주제는 인간관계에 대한 것입니다. 굉장히 사적인 영역이죠. 인류의 존망이나 싸움의 결과 등이 가냘프고 한계에 내몰려있는 남자 주인공의 심리상태에 의존한다는 점에서, 거대한 서사가 개인의 심리문제에 투영됩니다. 다만 이 작품에서는 감독의 철학이 녹아있는지, 극복보다는 절망이 더 눈에 띕니다. **신세기 에반게리온** 원작 애니메이션의 엔딩에서는 그나마 극복처럼 보이는 것을 그립니다. 그 유명한 '오메데토' 엔딩이죠. *이카리 신지*가 자신의 세계를 깨부수고 나와서 주변 사람들의 칭찬을 받는 장면입니다.

여기서 두 가지 설정을 이야기하고 가야겠습니다. **신세기 에반게리온**에는 '인류보완계획'이라는 것이 있고, 'AT 필드'라는 것이 있습니다. 인류보완계획은 인류가 스스로 자신들을 신으로 만들려는 계획입니다. 그 계획 중 주인공의 아버지인 '이카리 겐도'가 제시한 계획은, 인간이 모두 모종의 액체로 변해서 뒤섞이게 되는 것입니다. 그렇다면 인간은 타인으로 인해 상처받지 않아도 되겠죠. '타인'이라는 개념이 없으니까요.

'AT 필드'라는 것은 반대 개념입니다. 처음에는 에반게리온들이 자신을 방어하는 고유의 기술처럼 보입니다. 실제로 기체와의 싱크로가 높아질수록 AT 필드의 방어력은 견고해집니다. 하지만 최후에 밝혀지는 것으로는 'AT 필드'란 개개인이 침범받기 싫어하는 일종의 경계선 같은 것입니다. 인간들이 서로 서로를 분간하는 선인 것이죠. '타인'이라는 개념의 형상화와 같은 것입니다.

'AT 필드'는 모두가 갖고 있다고 하지만, 이 세계관에서 인간을 뜻하는 '릴림'들은 AT 필드가 약하다고 묘사됩니다. 인간은 불완전한 존재이기 때문이죠. AT 필드가 아주 견고하다면 타인을 완전히 분리하고 살 수 있겠지만, 인간들은 나약하기 때문에 타인을 가까이 하고 싶어 하는 욕구도 있습니다.

AT 필드가 아예 견고했거나, AT 필드가 아예 없다면 인간은 어느 한 쪽을 선택할 수 있었을 겁니다. 모두가 하나가 되거나 모두가 타인이 되거나 말이죠. 하지만 인간은 슬픈 방황을 하게 됩니다. 인간과 가까이 하고 싶지만 인간을 두려워하게 됩니다. '안노 히데아키 감독'이 말하는 인간이란 외로워하면서도 서로를 두려워하는 슬픈 존재입니다. 사실 **신세기 에반게리온**이라는 작품 전체가 이 사이에서 방황하는 *이카리 신지*를 말하는 서사라고 볼 수 있습니다. 타인에 대한 공포와 상처로 가득한 *이카리 신지*는 '타인'이라는 개념을 완전히 없애버리는 인류보완계획에 끌리기도 합니다.

하지만 **신세기 에반게리온** 애니메이션의 최종화에서는 결국 자신만의 세계를 깨부수고 나와서 '타인'을 인정하고 공존해야 함을 깨닫고 성장하기에 이릅니다. 그 기묘한 '오메데토' 장면은 이것을 상징합니다. 특히 그 당시는 일본이 장기 저성장시대에 접어들게 되는 동시에 세기말이었던 우울한 상황이었기 때문에 일본의 젊은이들에게 희망적 메시지를 주기도 했죠. 결국 이 애니메이션이 젊은이들에게 말하는 것은 "나와서 함께 걸어라."라는 이야기입니다.

하지만 실제로 감독이 말하고 싶은 것은 더 축축하고 음울한 이야기였던 듯합니다. 「엔드 오브 에반게리온」에서는 TV 애니메이션과 연결되는 진짜 최종편을 보여줍니다. 이 쪽의 *이카리 신지*는 애니메이션에서보다 더 불안정한 존재입니다. 타인을 훨씬 더 두려워하고, 그러면서도 가까이 하고 싶어 하는 욕구를 보입니다. 흔히 *이카리 신지*를 찌질한 캐릭터라고 묘사하는데, 「엔드 오브 에반게리온」에서 드러나는 *이카리 신지*는 찌질함을 넘어선 무언가의 경지를 보여줍니다. 의식을 잃은 히로인 '아스카'를 보고 자위행위를 합니다. 성적인 은유이지만 *이카리 신지*를 제대로 묘사하는 장면입니다. 미움받기는 두렵지만 그녀를 욕망하기는 합니다. 그 두려움과 욕망이 사람의 어느 선 이상으로 벗어난 모습을 보이는 점은 애니메이션 특유의 극화입니다.

「엔드 오브 에반게리온」의 캐치프레이즈는 '그러니까 모두, 죽어버리면 좋을 텐데'입니다. 인간에 대한 단순한 두려움을 넘어 증오심까지 엿보입니다. 사실 인류를 지켜야한다는 이유로 학대당하고 희생양 삼아진 *이카리 신지*가 충분히 할법한 생각입니다. 그와 동시에 그는 '인류보완계획'의 장기말이기도 합니다. 그는 인류를 지키면서 인류를 없어지게 만듭니다.

신세기 에반게리온의 애니메이션판에서는 무언가 초현실적인 모습으로 내면세계를 묘사했다면, 「엔드 오브 에반게리온」은 서사가 적극적으로 진행됩니다. 직접 보시는 것을 추천드립니다. 결국 최후에는 *이카리 신지*가 잠깐이나마 생각했던 것처럼 인류는 모두 주황색 액체로 녹아버립니다. 모든 것이 하나로 뭉쳐지고 '타인'이 없어진 지구를 바라본 *이카리 신지*. 그의 내면에서는 '이것은 아니지 않는가'라는 생각이 퍼집니다. 이것은 마음속에서 '아야나미 레이'라는 캐릭터와의 대화문으로 진행됩니다. 마음속의 대화에서 그는 뒤늦게나마 희망을 되찾습니다.

'인간이 나를 상처 입혀도 상관없어. 우리는 서로를 이해할

수 있을지도 모른다는 희망을 갖고 있으니까'

　사람에게 상처 입는 것보다 서로를 이해할지도 모른다는 희망이 더 소중하다고 깨달은 *신지*는 인간의 모습으로 돌아옵니다. 아버지가 계획한 인류보완계획을 아들이 막아 세운 것이죠. 인류가 완전히 곤죽이 되기는 했지만 나름 희망적인 결말로 보이는데…….

　감독 '안노 히데아키'는 역시나 리얼리즘을 좋아하는지, 즉각적으로 하하호호하는 모습을 보여주긴 싫었나 봅니다. *신지*와 아스카만이 형체를 유지하고 살아 누워있는 와중, *신지*는 아스카의 목을 조릅니다. *신지*가 세상을 증오하고 인류보완계획이 이루어졌으면 좋겠다고 생각하게 만든 원흉이기도 합니다. 아스카가 *신지*를 이해해주지 않고 상처 입혔기 때문에 이 모든 일이 일어난 것이죠.

　분명히 타인과 소통할 수 있다는 희망을 갖고 살아난 *신지*이지만, 인간의 감정은 순식간에 사라지는 것이 아니겠지요. 자신을 상처 입힌 타인을 *신지*는 여전히 미워합니다. '타인'에게 상처 입을 수 있음을

받아들이고도 그 상처를 잊지 못합니다. 그러나 아스카는 그런 *신지*의 뺨을 쓰다듬어줍니다. 사실상 증오의 연쇄를 먼저 깬 쪽은 아스카인 것이지요. 그 모습을 본 *신지*는 목을 조르는 것을 그만둡니다. 용서가 폭력을 멈춘 상황입니다. 이 정도로도 충분히 아름다울 수 있는 결말이지만, 안노 히데아키 감독은 그런 미적지근한 것은 싫었나 봅니다. 이 직후 아스카의 대사는 다음과 같습니다. '기분 나빠'

　　「엔드 오브 에반게리온」은 위 대사로 막을 내립니다. 아스카는 그가 자신을 상처 입힌 것을 용서하긴 했지만 감정은 여전히 해소가 되지 않습니다. 이 엔딩은 상당히 기괴하긴 하지만, 작품에서 말하고자 하는 점을 아주 잘 찌른 시퀀스입니다. 인간은 서로에게 상처를 받고, 용서하려고 마음을 먹었음에도 미워하는 감정이 더 앞서기도 합니다. 그러나 결국 최후의 일선을 넘지는 않고 화합을 하려는 모습을 보입니다. 하지만 여전히 감정은 남아 있습니다. '기분 나빠'. 한국어에서는 그리 강한 표현이 아니지만 일본어에서는 '역겨워'와 비슷한 표현입니다.

　　결국 **신세기 에반게리온**의 서사를 이해하면 소년 *이카리 신지*가 인간관계를 어떻게 대하느냐의 문제입니다. 타인이 무섭다를 극한으로 당기면 '인류보완계획'이 실행되는 것이지요. 인류멸망급의 거대한 서사가 단순히 '*이카리 신지*'라는 개인의 심리에 달려있습니다.

기존의 SF 장르의 작품에서도 주인공이 세계멸망급의 서사에 맞서는 경우는 많이 있었습니다. 하지만 그것은 '외부에 존재하는 객관적 실체'를 주인공이라는 존재가 맞서는 것이었고 **신세기 에반게리온**에서는 역으로 주인공이 재앙을 불러오기까지 합니다. 구하지 못하면 세계가 멸망한다가 아닌, 주인공이 세계의 존망을 '선택한다'에 가까운 스토리로 변했습니다. 그리고 이런 스타일은 유행이 되어 많은 작품들에 영향을 끼쳤죠. 이것을 이른바 '세카이계'라고 부릅니다. 일본어로 세카이는 세계라는 뜻입니다.

☞ 세카이계

일본에서 SF의 시대는 저물어갔습니다. 그 유명한 「카우보이 비밥」이 일본 SF의 거의 마지막 불꽃이라고 불릴 정도죠. 일본은 더 이상 거대한 것에 대한 의문을 표하지 않습니다. 경제적으로도 저성장시대를 맞이하게 되었고, 뜬구름 잡는 소리보다는 작고 가까운 이야기들이 더 중요하게 되었습니다.

인간이 모두 맞이하게 될 기술의 발전 따위보다는 개개인의 등장인물이 가진 트라우마를 극복하는 것이 더 중요합니다. 누군지도 모르는 인류의 미래보다는 나의 사랑이 더 중요한 문제입니다. 지구 어딘가에 끔찍한 일이 일어나는 폭력의 연쇄 따위는 중요하지 않습니다. 나보다 잘나보이는 친구에 대한 질투와 열등감을 어떻게 해소하는가가 더 중요합니다. 하지만 문화의 변화는 다짜고짜 이루어질 수는 없습니다. 그러다보니 거대 서사가 내밀한 서사로 변해가는 중간 다리가 생기게 됩니다. 그것이 바로 '세카이계'인 것이지요. 거대한 이야기들이 별 것 아니게 보이는 나의 사소한 심리 상태로 인해 변화하는 것입니다.

세카이계의 대표작으로 저는 「지어스」를 꼽습니다. 일본명 「보쿠라노」입니다. 「지어스」는 에반게리온과 비슷하게 외부에서 지구를 멸망시키기 위해 나타나는 로봇을 물리치는 이야기입니다. 하지만 핵심적인 부분은 「지어스」를 조종하는 파일럿은 전투가 끝나면 사망한다는 것입니다. 예외는 없습니다. 이겨도 사망하고 져도 사망합니다.

「지어스」의 주인공들은 마땅한 이유 없이 사기계약 비슷한 것을 당해서 파일럿이 됩니다. 세상이 증오스럽지만 그들은 죽음을 받아들이고 지구를 지키기 위해 싸워야 합니다. 사실상 전투는 거의 뒷전이고, 이 작품에서는 파일럿인 아이들이 어떤 삶을 살아왔는지가 더 주목됩니다. 사실 자신이 없어질 세계를 왜 전력을 다해서 구해야 하는가에 대한 이야기지요. 내가 죽으면 세상도 없어지는 것이나 마찬가지인데요.

가족이 남겨지기 때문에 지켜야 한다는 말로 설득이 되는 아이도 있고, 그렇지 않은 아이도 있습니다. 애당초 상처가 너무 커서 자살을 결심한 아이도 있습니다. 그에게는 이 세계가 지켜야만 할 가치가 있는 것인지 모호합니다. 그래도 어차피 죽을 거 누군가를 살린다는 영웅심리로 세계를 구할 수도 있습니다. 하지만 「지어스」의 중반부는 충격적입니다. 그들이 맞서 싸우는 로봇은 사실 '평행세계'의 다른 지구의 로봇입니다. 지는 쪽은 멸망해서 사라집니다. 사실은 같은 운명을 맞이한 같은 인간끼리 싸우고 있는 것이지요.

내가 없을 세계를 지킨다는 목적뿐만 아니라 또 다른 60억 명을 죽이는 일이 되어버립니다. 파일럿인 아이들은 도대체 왜 그래야 하는 것일까요? 이 모든 거대한 고민들이 아이들의 삶과 연관되어 묘사됩니다.

이렇게 세카이계는 무거운 이야기를 개인의 삶에 담아내서 더더욱 몰입감 있고 충격적인 전개를 보여주지만 결국 세카이계는 가벼운 서사로 넘어가기 위한 중간자적 장르입니다. 서사는 필연적으로 가벼워지고, 더 욕망적으로 변해갑니다. 「스즈미야 하루히의 우울」이 그 포문을 열었습니다.

☞ **「스즈미야 하루히의 우울」**
세계에 신이 있습니다.
전능하긴 하지만 전지하지는 않습니다.
얼마나 전지하지 않냐면, 자기가 신인 것도
모르고 있습니다. 그러나 자신이 생각하는 대로 세상이 변하긴 합니다. 만약 이 '신'이 세상은 잔혹한 곳이야, 라고 인식하면 세상이 잔혹해집니다. 세상은 아름다운 곳이야, 라고 생각하면 세상은 아름다워집니다. 세상에 이런 신이 존재한다면 상당히 무섭겠지요. 그래서 많은 비밀 단체들은 그 사람이 자신이 신임을 깨닫지 못하게 노력합니다. 그리고 은근슬쩍 그 '신'을 자신들에게 유리하게 만들기 위해 노력합니다. 그 신의 이름은 '*스즈미야 하루히*'입니다.

스즈미야 하루히의 우울은 굉장히 재미있는 설정으로 시작합니다. 만약 전능한 신적 존재가 있는데, 자신이 신인 줄 모른다면? 그녀는 말 그대로 세계를 뒤흔드는 존재가 될 것입니다. 역설적으로 그녀를 뒤흔드는 존재는 말 그대로 신적 존재가 되겠죠.

우리의 주인공 '쿈'은 그녀를 뒤흔드는 존재입니다. 세상이 지루한 것 투성이라고 생각하는 *스즈미야 하루히*는 자신을 재미있게 해줄 독특한 사람들을 모집합니다. 신이 모집했기 때문일까요? 우주인, 미래인, 초능력자……. 각종 독특한 사람들이 몰려듭니다. 하지만 그 안에는 유일하게 별로 특별하지 않은 존재가 있으니, 지극히 평범한 고등학생인 쿈이지요. 하지만 그는 누구보다 특별한 존재입니다. 신의 호감을 샀기 때문이지요. *스즈미야 하루히*는 사실 쿈을 사랑하고 있습니다. 그렇기 때문에 쿈은 더더욱 중요한 인물이 되어버립니다.

스즈미야 하루히 시리즈는 설정에서 진한 세카이계의 향기가 풍겨옵니다. 쿈이 어떻게 하느냐에 따라서 지구가 멸망할 수도 있고 재앙이 닥칠 수도 있고 평범한 일상을 영위할 수도 있습니다. 쿈은 덕분에 *스즈미야 하루히*를 꾸준히 만족시켜줘야 하는 입장에 처하죠. 만약 그녀가 여름방학이 너무 재미있어서 계속 되었으면 좋겠다, 라고 생각이라도 한다면, 전 인류는 여름에서 무한루프를 하게 됩니다. 쿈은 그녀에게 여름방학을 끝내야 하는 이유를 만들어줘야 하지요.

세카이계는 무거운 서사를 개인적인 상황에 집어넣는다고 했지요. **스즈미야 하루히의 우울**에서도 인류멸망급의 무거운 설정은 가지고 있습니다. 하지만 그들이 하는 것은 유쾌하고 즐거운 일상을 보내는 것입니다. 설정과 이유는 '세계를 지키기 위해서'이지만 독자가 보는 것은 살짝 특별한 일상에 불과합니다.

자연스럽게 이야기가 가벼워진 만큼 나머지 밀도는 캐릭터로 밀어 넣습니다. 모에 요소와 매력적인 이미지로 구성된 캐릭터들이 세계에서 뛰어 놉니다. 설정은 그저 흥미로운 조미료일 뿐입니다. 세카이계는 자연스럽게 '일상'으로 무대를 옮기게 됩니다. 그 비중이 바뀌어버린 것이죠. 직관적으로 말하면, 무거운 서사와 사적인 일상의 영역의 비율이 9:1정도의 비율에서 1:9의 비율로 옮겨간 것입니다.

스즈미야 하루히의 우울이 공전절후의 인기를 얻게 되면서 사람들의 인식도 자연스럽게 변하게 되었습니다. 애니메이션이나 만화에선 더 이상 크고 어려운 질문을 던지는 것을 꺼리게 되었지요. 오히려 유쾌한 일상과 아무래도 좋았을 이야기를 더 중요시하게 됩니다. 심지어는 판타지 만화에서조차 주인공이 특별하지 않게 등장하기도 합니다. 마을 주민 1 정도의 위치에 있는 주인공들이 수두룩하게 등장하게 됩니다. 하지만 등장인물들의 외모만큼은 비현실적으로 바뀝니다. 서사의 밀도가 낮아졌기 때문에 사람들의 이목을 끄는 특별함은 캐릭터성에 몰리게 됩니다.

원래도 자유분방했던 일본 만화나 애니메이션의 머리 스타일이나 패션은 현실을 완전히 초월해 버렸습니다. 사람들의 이목을 끌기 위해서는 한눈에 보이는 것이 더 중요합니다. 라이트 노벨이나 만화의 제목은 점점 길어지게 됩니다. 이 작품이 어떤 작품인지 즉각 보여줘야 하기 때문입니다.

그 이전에도 어느 정도 '서브컬처'라고 불렸던 일본 오타쿠 문화는 본격적으로 욕망에 의한 소비 형태를 보여주게 됩니다. 시청자가 원하는 것을 바로바로 긁어주는 형태로 진화해야하기 때문입니다. 자연스럽게 반대 방향으로도 영향을 끼칩니다. 소년만화도 이에 영향을 받아 고통스러운 굴욕이나 수련은 거의 사라지게 됩니다. 급기야는 「원펀맨」같이 그냥 나서면 모든 것이 정리되는 작품이 나오기에 이릅니다. 물론 「원펀맨」은 주변 인물의 서사가 더 중요한 작품이긴 하지만요.

오타쿠의 욕망을 읽다

웹소설, 라이트 노벨, 만화들은 이런 키워드들이 성행하게 됩니다. '치트급 능력', '나 혼자만', 'SSS급' 등의 키워드입니다. 만족과 장르적 쾌감이 서브컬처에서 가장 중요한 포인트가 됩니다. 물론 절대적으로 욕망적인 작품들만 있다는 것은 아닙니다. 당연히 최근에도 꾸준히 서사를 중심으로 한 이야기는 나오고 있습니다. 창작자는 여전히 본질을 고민하고 사람들과 대화를 나누고 싶어 합니다. 그러나 그런 거대 서사를 담은 작품들조차도 욕망을 담지 못하면 도태됩니다. 사라질 것이라고 생각했던 모에 그림체는 오히려 전 세계를 뒤덮고 있습니다. 모두의 공감대보다는 특정하고 확실한 욕망이 더 중요한 시대입니다. 1장에서 말했던 '서브컬처'의 시대가 도래했습니다.

스즈미야 하루히의 우울은 바로 그 선두에 서 있었다는 점에서 역사적인 작품입니다. 욕망적인 것을 부정적으로 보시는 분들도 계시겠지만, **스즈미야 하루히의 우울**은 이러한 의의도 있습니다. 뜬구름 잡는 소리와 우울한 거대 서사에 매몰되어 있던 오타쿠들이 현실의 즐거움에 눈을 뜨게 해줬다는 의의지요. 거대로봇을 조작하면 어떨까? 같은 상상을 하던 오타쿠들은 이제 학교에서 즐거운 일이 일어난다면 어떨까?와 같은 상상을 합니다. 물론 둘 다 망상에 가까울지라도, 어느 쪽이 더 현실에 가까운 지는 자명합니다. 이제 본격적으로, '서브컬처인 오타쿠 문화'를 이야기 해봅시다.

7장

여성 오타쿠들의 욕망을 읽어라

☞ 사랑이 필요해

사람들에게 물어봅니다. "어떤 책을 읽으세요?" 지금은 꽤 오래된 이야기지만, 이런 프로그램이 있었습니다. 「책책책 책을 읽읍시다」라는 느낌표의 한 코너였지요. 이 코너에서 나온 한 청년은 만화책을 즐겨 읽는다고 말했습니다. 그리고 터져 나온 것은 폭소였지요. 「책을 읽읍시다」라는 구호 속에 만화책은 포함되어 있지 않았던 것입니다.

이것은 만화에 대한 시각을 반영합니다. 지금 와서 생각해보면 2000년대 초반의 만화들은 훨씬 작품성 있다고 생각되는 데도 말이지요. 한국 만화계는 이 일에 적극적으로 반대성명을 내었지만 만화를 즐겨 보는 소비자들은 그러려니 한 감도 있습니다. 시쳇말로, 만화가 '다른 책들보다 후달리는 것은 사실 아닌가?' 하고요.

문화에 절대적인 우열이 존재하지는 않겠지만, 대체로
만화는 한 수 아래라는 인식이 만연합니다. 이것은 만화를
즐겨보는 층에서 뼈저리게 느끼고 있지요. 아마 그 이유는
만화가 다른 것들에 비해 유달리 욕망적이기 때문일 것입니다.
만화를 싫어하는 측에서는 '비현실적이고 공상적이며
변태적이다'라고 말하는 것을 조금 있어보이게 말한 것입니다.
그리고 실제로 그런 경향이 있는 것은 부정할 수 없습니다.
만화는 다른 작품들에 비해서 장르적 쾌감이 조금 더 중시되는
장르입니다. 문학이나 영화에서도 장르적 쾌감을 중심으로
구성된 경우도 많지만 문학이나 영화를 깊게 파고들면 어렵고
복잡한 작품들로 들어가게 됩니다.

반면 오타쿠는 어떤가요? 처음에는 소위 '일반인'도
인정하는 만화를 보지만, 점점 일반인이 극혐하는 장르로
파고들어가게 됩니다. 어려운 순문학이나 누벨바그 영화들도
일반인의 조롱에 노출되는 편이지만 오타쿠가 조롱받는 이유는
조금 다릅니다. 위 쪽은 있어 보이는 척하는 것이 조롱받는
것이지만 오타쿠는 너무나도 투명하기 때문입니다. 그
'욕망'이라는 녀석이요.

SS급 헌터가 어쩌구…… 이 세계에서 하렘을 어쩌구……
힘을 숨기고 어쩌구……. 요즘 오타쿠들이 보는 작품들에
흔하게 등장하는 표현들입니다. 이 투명한 욕망들의 근원부터

파고 내려갈 필요가 있겠지요. 소년만화와 세카이계 편부터
이야기했던 것이지만, 당연히 그 근원은 인정욕구입니다.
이런 인정욕구가 발현되는 방향은 조금 다르게 변해왔는데요.
소년만화처럼 성장해서 인정받으려고 하는 경우. 세카이계처럼
다짜고짜 자신에게 세계의 운명이 맡겨지는 경우. 이 경우는
기존에 말했으니 조금 다른 인정욕구를 말해봅시다. 그것은
바로⋯⋯ 사랑입니다.

☞ 소녀만화는 조금 글루미, 「리본의 기사」

소년들이 보는 만화는 소년만화라고 했지요.
그렇다면 소녀들이 보는 만화는 무엇일까요? 순정만화라고
답하실 분들이 많을 것입니다. 일본에서는 소녀만화라고
불렸지만 우리나라에서는 순정만화라고 불리는 경우가 많기
때문입니다. 저는 원전을 조금 더 중요시하는 편이기 때문에
소녀만화라고 부르도록 하겠습니다. 이견은 있지만, 많은
사람들에게 알려진 바처럼 소녀만화의 시작 역시 데즈카
오사무입니다. 그가 그린 **리본의 기사**가 소녀만화 시장을
크게 키운 작품이지요. 물론 그 이전에도 당연히 소녀만화는
있었습니다.

리본의 기사의 간단한 시놉시스는 다음과 같습니다. 요정의
장난으로 남자의 마음과 여자의 마음을 모두 가지고 태어나버린
공주 '사파이어'. 그녀는 왕녀로 태어났음에도 불구하고 여자가

왕위를 물려받을 수는 없었기 때문에 남자처럼 자라게 됩니다. 그런 그녀가 사실은 여자라는 것을 눈치 챈 사람이 있었습니다. 그것은 바로 이 나라에서 왕 다음의 실권을 가진 2인자 두랄민 대공. 그녀가 여성임을 밝혀내고 아들에게 왕권을 넘겨주기 위해, 그는 수많은 소동을 일으킵니다.

이 와중에 *사파이어*는 무도회에 변장을 하고 참석했다가 이웃나라 왕자님을 만나게 됩니다. 둘 사이에는 수상한 기류가 풍기게 되지요. 프란츠 왕자는 *사파이어 왕자님*이 그 갈색 머리의 여자랑 동일한 인물이라곤 상상도 하지 못합니다. 이런 사연 많은 상황에서 악당이 나타나자, *사파이어 '왕자'님*은 리본의 기사가 되어 사건들을 해결하고 헤쳐 나간다는 이야기입니다. 최후에 *사파이어 왕자*는 자신이 갖고 있던 남자 쪽의 마음을 요정에게 넘겨주고 완전한 여자아이로 바뀌어버립니다.

리본의 기사는 대강의 시놉시스만 보아도 상당히 의미심장한 작품입니다. 이 작품은 대강 알 수 있다시피, 성역할과 성 고정관념에 대한 우화이지요.

간단하게 말하면, 남자의 마음을 가지고 있기도 하지만

여자의 마음을 가지고 있기도 한 *사파이어*가 여자로 변하는 이야기라고 말할 수 있습니다. 그렇습니다. 소녀만화의 근본인 **리본의 기사**는 소녀가 성장하는 이야기입니다. 마치 소년만화가 소년이 성장해서 남자가 되는 이야기이듯, 소녀만화는 소녀가 성장해서 여자가 되는 이야기인 것입니다.

리본의 기사는 판본이 다양하지만, 결국 여자아이가 되기로 결정한다는 점만큼은 똑같습니다. 요즘의 감성이라면 **리본의 기사**는 남자와 여자라는 성 고정관념을 깨고 자신만의 강함으로 세상을 극복하는 이야기가 될 법합니다. 하지만 그녀는 꾸준히 프란츠 왕자의 영향을 받고, 프란츠 왕자를 구출하거나 도와주는 역할을 맡습니다.

작품의 초반에 나오는 이야기는 상당히 진취적입니다. "여자는 왕이 될 수 없다구요? 학식도 높으신 분이 그런 케케묵은 생각에 빠지시다니." 왕실 유모가 왕실 박사에게 한 말입니다. 하지만 이 작품의 최후에선 *사파이어*는 왕이 되는 것보다는 '여자아이'로 돌아가서 왕자와 결혼하는 것에 더 주안점을 둡니다. *사파이어*가 "웨딩드레스를 입고 여자의 모습으로 맹세를 하겠어요."라고 하는 장면에서는 살짝의 실망감까지 느껴질 정도입니다.

리본의 기사에서는 *사파이어*가 결국엔 왕자와 결혼하게 되면서 행복해진 것으로 보이지만, 그때나 지금이나 '*사파이어*의 끝이 이걸로 족한 것이 맞나?'라는 생각이 들게 됩니다.

왕국에서 내려오는 성차별이 완전히 해소되었다는 암시도 없고, 프란츠라는 인물에게 주체성을 빼앗겨버린 기분도 들지요.

이런 찝찝한 감정들을 남김에도 불구하고, 해피엔딩으로 만들어주는 것이 바로 '사랑'입니다. 그래서 소년만화에서는 사랑이 끼어드는 틈이 별로 없지요. 소년만화에선 사랑은 거의 곁다리로 취급됩니다. 주인공이 극복해내면 사랑도 저절로 이루어지는 것처럼 묘사되지요.

반면 소녀만화에서 사랑은 핵심적인 주제인 경우가 많습니다. 사랑이 나오지 않는 작품도 물론 있지만요. 소녀만화에서 사랑은 소녀가 여자가 되는 매개체로 나오고, 사랑은 절대적인 행복을 주기도 하지만 고통을 주기도 합니다. 소녀는 사랑이 주는 고통을 받아들이면서 세상을 달리 보게 되지요. 소녀만화에서 나오는 전형적인 해피엔딩으로 달리는 구도입니다.

만화는 욕망을 대변합니다. **리본의 기사**에서 읽히는 욕망은 매우 양가적입니다. 소년처럼 행동하는 '여자로 전락하기 전의' *사파이어*를 보고 싶다는 저항적이고 대리만족적인 욕망이 읽히는 동시에 멋진 왕자님을 만나 아름다운 웨딩드레스를 입은 공주가 되고 싶다라는 욕망이 읽히기도 하지요.

이 초창기의 작품은 양 쪽의 욕망을 모두 담고 있으니, 이번에는 한 쪽으로 특화된 작품들을 마주해 보도록 합시다.

☞ 우리도 신데렐라! 「꽃보다 남자」

제 세대의 사람들이라면 만화보다는 드라마로 유명할 작품, **꽃보다 남자**입니다. 자세한 스토리는 드라마판과는 꽤 차이가 있지만, 기본적인 설정은 똑같죠. 누구보다 평범한 서민 가정의 소녀 *마키노 츠쿠시*. 수수한 편이지만 당찬 소녀인 그녀는 부모의 기대에 힘입어 에이토쿠 사립 고교라는 곳으로 진학하게 됩니다. 그 학교는 다름 아닌 재벌가 아이들만 다니는 학교. 그 내부에서도 서열은 확실해서 가장 부유하고 잘난 아이들이 모여 다니는 F4라는 집단도 있다고 합니다.

그 F4라는 놈들 중 가장 잘나가는 인간인 *도묘지 츠카사*. 그가 안하무인으로 행패를 부리고 다니자 서민 소녀의 올곧음으로 발차기를 날려주게 되고, 그녀는 츠카사의 사냥감이 되고 맙니다. 그렇게 츠카사에게 괴롭힘도 당하고 뭐 이래저래 엮이다보니 결국 그 놈이랑 사귀게 되는 이야기지요.

이 작품은 드라마판으로 보신 분들도 많으실 테니, 너무나도 당연히 욕망을 읽으실 수 있을 것입니다. 네, 신데렐라 이야기입니다. 가난한 소녀인 신데렐라가 우연한 기회로 왕자님을 만나게 되고, 사랑에 빠지게 되지요. 그렇게 사랑에 빠진 왕자가 신데렐라를 찾아 헤매다가 결국 인생역전을 하게 된다는 이야기. 여성을 노린 작품이라면 꼭 들어가는 클리셰 중 하나입니다. 어차피 사랑으로 인해서 수동적으로 인생이 바뀌어야 한다면 잘난 남자와 사랑해서 바뀌는 것이 낫지 않겠냐는 욕망이 투명하게 드러나지요. 하지만 **꽃보다 남자**는 그런 신데렐라 스토리에다가 조금 더 재미있는 조미료를 쳐놨습니다.

신데렐라 이야기는 당연히 신분의 차이가 어마어마합니다. 게다가 왕자가 능동적으로 주인공을 찾아주어야 할 뿐 아니라, 신데렐라가 선택받는 이유는 딱히 개연성도 없습니다. 아마 그냥 외모가 어여쁘지 않았을까 싶네요. 단순히 이런 신데렐라 스토리로는, 결국 신데렐라가 왕자의 부속품이나 다름없게 됩니다. 수동적인 선택지를 고르긴 했지만, 그래도 나름의 능동성을 첨가하는 판타지가 필요한 것입니다.

그것을 위해 *마키노 츠쿠시*는 당찬 인물이 되었습니다. 어여쁜 외모가 아예 아닌 것은 아니지만, 평소에는 수수한 모습이 더 강조되지요. 이것은 여주인공의 능동성을 살려줍니다. 지금은 굉장히 클리셰적인 표현이 되었지만 "나에게 이렇게 모멸을 준 여자는 네가 처음이야."라는 감성은 여주인공에게 능동적인 존재라는 환상을 부여하죠.

또한, 더 이상 신데렐라 스토리의 '왕자님'은 단순히 완벽하기만 한 존재는 아닙니다. 「리본의 기사」의 프란츠 왕자도 거의 완벽한 존재였지만, 순정만화들은 시대가 지나면서 남자 주인공들에게 성격적 콤플렉스를 추가하게 됩니다.

수동적인 여성향 작품들에서 여자 주인공은 남자 주인공의 사이드킥 같은 모양새를 보인다고 했지요. 「리본의 기사」에서는 외부의 적이 있었지만, 사랑에 집중한 작품들은 딱히 외부의 적이 있지는 않습니다. 그렇기 때문에 사랑을 통해서 내적인 문제를 극복하는 역할을 부여하지요. 여자 주인공의 심리적 문제를 구원해주는 구원자적인 남자 캐릭터는 소녀만화에선 이제 거의 사장되었습니다. 최소한 '서로 구원해주는' 남녀거나, 남자의 문제를 여자가 해결해주는 경우가 더 많습니다.

꽃보다 남자에서의 마키노 츠쿠시 역시 대체로는 해결자의 모습을 보입니다. 큼직큼직한 일들은 남자 주인공인 도묘지 츠카사가 해결해주는 경우가 많지만, 이 작품의 메인 흐름인 '제정신이 아닌 재벌 2세 도묘지 츠카사'의 마음을 치유하고 보듬어주는 것은 바로 마키노 츠쿠시입니다. 이것도 절대 신선한 메시지는 아니긴 합니다. 아주 예전부터 '남편 사람 만드는 건 아내 몫이다' 같은 가부장적인 메시지가 있었지요. 신데렐라 스토리에서 챙길 수 있는 최소한의 능동성을 챙긴 모습이 **꽃보다 남자**인 것입니다.

대체적으로 남자 주인공이 큰 사건을 만들고, 해결하는 모양새를 보이는 소녀만화가 많습니다. 하지만 그 안에서 핵심적인 인물은 그 남자 주인공을 컨트롤하고 치유하는 '소녀'이길 바라는 욕망이 소녀만화에는 담겨 있습니다. 마치 「미녀와 야수」 같기도 하지요. 개구리 왕자님 같기도 하구요. 비록 남자에 종속된 모습을 보이긴 하지만, 그런 남자를 실질적으로 조종하는 것은 여성이다, 라는 시각은 가부장적인 메시지긴 하지만 매력적입니다. 게다가 재벌 2세라니 물질적이기도 하구요. 여성의 주체성을 앗아가는 가부장제이긴 하지만, 그것과 타협하면서 욕망을 추구하는 것이 이런 신데렐라 스토리의 발전입니다.

☞「소녀혁명 우테나」

옛날 옛적 어딘가에, 아버지와 어머니를 여의고 깊은 슬픔에 빠진 어린 공주님이 있었습니다. 그런 공주님 앞에 백마를 타고 여행 중인 왕자님이 나타났습니다. 늠름한 모습, 상냥한 미소……. 왕자님은 공주님을 장미 향기로 감싸서 눈물을 없애주었습니다.

"혼자서 깊은 슬픔을 이겨내는 그대여. 그 강인함, 우아함을 어른이 되어서도 잊지 말아요. 오늘의 추억으로 이것을……."

"우리들, 다시 만날 수 있을까요?"

"그 반지가 그대를 나에게 인도해주겠지."

왕자님이 주신 반지는 역시 약혼반지였을까요?

그건 그거고, 공주님은 왕자님을 동경한 나머지 자기도 왕자님이 되겠다고 결의하고 말았답니다. 그런데, 정말로 그걸로 괜찮은 걸까요?

소녀혁명 우테나를 보면 초반에 지겨울 정도로 나오는 프롤로그입니다. 이 작품의 주인공 '텐죠 우테나'의 이야기를 설명하는 내용이죠. 우테나는 오오토리 학원의 스타입니다.

아름다운 여자아이의 모습을 하고 있지만 입고 다니는 옷은 언제나 남학생의 옷. 스포츠 만능에 사교성도 좋은 그녀는 학교의 '왕자님'이라고 불립니다.

그런 그녀는 우연히 학교를 지나가다, 남자에게 따귀를 맞는 여자아이를 보게 됩니다. 따귀를 맞고도 얌전히 있는 그녀의 이름은 *히메미야 안시*. 그녀는 자신을 때린 남자의 소유물이라고 하죠. 그녀를 구하기 위해서는 '자격'이 있는 자들만이 할 수 있는 '장미의 결투'를 치러야 합니다. '장미의 결투'에서 이긴 사람은 '장미의 신부'를 가지게 되는 것이지요. 장미의 신부는 다름 아닌 *히메미야 안시*입니다. 우테나는 용감하게 그와의 결투에서 이기고 *히메미야 안시*를 그에게서 구해냅니다. 이것이 바로 이 작품의 제목인 **소녀혁명**일까요?

소녀혁명 우테나는 직설적인 성 고정관념에 대한 은유를 담은 설정을 가지고 있습니다. 왕자님과 공주님, 결투, 그리고 '장미의 신부'까지. 왕자님은 공주님을 구해주는 존재이고, 그 구해주는 수단은 결투입니다. 또한 공주님을 구해준다고 말하지만 실제로는 빼앗는 것에 더 가까워 보이기도 합니다. '장미의 신부'는 결투에서 이긴 상대의 말에 절대복종하기 때문입니다.

고전적인 남녀관계를 은유한 이 설정 속에서 우테나는 '이단아'입니다. 여성의 몸으로 공주가 아닌 왕자를 동경합니다. 왕자와 같이 결투하여 신부를 탈환하기도 합니다. 하지만 작품에서는 이것을 미묘하게 찝찝하게 표현하죠. 히메미야 안시는 우테나에게 '결투의 승자' 이상의 대우를 해주지 않습니다.

우테나 이전에 안시와 '약혼'한 수많은 남자들처럼, 자신을 빼앗은 인간으로만 취급합니다. 우테나는 그저 '왕자'에 불과할 뿐인 것입니다. 우테나가 '왕자'가 되고 싶어 하는 것은 이단아적인 행동이긴 하지만, 그 결과물은 주인이 여자로 바뀌었을 뿐이라는 것을 암시하고 있지요.

우테나는 어린 시절 본인이 '공주'였을 때 만난 왕자님을 동경하기 때문에 왕자님이 된 것입니다. 즉, 우테나는 가부장제 속의 성 고정관념을 역전시킨 인물이긴 하지만, 성 고정관념을 부순 인물일 수는 없습니다. 더 나아가서, 가부장제 속 성 고정관념을 은근히 원하는 인물로도 그려지지요. 왜냐하면 그녀는 꾸준히 왕자님을 동경하고 있었고, 말이 동경이지 사실상 사랑하고 있었기 때문입니다.

자신이 생각하는 왕자인 남자에게 패배한 즉시 여자아이로 전락해버리는 우테나의 모습을 통해, 그녀는 결코 체제에서 자유로운 인물이 아님을 보여줍니다. 오히려 남성에게는 까다로운 정복욕을 불러일으키는 대상에 불과하게 그려질 때도 있죠. 더 나아가서, 실제 왕자님인 히메미야 안시의 오빠인 아키오를 만나기도 합니다. 그리고 **소녀혁명**에서 아키오와 우테나는 성관계를 하죠. 이 부분은 **소녀혁명 우테나**에서 가장 절망적으로 그려지는 포인트이기도 합니다.

이 작품에서는 가부장제 하의 여성의 굴욕에 대해서 주로 다루고 있지만, 실제로는 남성의 짐에 대해서도 꽤 많은 시간을 할애해서 보여줍니다. 왕자님인 아키오는 세상의 모든 공주님을 구해주어야 하기 때문에 자신의 몸뚱이 하나 건사할 시간이 없습니다. 왕자님은 너무 바빠서 잠들 시간도 없고, 세상의 모든 위험을 견뎌내야만 합니다.

안시는 사실 아키오를 가둔 적이 없지만, 그가 고통받는 것이 싫어서 이제 왕자님은 없다고 말한 여자입니다. 세상에 왕자님이 왜 필요하냐고 물은 히메미야 안시는 그 즉시 마녀가 되어버리고 맙니다. 세상에 만연한 공주님들뿐만 아니라 왕자님들조차 안시를 찔러 죽이려 듭니다.

끝에, 우테나의 혁명은 실패합니다 아무 것도 바뀌지 않습니다. 세계는 여전히 공주와 왕자로 가득하고, 아키오는 여전히 멋진 왕자님입니다. 하지만 바뀐 것이 딱 하나 있습니다. 그것은 히메미야 안시가 세계를 바라보는 모습입니다. 지금까지는 주저앉아 '장미의 신부'라는 트로피로만 있었던 그녀가 아키오를 등지고 말합니다.

"이 편안한 관짝 안에서 언제까지나 왕자님 놀이나 하고 계세요."

소녀혁명 우테나는 소녀만화의 신데렐라 이야기의 한계와 모순을 지독할 정도로 따지고 드는 작품입니다. 적당히 '우테나가 왕자님해서 행복해졌습니다' 따위의 결말은 눈뜨고 못 보죠. 여성향 작품에서도 이단아적인 부분이 있지만, 여성의 욕망을 읽을 수 있는 작품입니다. 사랑은 휘둘리는 것이다.

☞ 백합, 순수함

「소녀혁명 우테나」는 가부장제라는 체제를 깨부수는 동시에, 기존에 사용되었던 방식도 차용했습니다. 남녀관계에서 여성이 종속되고 복속되는 모양새를 보이는 것은 불편하게 느껴지더라도…… 사랑 그 자체가 잘못된 것은 아닐지도 모릅니다. 그런 여성들에게 동성애는 꽤나 좋은 대안이 되었습니다. 남녀관계에서 저절로 성 고정관념이 떠올라 불편해진다면, 양 쪽을 동성으로 만드는 것만으로도 꽤나 많은 부분이 해소되었기 때문이죠.

최초의 BL로 유명한 1976년의 「바람과 나무와 시」부터 시작하여, 두 미소년 캐릭터가 사랑을 나누는 작품들을 처음에는 야오이라고 불렀습니다. 야마나시, 오치나시, 이미나시. 주제도 결말도 의미도 없다는 뜻이지요. 원래 야오이는 그 의미 그대로 2차 창작을 뜻하는 표현이었습니다. 하지만 여성 작가진의 많은 2차 창작물은 BL이었고, 야오이는

BL을 뜻하는 표현이 됩니다. 반대로 남성이 그린 남성을 위한
동성애 작품은 장미라고 부르지요.

BL이 여성향인 것은 누구나 알고 있는 사실입니다. 하지만
여성들 간의 사랑을 다룬 백합이 여성향에 더 가깝다는 사실은
조금 의아한 부분이지요. 남성 독자들이라면 '레즈비언을
성적으로 보는 것은 남성이 더 흔하지 않은가?'라고 생각할 법한
문제니까요.

하지만 백합이라는 말이 흔하게 사용되고 있는 것이,
백합이 여성향임을 방증하고 있습니다. 백합이라는 표현은
남성들을 위한 남성 동성애 작품을 위해 만든 장르인 '장미'의
반대격 표현이기 때문이지요. 그 말인 즉슨, 백합은 여성들을
위해 그린 여성 동성애 작품을 의미한다는 뜻입니다.

과거부터 동성애는 여성들에게 대안적으로
사용되었습니다. 남성에게 동성애는 소위 '플라토닉'한 영역만
인정받았고, 대부분은 악마의 짓거리로 묘사되었던 것과는
차이가 있지요. 레즈비언이라는 말의 시작인 레스보스 섬.
레스보스 섬이 레즈비언의 어원이 된 이유는 그 섬에 사포라는
시인이 살았기 때문입니다. 사포라는 시인의 삶에 대해서는
설이 분분합니다만, 대체로는 동성애자에다가 여성들을
가르치는 지식인이라는 이미지가 있었지요.

일제강점기 경성에서는 신식 교육을 받은 '신녀성'들이
구식 조선 남성들을 거부하고 여학교 내부에서의 동성애가

횡행했다고들 하지요. 지금도 남성과 관계를 맺는 것 자체가 가부장제에 복속되는 것이라고 믿는 페미니스트들이 '정치적 레즈비어니즘'이라는 것을 내세우며 동성애를 해야 한다고 주장하는 것도 일맥상통합니다.

물론 순수하게 동성이 좋아서 동성애를 하는 사람들도 있었을 것이고, 과거의 그 사람들이 대안적으로 동성애를 선택했다고만 주장할 수는 없습니다. 하지만 남성들의 동성애에 비해 여성들에게 동성애는 체제에 대한 저항적 행위이기도 했다는 것입니다. 더 나아가서 이성애 자체에 대한 공포심을 남성보다 여성이 훨씬 많이 갖고 있는 것도 하나의 이유가 됩니다.

남성으로 태어나서 성에 대한 공포나 성관계에 대한 구체적인 두려움을 가진 사람은 그리 많지 않겠지요. 반면 여성은 환상처럼 퍼진 경험에 대한 고통이라든지, 남성에 비해 고통을 수반하는 2차 성징이라든지, 결혼과 출산이 가져오는 고통같이 구체적인 두려움을 가진 경우가 많습니다.

그러나 사랑은 달콤한 법. 우리는 환상을 통해서 충분히 이것들을 극복해낼 수 있습니다. 그것에 가장 적절한 대안이 바로 동성애였던 것이지요. 여성들끼리의 동성애, 백합은 남성이라는 폭력적 존재를 배제합니다. 남녀관계에서 남성은 언제나 정복자, 여성은 과실로 은유됩니다. 그 폭력적인 존재를 없애고 고통을 수반하는 관계도 제거한다면 남는 것은 비교적

보돌보돌한(?) 행위와 감정만 남게 됩니다. 백합이 비교적
순수한 장르처럼 보이는 이유도 이와 같습니다.

오티쿠들은 이것을 본능적으로 알고 있습니다. 백합을
보는 사람은 두 패거리로 나뉘어서 싸우죠. 백합에 남자 난입이
있어야 하느냐 없어야 하느냐로…….

백합에 남자 난입이 있어야 한다는 쪽은, 대부분 남성
시청자일 가능성이 높습니다. 그들에게 백합 관계란 서사를
부여하기 위한 요식 행위에 불과하며, 그 여성 둘을 모두 취하는
남성의 존재가 핵심이라고 생각하는 것입니다. 반대로 백합에
남자 난입이 없어야 한다는 쪽은, 위에 말한 대로 백합을
이성애의 대안처럼 바라보는 경우입니다. 이들은 순수한 사랑을
즐기는 쪽인 것이고, 정복자인 남성은 근본적으로 배제되어야
하는 존재이기 때문에 도저히 받아들일 수가 없는 것이지요.

덕분에 이 대안적 공간에서 가장 현실적인 문제는 가장
빠르게 배제됩니다. 동성애가 맞닥뜨릴 가장 빠른 문제는
세상의 핍박입니다. 그들은 늘 옷장 안에 갇혀 있어야 하고,
자신을 오픈하는 것은 상당한 위기를 가져옵니다. 과거 BL이나
백합을 다루는 작품들에서는 이런 것을 비교적 빠트리지
않았지요. 그래도 명색이 동성애를 다루는 작품들인데 퀴어
인권에 대한 이야기를 해야 하지 않겠어요?

하지만 현대로 오면 올수록 이런 핍박은 묘사조차 찾아보기
어렵게 됩니다. BL과 백합은 태생이 대안적인 공간이고, 실과

익이 동시에 존재하는 현실에서 실을 제거하는 모습입니다.
굳이 둘 사이의 어려움을 묘사하는 것이 무슨 이익이 있겠냐는
냉철한 판단이지요.

☞ BL에 남자는 있을까?

BL은 백합과 마찬가지로, 이성애 관계에서 오는
충격을 조금 덜어낸 것입니다. 다만 백합에서는 순수한 사랑과
관계성에 중점을 두는 반면 BL은 이성애의 그 모든 면모들을
남성으로 변환만 한 것뿐이라는 차이점이 있지요. 가령 한국에서
BL 중 가장 유명했던 작품을 꼽아봅시다. **돈이 없어**입니다.
돈이 없어의 스토리는 매우 익숙한 구조입니다. 주인공인
미소년 남자아이 *아야세 유키야*가 사촌의 빚을 갑자기 떠안게
됩니다. 그가 떠안은 빚은 무려 한국 돈 12억에 달합니다. 이
빚을 단번에 갚아주겠다며 나타난 사채업자 남자 카노 소무쿠.
그는 전액 현금으로 *아야세 유키야*의 빚을 갚아주고는, 그의
몸을 사들였다며 그를 감금합니다. 돈으로 사들였으니 대체
뭔들 못하겠어요? 폭행, 성폭행, 구속 등등……. 사실상 *아야세
유키야*는 노예가 됩니다.

남자들에게 이 이야기 구조는 매우 직설적입니다. '뭐야,
그냥 예쁜 여자를 내 맘대로 하고 싶다는 욕망이잖아'. 성인용
만화에서 흔히 나올 법한 위 설정은 주인공의 성별만 바꾸면
이성애의 가장 두려운 부분과 정확히 동일합니다. 폭력적이고

지배적인 남성상, 구속당하는 여성, 만나주지 않으면 죽여 버릴 거라는 협박과 가스라이팅까지. 주인공 아야세를 여성으로 바꾼 것만으로도 상당한 문제작이 될 이 이야기 구조에 여성들은 열광했습니다. 왜일까요?

세상에는 명이 있으면 암이 있는 것이 당연합니다. 위에서 말한 것들은 물론 자신이 당한다면 두려울 일이지만, 남의 일이라면 다르게 해석할 여지가 있습니다. 폭력적이고 지배적인 남성상은 보통 나쁘게 묘사되지만, 그것을 남자답다고 좋아하는 사람도 엄청나게 많습니다. 그렇기 때문에 백합에서는 흔히 보기 힘든 하드코어한 묘사들이 BL에서는 너무나도 당연하게 나옵니다. BL에서는 논란될 법한 소재들이 나오기 일쑤이고, 유혈 묘사나 죽음에 대한 묘사도 굉장히 흔합니다.

이 모든 것이 여성들에게 수용될 수 있는 이유는, 여성이 나오지 않기 때문입니다. 만약 아야세와 동일한 역할에 여성 캐릭터가 놓여있었다면, 우리는 이 작품을 쉽게 받아들일 수 없었을 겁니다. 인간은 남녀노소 불문하고 여성에게 가해지는 폭력을 더 보기 힘들어하기 때문입니다. 하지만 폭력적이고 거친 상황, 지배적이고 위협적인 남성상, 피폐하고 생사를 오가는 사랑 따위의 자극적인 소재와 가부장적인 캐릭터성에 매력을 느끼는 사람들은 있는 법이지요. 그들에게 BL은 거칠고 고정관념적인 서사를 사용할 수 있으면서도 불쾌함은 최소화되는 대안적 공간으로 작용합니다.

그래서 BL에서는 사실상 이성애 관계를 남자 동성애 관계로 치환해놓았을 뿐인 관계가 묘사됩니다. BL에서 절대 빼놓을 수 없는 개념이 '공'과 '수'입니다. 성관계를 할 때의 상황에서 나온 말이기 때문에 직관적으로 이해할 수 있을 것입니다. 공은 이성애 속의 남자 역할, 수는 이성애 속의 여자 역할입니다. 백합에서도 공, 수를 나누는 경우는 있다지만 BL만큼 필수적인 요소로 자리 잡진 않았습니다.

하지만 이것도 약간은 옛날 이야기가 되었습니다. 이것도 약간 유행이 지난 감이 있지만, 현대 BL계에서 인기 1위를 차지하는 「안기고 싶은 남자 1위에게 협박당하고 있습니다」는 그림으로만 보아선 어느 쪽이 공이고 수인지 구분하기 어려울 수준입니다. 완연히 이성애 관계를 남자 대 남자의 관계라고 눈 가리고 아웅하는 식의 대안적 공간은 이제 받아들이기 어려운 것이지요.

그렇다면 여기에서 문제가 생깁니다. '공'은 이미 거칠고 폭력적이기까지 할 정도로 여성들이 매력적이라고 느끼는 남자다움을 보여주는 존재입니다. 또한 소녀만화에서 보통 주인공은 여자 캐릭터이듯이 BL의 주인공들은 대개 '수'입니다. 그렇기 때문에 '수'의 심리 상태는 매우 중요한 문제입니다. 수가 남자답다는 것을 보여주는 것이 이 대안적 공간이 제대로 기능하고 있음을 보여주는 척도이기 때문입니다. 수가 여성스러워 봐야 이성애 속 여성에 남자 스킨을 씌운 것뿐이겠지요.

　어떤 의미에서, 특히 남성인 제가 보기에 BL 속에 있는
남자 캐릭터들은 전혀 남자처럼 보이지 않습니다. BL에서
이런 장면이 필요하다고 가정해 봅시다. 남자가 성욕을 보이는
장면이라고 합시다. 이럴 때 BL에서 묘사하는 것은 보통
남자들이 할 법한 것과는 하늘과 땅만큼의 차이가 있습니다.
BL에서는 흔히 "저 여자 내가 가져야겠어." 따위의 오글거리고
'여성들이 생각하기에 남자다운' 멘트를 던집니다. 하지만
현실의 남성 중 저런 표현을 하는 사람은 거의 없지요. 끽해야
"저 여자 다리 좀 봐." 정도일까요.

　하지만 저런 표현은 여성들이 생각하는 유독한 남성성의
전형적인 모습입니다. 더 나아가서 현실에서 마주하고 싶지
않은 남성의 이미지이기도 하죠. 여성이 원하는 남성보다
여성에게 좋게 보이지 않는 남성이 세상에 훨씬 더 많은 것을
알면서도, BL에서 남성을 묘사할 때 '현실적'으로 묘사할 수가
없습니다. 현실적인 것을 좇지만, 진짜 현실과 가까워지면
'대안적 공간'이 다른 방향으로 무너지게 됩니다. BL은 딱
그 중간에 있어야만 합니다. 그렇기 때문에 BL에서 나오는
남성들은 모두 기묘한 형태를 띠게 됩니다. '더욱 진짜 같은
가짜'는 오타쿠 업계의 최대 화두가 되었습니다. 혹은, 더욱 가짜
같은 진짜거나요.

☞ '디폴트 여캐', 새로운 바람

이를 이어 여성 창작자들은 최근 아예 새로운 시도를 하고 있습니다. 동성애를 대안적으로 사용한다는 것은 나쁘게 보면 도피에 불과합니다. 아예 우테나처럼 만든다고 하여도 가부장적 성 고정관념을 역이용하는 것에 불과합니다. 그렇기 때문에 처음부터 여성을 재정의해 버리는 흐름을 서브컬처에서 보여주고 있습니다. 이것이 '디폴트 여성'이라는 새로운 바람이지요. 말 그대로 디폴트, 기본적인 형태의 여성을 새롭게 정의하는 것입니다.

우리가 상상하는 여성이란 어떨까요? 모르긴 몰라도 남자보다는 긴 머리에, 피부도 남자보다 좋은 편이고, 옷도 소위 '여성스러운' 옷을 입고 있을 것입니다. 이후 캐릭터 쪽에서 더 얘기하겠지만, 서브컬처에서는 남성성과 여성성이 극대화되는 면모도 있습니다. 만화는 기호의 예술이기 때문에 한 눈에 보기에도 남자는 남자답게, 여자는 여자답게 묘사되어야 하기 때문입니다.

이것은 서브컬처 자체에 대한 비판에도 있지요. 현실적이지 않고 과도하게 표현된 이성상에 중독된다. 서브컬처에 나오는 여성에게 중간쯤이라는 것은 없습니다. 당연히 남성들도 중간쯤이란 없지요. 다만 남성은 서브컬처 속에서도 비교적 추하게 묘사되는 경우도 많은 반면 여성은 최대한 아름답게 묘사됩니다. 영화든 미술이든 이미지가 있는 대중매체는 모두

이 비판을 피할 수 없습니다만, 만화는 유달리 여성을 아름답지 않으면 안 될 존재로 묘사합니다.

'디폴트 여성'이라는 흐름은 이것에 대한 과격한 도전입니다. 애초에 서브컬처에서 사용되는 여성이라는 기호를 재정립하겠다는 시도 자체가 꽤나 도전적인 쿠데타죠. '디폴트 여성'은 남성과 다르지 않게 주근깨 투성이인 여성도 나오고, 키가 많이 작은 여성, 매우 큰 여성, 많이 뚱뚱한 여성, 좀 더러운 여성 등등 다양한 여성상을 보여줍니다.

다만 이것이 굉장히 유의미한 성과를 거뒀는가는 미지수입니다. 아주 최근에 한국 서브컬처판에서 등장한 흐름이기 때문에 평가를 하기에는 시기상조인 면이 있습니다만, 그다지 성공적이라고 보기엔 어려운 듯합니다. 서브컬처뿐만 아니라 모든 이미지를 기반으로 하는 대중매체는 일종의 환상을 판매하고 있는 것이고, 그 환상 안에는 당연히 미추의 개념도 있기 때문입니다. 현실에서는 마주하기 힘든 너무나도 아름다운 사람들이 대중매체에선 활보합니다. TV 예능에 나오는 연예인도, 영화에 나오는 배우도, 만화에 나오는 캐릭터도 동일하지요.

당연히 '디폴트 여성'은 미추의 관점에서 그다지 선호될만한 포지션을 취하지 못합니다. 당연히 사람들은 어떠한 신념이나 사상이 있지 않은 이상, 예쁘고 잘생긴 쪽을 선택하기 때문이지요. 더 나아가 '디폴트 여성'은 래디컬하게

어타쿠의 욕망을 읽다

성 고정관념을 부수려는 사람들의 고질적인 문제점도 안고
있습니다. 보부아르가 '여성성은 만들어진 것이다'라고 주장한
이후로부터 꾸준히 여성성이라는 족쇄를 혁파하려는 시도는
있었지요. 하지만 여성성을 혁파하자 남는 것은 남성성밖에
없는 경우가 많았습니다.

　'디폴트 여성' 역시 여성의 다양한 면모를 그리겠다고
나선 운동이지만, 남들이 보기에는 '남성을 그리고 여성이라고
우기는 운동' 이상도 이하도 아니게 보였습니다. 젠더
이분법적인 시각이긴 하지만, 우리가 흔히 생각하는 여성성이
아닌 것들은 보통 남성성이라고 인식되었기 때문이지요. 그렇기
때문에 '디폴트 여성'은 오히려 남성성 찬양이 아니냐는 일각의
지적도 있었습니다. 왜 여성의 아름다움을 굳이 버리면서
남성과 비슷한 외모를 가지려고 하느냐라는 것이지요. 이것은
의외로 핵심을 찌르는 말이기도 한데, 바로 직전에 인용한
보부아르가 여성성을 일종의 '굴욕'으로 파악했기 대문입니다.

　하지만 '디폴트 여성'이라는 새로운 시도가 서브컬처에서
나왔다는 점은 매우 흥미로운 일입니다. 서브컬처는 그 특징상
과장된 방법을 사용할 수밖에 없는데, 그것에 대한 일종의
자성이기도 하기 때문입니다. 또한 장르적 쾌감을 최우선시
한다는 인식이 있는 만화계에서 신념이나 사상을 중시하는
모습을 보이는 것도 특기할만한 부분이었지요. 다만 이것이
너무나도 특이한 일은 아니라는 점도 이해해야겠습니다.

지금까지 이 책을 계속 읽어주신 분들이라면 이해하시겠지만, 문화라는 것은 맥락이 꾸준히 바뀌어오기 때문입니다. 어떤 것이 유행하면 그것에 대한 카운터 컬처가 유행하기도 하고, 완전히 비틀어버린 것이 지금의 클리셰가 되기도 하지요.

위에서는 백합은 비교적 순수하고 BL은 조금 더 거칠다고 말했는데, 사실 언제나 문화가 그렇듯 변화와 예외라는 것이 있습니다. 요즘에는 카운터 컬처격으로 BL에서 성관계 없는 순수함을 찾고 백합에서 하드코어한 것을 찾기도 하니까요.

'디폴트 여성' 뿐만 아니라 여성향 서브컬처에서 보여준 일련의 발전과정 그 자체가 서브컬처라는 문화가 얼마나 생명력 있게 약동하고 있는지에 대해서 보여주고 있는 것입니다. 그리고 서브컬처에게 끊임없이 변화하는 생명력을 불러일으킨 것이 바로 인간의 '욕망'인 법이지요.

8장

소년들은 미소녀의 꿈을 꾸는가?

☞ 남성향 판타지의 근원

보통은 소년과 소녀가 있다면 소년을 먼저 이야기하는 편입니다. 하지만 저는 소녀 이야기를 먼저 하게 되었지요. 딱히 무슨 신념이 있어서 그런 것은 아닙니다. 제가 분석한 남성향 작품의 흐름이 여성향에 영향을 너무나도 크게 받았다고 생각하기 때문입니다. 사실 소년만화를 앞부분에서 먼저 이야기했었죠. 하지만 소년만화는 '소년'만화임에도 불구하고 남성향이라고 부르기에는 조금 애매했어요. 소년지에 연재하는 작품들 중에서는 남녀비율이 거의 동일한 경우도 있었고, 아예 여성이 더 열광하는 소년만화도 있었으니까요.

가령 「소년 점프」에서 연재한 「가정교사 히트맨 리본」은 남성 독자들도 많았지만 여성향이라고 분석하는 쪽이 압도적으로

많습니다. 스포츠물들은 소년만화의 플롯을 그대로 사용하고
있지만 최근으로 올수록 여성향 작품들이 대세를 차지하고
있습니다. 소년만화에서 제시하는 '노력, 우정, 승리'의 공식은
꼭 남자에게만 어필하는 것은 아닙니다. 소녀들에게도 노력하는
남자는 매력적이고, 남자들끼리의 우정은 브로맨스라는
이름으로 열광할만한 포인트이며, 승리는 남녀 가릴 것 없이
모두가 사랑하는 주제입니다. 그렇기 때문에, 소년만화는 말이
'소년'만화이지 남성들을 위한 남성향 작품이라고 보기엔
어렵다는 것이 제 의견입니다.

　　남성향은 남성을 주 타깃으로 하는 작품입니다. 여성향
작품을 본 남자들이 대개 지루해하거나 혐오스러워하는
감정을 숨기지 않아야 하는 것처럼, 남성향 작품은 여성들이
보기에 충격적이거나 지루해야만 합니다. 그 말인 즉슨, 남성의
욕망을 투명하게 담아내야 한다는 이야기입니다. 그리고
욕망을 투명하게 담아내는 데에는 역시 '사랑'을 빼놓을 수가
없지요. 소년만화의 필수요소에 사랑이 들어가지는 않지만
소년들에게도 사랑은 너무나도 흥미로운 주제입니다. 물론 그
양상이 여성들이 즐기는 매체와는 매우 다르기 때문에 따로
알아보아야 하는 것이지요.

　　그리고 이런 남성향 서브컬처는 '오타쿠'라는 이미지를
견고하게 만드는 데 한 몫 했습니다. 물론 부정적인 방향으로요.
어떤 의미에서 남성향 서브컬처를 보는 것은 우리가 생각하는

어느 쿠의 목방울을 읽다

변태적이고 엽색적이며 공상적이고 도피적인 오타쿠들의
부정적 이미지의 근원을 파헤쳐보는 일이 될 것입니다.

그럼 함께 바로 이야기해 봅시다.

☞ 소년들에게도 사랑이 필요해. '러브 코미디'

소년들은 어린 시절 소녀만화를 보면서도 안
본 척하던 시절이 있었습니다. 「들장미 소녀 캔디」라든지,
「유리가면」과 같은 소녀만화의 고전 명작들은 소년들에게도
어필했었지요. 소녀들에게 잘생긴 남자들이 나와서 그녀들과
매력적인 관계를 맺는다는 플롯은 너무나도 잘 먹혔습니다.
하지만 소년들을 위한 작품에서는 그다지 많이 나오지
않았지요.

소년만화에서 사랑은 언제나 곁다리였습니다. 이것은
동서양을 불문하고 흔한 이야기지요. 소년들의 사랑은 대부분
이루어지지도 않고 비극적으로 끝납니다. 특히 어떠한 낭만적인
관계를 바란다기보다는 본능적인 욕망에 가까운 모양새를 띠고
소년들은 그 욕망을 이루는 것에 실패하고 절망합니다. 그리고
그 절망을 딛고 일어서는 것이 매우 흔하지요.

혹은 그 이전의 소년만화 속 여자 캐릭터들은 막연히
남성 히어로의 짐이나 책임감을 뜻하기도 했습니다. 대표적인
캐릭터가 「스파이더맨」이겠지요. 스파이더맨의 사랑은 언제나
비극적으로 끝납니다. 「스파이더맨」이 가장 소년만화적인

히어로인 만큼 그의 첫사랑격인 그웬은 자신의 실수가 겹쳐져 비극적으로 죽고, MJ와의 관계는 스파이더맨의 성장의 척도로 보일 정도입니다.

하지만 이 시절의 소년들의 사랑은 어떤 의미에서는 영웅적이었습니다. 소년만화의 소녀들은 딱히 주인공이 '그녀들을 위해' 무언가를 하지 않더라도 그들을 사랑했습니다. 세계를 지키는 대의에 반하기도 하고 그저 잘생겼다는 이유로 반하기도 하죠. 그래서 소년만화에 나오는 사랑은 가부장적인 남자다운 사랑이었습니다. 그들은 자신의 일에 최선을 다하고, 아름다운 여성의 사랑은 그에 따라오는 트로피 같은 것이었습니다. 그런 승리자들은 많은 여인을 독차지하기도 합니다. 소년만화에서 한 주인공을 두고 두 여성이 질투의 눈빛을 보내는 모습은 굉장히 많이 나오는 기호이지요.

그러나 현대사회에서 이런 사랑만을 묘사하는 것은 조금은 터무니없는 일입니다. 왜냐하면 대부분의 남자들은 영웅이 아니며 소녀와 마찬가지로 사랑에 서투르기 때문입니다. 멋진 일을 한다고 해서 여자가 그 대의에 따라주지 않을 수도 있고, 사랑을 쟁취하지 못할 수도 있습니다. 압도적 1등보다 조금 모자라지만 헌신적인 2등을 사랑하는 여자들도 많으니까요. 그렇기 때문에 소년들에게도 자연스럽게 사랑은 중요한 화두로 떠올랐습니다. 여성 캐릭터는 더 이상 영웅에게 수여되는 상, 트로피의 역할 따위가 아니게 되었지요.

이런 부분에서는 소년만화보다 소녀만화가 역설적으로 소년들에게 와닿았습니다. 소녀만화에서는 여성 캐릭터의 마음이 드러날 뿐만 아니라 훨씬 더 현실적인 여성을 묘사하고 있었기 때문입니다. 물론 이것도 여성들의 욕망이 반영되어 있던 결과물이긴 하지만, 소녀만화에서 나오는 여성은 훨씬 더 살아있는 캐릭터였습니다. 그렇게 소녀만화에 소년들이 침투하고, 소년만화에 소녀들이 침투하는 동안, 그 중간 어디쯤에 있는 작가가 탄생하게 됩니다. 그녀가 그린 작품은 소년만화로도 소녀만화로도 불리지 않습니다.

☞ 러브 코미디의 창시 「시끌별 녀석들」

이미 「이누야샤」 이야기를 하면서 나온 이름이지요. '타카하시 루미코'. 그녀가 21살이 되던 해 그린 데뷔작 **시끌별 녀석들**은 전무후무한 대히트를 치게 됩니다. 조금 여자에게 관심이 많은 주인공······ 아니 거의 호색한에 가까운 주인공 *모로보시 아타루*. 그는 여자친구 시노부가 있음에도 불구하고 온갖 여자들에게 들이댑니다. 이런 밝히는 주인공이 외계인을 마주하면 어떻게 될까요? 그렇습니다. 외계인이고 뭐고 여자로 보이기만 한다면

영화, 「시끌별 녀석들 극장판 : Beautiful Dreamer」, 1984

들이대겠지요. 그리고 그에게 처음으로 당하는 캐릭터가

바로 '라무'입니다. 아타루에게 잘못 싸움을 걸었다가 청혼을

당해버린 기념비적인 캐릭터죠.

처음에는 1화에서만 나오는 단역이었습니다.

말씀드렸다시피 이 이야기는 아타루가 온갖 여자에게

찝쩍대면서 생기는 유쾌한 이야기를 명랑만화식으로 풀어내는

코미디 만화였기 때문이지요. 그러므로 당연히 **시끌별 녀석들**은

옴니버스로 이어져야 합니다만……

라무라는 캐릭터가 너무 귀엽고 매력적으로 나온 나머지

많은 독자에게 항의를 받게 됩니다. 라무를 다시 등장시켜라!

지금도 흔히 있는 일이지만 예전에는 독자의 엽서가 전개를

바꾸는 경우가 흔했습니다. 그래서 타카하시 루미코 작가는

라무를 3화부터 다시 등장시키기로 결정하지요. 원래 주인공은

시노부라는 여자친구가 있는 아타루였습니다만 삽시간에

라무가 거의 주인공의 역할을 가져가게

됩니다.

아타루가 어쩌다보니

진 빚을 '결혼 약속'을 들고

갚아주기로 한 라무. 그 이후로

라무는 아타루의 옆에 붙어다니며

자신의 남편이라고 소개하고

다닙니다. 하지만 호색한인

216

아타루는 이곳저곳 추파를 던지고 다니고…… 그런 그를 라무가 응징하는 것이 흔한 플롯이지요. 가장 주로 나오는 것은 역시 원래 여자친구였던 시노부와의 삼각관계이지요.

타카하시 루미코는 여기에서 소년만화와 소녀만화의 구도를 모두 차용하는 시도를 했습니다. 소년만화에 흔히 나오지 않던 왈가닥 계열의 여성 캐릭터를 등장시키는 동시에 기존에 인기 있던 캐릭터인 소꿉친구 + 야마토 나데시코 계열의 청순한 여성 캐릭터를 붙여놓았죠.

사실 '라무'의 존재만 제외하면 그 나가이 고 작가의 파렴치 학원 느낌의 명랑만화 계열입니다. 개그만화 특유의 호쾌하고 명랑한 남자주인공과 그의 곁에 있는 지성과 외모를 겸비한 여자친구. 그러나 가장 비현실적인 설정을 가진 '라무'가 색다른 캐릭터로 등장하며 새로운 지평을 열어버린 것입니다. 그것이 바로 '러브 코미디'이지요.

시끌별 녀석들의 대성공 이후 타카하시 루미코 작가의 작품들은 러브 코미디의 문법을 써내려가게 됩니다. 물론 「인어 시리즈」 같은 진지한 작품들도 많지만 대부분의 작품들은 러브 코미디죠. 소년만화에서 그다지 중요하게 다루어지지 않던 여자 캐릭터의 성격이나 캐릭터가 주목받게 되며 그때부터 일본 만화계에서는 '모에'라는 표현이 사용되기 시작합니다.

☞ 소년의 청춘에도 사랑이. 「러프」

하지만 모에와 캐릭터성 이야기는 추후에 합시다. 티카하시 루미코가 제시한 것은 남자아이들이 보는 작품에서도 사랑과 성이 훌륭한 소재라는 점이었습니다. 라무같이 맹목적으로 주인공만 바라보는 특이한 계열의 미소녀는 우리에게 새로운 계열의 판타지를 제공해줬지요. 저런 시덥잖은 남자를 맹렬히 좋아하는 섹시한 미녀가 있다니! 말도 안 되지만 좋아!

그리고 루미코 여사와 거의 비슷한 시기에 나타나서 조금 다른 방향으로 사랑에 접근해 본 작가도 있습니다. 이름도 상당히 유명하지요. '아다치 미츠루'입니다. 한국에서는 「H2」와 「터치」가 가장 잘 알려져 있는 작품이지요.

소년만화에서 흔히 나오는 스포츠물. 그것도 전문분야는 야구. 주인공이라는 인간들은 다 비슷비슷하게 생겨서는 코시엔에 도전하는 것이 목표인 작가. 하지만 이렇게 농담 섞인 비판을 하더라도 아다치 미츠루의 호소력을 인정하지 않는 사람은 없습니다. 한국의 '델리스파이스'라는 그룹도 「H2」를 모티브로 「고백」이라는 음원을 낸 적이 있을 정도죠.

하지만 오늘은 **러프**라는 작품을 가지고 이야기 해봅시다. 그의 작품치고는 짧은 편이고, 소재도 야구가 아닌 '수영'이지만, 아다치 미츠루라는 작가를 이야기하기에 가장 괜찮은 작품입니다. 지금까지 소년만화에서 여성은 따라오는 것에 가까웠습니다. 하지만 아다치 미츠루의 작품에서는 관계성과 외부 요인들이 중요하게 사용되지요. 지금 시대에서 보면, 특히 한국에서 보면 무슨 상관인가 싶지만……. 이 작품의 남자 주인공 야마토 케이스케와 여자 주인공 니노미야 아미는 가문의 원수라는 이유로 서로를 싫어합니다. 무슨 중세 일본 이야기냐구요? 아닙니다. 유달리 가업을 이어나가는 것이 발달한 일본답게 야마토의 집안의 할아버지가 니노미야 집안의 할아버지의 사업 아이템을 표절해서 니노미야 집안을 망하게 만들었다는 이유로 증오하는 것입니다. 다짜고짜 케이스케를 보고 '살인자!'라고 외치는 것이 니노미야 아미의 첫 등장일 정도이죠.

이 작품에서 두 사람은 세 가지 관계성을 갖습니다. 첫째는 방금 말한 앙숙인 집안끼리의 후계자로 서로를 인지는 하고 있지만 미워할 수밖에 없는 관계성입니다. 둘째론 야마토는 수영선수, 니노미야는 다이빙 선수로 서로 스포츠를 하고 있다는 관계성 그리고 셋째로는 어린 시절 같이 자란 소꿉친구이자 운명의 장난으로 얽힌 사이라는 점입니다. 그래서 **러프**는 본격 수영만화이지만 수영은 철저히 비유와 은유를 위한 소재일 뿐입니다. 주인공인 야마토 케이스케가 니노미야 아미에게 다가가기 위한 장애물인 동시에 등장인물들의 심리를 표현해주는 공간의 역할을 하고 있지요.

야마토는 처음에는 수영을 대충대충 생각하는

아이였습니다. 어차피 자신은 일본 기록을 세울 수 없다고 생각하고 그저 전국 3위라는 순위에 만족하는 사람이었죠. 심지어는 같은 나이의 '세리자와'조차 이길 수 없다고 단언하며 접영으로 종목을 바꾸어버리려고도 합니다.

하지만 *니노미야*라는 존재가 *야마토*의 모든 것을 뒤흔들어버리죠. *니노미야*와 *야마토*는 수많은 우연으로, 어떤 곳에서는 필연으로 얽혀 서로의 인생을 바꾸어 놓습니다. 그 과정을 통해서 접영으로 도망치겠다던 *야마토*는 아예 학년 1위를 해버리겠다고 단언하기도 합니다. 그리고 멋진 남자가 되기 위해서는 라이벌이 필요한 법. 그런데 그 라이벌이 수영 전국 1위인 남자입니다. 여기서 가문의 문제도 얽혀버립니다. *야마토*는 가문의 적이고, 라이벌인 '나카시니 히로키'는 좋은 기업의 후계자인 동시에 *니노미야*와 약혼까지 되어 있는 상대입니다.

러프의 이야기를 단순하게 보면…… '뭐야? 그냥 남자 둘이서 수영으로 싸워서 이기는 사람이 여자를 쟁취한다는 이야기잖아?'라고 생각할 수 있습니다. 그것을 뒷받침하듯 *야마토*는 가끔은 *니노미야* 보다는 라이벌인 나카시니에게 더 집중하는 듯 보이기도 합니다. 나카시니와 *니노미야*가 약혼했다는 얘기에 놀라는 것보다, 나카시니가 은퇴한다는 것에 더 놀라는 모습도 보이죠. 이렇게 해석한다면 **러프**는 지금까지 말했던 소년만화들의 전형적인 모습입니다. 노력, 우정, 승리.

우정은 그다지 많이 나오지는 않지만 노력해서 라이벌을 이겨낸 주인공이 승리하고 니노미야까지 쟁취하는 이야기가 되는 것이죠.

하지만 이 작품의 매력은 그렇지 않다는 것에 있습니다. 수영을 소재로 한 소년만화, 스포츠물로 접근한 사람들을 허무하게 만들기라도 하듯이, 이 작품의 엔딩에서 '나카시니'와 '야마토' 둘 중 누가 경쟁에서 이겼는지는 나오지 않습니다. 누가 승리했는지 따위보다 중요한 것은 니노미야가 남긴 카세트의 고백입니다. 이 즈음의 대사에서 기존의 문법을 정면 부정하는 대사가 나옵니다.

"승리한 쪽에게 고백을 한다면 우수한 상품 쪽을 고르는 느낌이 될 것이고 패배한 쪽에게 고백을 한다면 값싼 동정심으로 느껴지지 않겠니?"

그렇게 되지 않기 위해 니노미야는 두 사람의 결과가 나오기 전에 '야마토' 쪽에게 고백을 하고, 그것을 카세트 테이프에 담아서 전달합니다. 여기서 더더욱 재미있는 것은 이 고백조차

닿지 않는다는 것입니다. *니노미야*는 *야마토*에게는 카세트로
고백을 했지만 나카시니에게는 직접 *야마토*를 선택했음을 말한
것으로 보입니다. 그것을 안 나카시니가 *야마토*에게 이야기를
전달하려고 하지만, *야마토*는 그 말을 듣지 않기로 하죠.
심지어는 카세트 테이프 역시 영문 모를 먹통으로 재생되지
않습니다. 결국 *니노미야*의 고백은 '독자'만 알 수 있는 것이지요.

기존의 문법으로 보았을 때 이는 상당히 당황스러운
결과입니다. 수영 쪽은 수영 쪽대로 전개가 되지 않고 연애 쪽도
연애 쪽대로 제대로 결말이 나지 않지요. 하지만 이 엔딩은
만화 역사상 가장 아름다운 엔딩으로 여겨집니다. 왜냐하면
이 작품의 제목인 **러프**처럼 두 사람이 서로 다가가는 청춘의
장면 장면들이 얼마나 투박했는지를 암시하기 때문입니다.
심지어는 그들의 고백조차도, 경쟁의 마무리조차도 하나의
청춘에 불과하다는 점을 상기시키기도 하지요. 그리고 여름은
매년 돌아올 것이고, 일상처럼 그들은 도전하고 성장해나갈
것입니다.

러프에서 사랑은 성장의 목표처럼 사용됩니다. 그러나
마지막에는 지금까지 한 번도 이기지 못했던 쪽에게 사랑을
고백합니다. 아다치 미츠루는 소년들에게 사랑이 어떤
것인지 패러다임을 바꾸어준 것입니다. 사랑은 쟁취해야
하는 트로피도, 성장을 위한 수단도 맞겠지만, 사랑 그 자체가
목적이고 삶 그 자체가 목적이라고 말입니다.

일본이 자랑하는 서브컬처의 '청춘'은 이렇게 만들어졌습니다.

☞ 미소녀 연애 시뮬레이션과 하렘

아다치 미츠루와 타카하시 루미코를 필두로 소년들이 보는 만화에서도 소녀들의 감성이 침투하기 시작했습니다. 1970년대부터 80년대까지, 일본의 만화는 서서히 변화를 이루어갔지요. 50~60년대의 일본 만화는 정의와 사상의 공간이었습니다. 인류는 어떤 미래를 맞아야 하는가? 역사에서 우리는 무엇을 배워야 하는가? 인간은 동물과 무엇이 다른가? 따위의 이야기가 지배하던 시대였지요. 여기에 소녀만화의 이야기가 점점 퍼지기 시작합니다. 인간은 어떻게 사랑하는가? 인간은 인간을 위해 무엇까지 포기할 수 있는가? 감정은 폭발해야 하는가 제어해야 하는가? 등을 말이지요.

인간관계에 대한 이야기가 화두로 사용되기 위해서는 그 관계성이 다면적이어야 합니다. 사람은 모든 사람 앞에서 동일한 모습을 보이지 않습니다. 특히 사랑이 끼어있다면 더더욱 그렇지요. 친구를 애인 대하듯이 대하는 사람이 있다면 그 사람은 둘 중 하나일 겁니다. 친구가 없거나 애인이 없거나.

창작물에서도 다면적인 관계를 이야기하기 위해, 등장인물들은 점점 늘어나게 됩니다. 당장에 아다치 미츠루의 작품에서도 사랑의 라이벌이 등장하고, 타카하시 루미코의

…장 소년들은 미소녀의 꿈을 꾸는가?

작품에서는 '어떤 여자애를 선택해야 하는가?'의 문제에
당면하게 됩니다. 이렇게 관계의 문제를 이야기하기 위해서
등장인물들이 더 늘어나고 다양하게 나타나기 시작하자……
우리는 새로운 것을 깨달아버린 것입니다. '이 모든 여자
캐릭터들이 전부 나를 좋아한다고?'

　원래는 메인 히로인 하나에 서브 히로인 하나 정도가
등장하여 주인공을 뒤흔들어 놓는 것이 일반적이었죠. 하지만
그것이 세 명이 되고, 네 명이 되기 시작하면서 새로운 맥락이
튀어나온 것입니다. '이 많은 여자들에게 사랑받고 싶다!'

　이것은 단순히 만화에서만 발전한 것은 아닙니다. 오히려
게임에서 발전한 것이 더 크다고 봐야 하지요. 일본은 역대
최고의 게임 강국이기도 했고, 사람은 새로운 매체가 나오면
성적인 것부터 개발하게 됩니다. 게임에서 성적인 요소를 담는
것은 너무나도 쉬운 일이었고, 오히려 게임에 특화된 것도
있었지요. 그것은 내가 '선택'한다는 감각이었습니다. 게임에서
가장 중요한 것은 내가 그 세계의 법칙에 따라 세계에 영향을
끼칠 수 있다는 것입니다. 이것은 게임의 최소 단위이지요.
게임과 동영상을 가르는 최소한의 영역은 플레이어의 개입
가능성입니다. 동영상은 그냥 재생되지만, 게임은 게이머가
조작을 해야만 하죠.

　사랑과 성에서 이 조작이라는 요소는 '선택'이라는
쪽으로 발전했습니다. 자연스럽게 '선택지'가 많은 게임이

좋은 게임이라는 평가를 받고, 사랑을 다루는 작품들은 대개 이렇게 진화했죠. 그것이 흔히 우리가 생각하는 '미소녀 연애 시뮬레이션'으로의 발전이 됩니다. 여기에서 '선택지'란 미소녀와의 데이트 중 카페를 갈 지 영화관을 갈 지 따위도 있겠지만 '어떤 미소녀'를 선택할 지가 더 중요한 요소입니다. 작품에 여러 캐릭터를 배치해 놓는 것은 리스크를 제거하는 선택지거든요. 한 명의 히로인과의 연애 경험을 주는 게임보다 10명의 히로인을 배치한 게임이 더 볼륨으로도 풍성하고, 누구 하나 정도는 마음에 드는 캐릭터일 것이니 실패할 확률도 줄어듭니다.

이렇게 게임에서 선도한 '하렘' 전개는 만화에서도 자연스럽게 차용하게 됩니다. 그리고 「러브히나」라는 하렘물의 정도(定度)를 세운 작품이 등장하게 되지요. 여자밖에 없는 집, 유일한 남자로 들어간 주인공, 저돌적이고 독특한 그녀들의 대시, 살짝 야한 서비스 신까지. 일본 만화는 본격적으로 욕망을 서슴없이 드러내게 됩니다.

☞ 나 따위는 필요 없어. '미소녀 동물원'

2000년대 초반이 '하렘물'의 시대였다면, 2000년대 중후반에 접어들며 새로운 시도가 나타나기 시작합니다. 기존의 '하렘물' 따위의 러브 코미디에서 나오는 모에한 여자 캐릭터들이 등장하는 것은 여전하지만, 굳이

장 소년들은 미소녀의 꿈을 꾸는가?

남자 캐릭터를 등장시키지는 않는 것이지요. 그 이유는 물론
'하렘물'이라는 욕망을 드러내는 대안적 세계관의 모순을
오타쿠들이 인지해버렸기 때문입니다. 내가 게임을 하든, 하렘
만화를 보든 결국 우리가 하는 것은 대리만족에 불과하다는
것을요. 행복은 주인공이 가졌을 뿐이고, 내가 하는 것은 남의
성공과 남의 행복 따위로 자기 위로를 하고 있다는 현실이
오타쿠들을 짓눌러버립니다.

또한 '주인공'이라는 녀석들에 더 이상 이입할 수가 없게
됩니다. 기본적으로 창작물은 대리만족을 위한 것입니다. 그
목적에 충실하기 위해 주인공은 바깥의 독자 혹은 게이머가
이입하기 좋게 플랫하고 평범해야 합니다. 그래서 많은
주인공들이 '지극히 평범한 성적 중상위권의 남자 고등학생'을
표방하고 있지요. 실제로 많은 오타쿠들이 그렇듯이 말입니다.

그런데 실제로 '주인공'이라는 녀석들은 하렘을 이루기
위해 특별해지거나 혹은 하렘 전개 그 자체가 그의 특별함을
암시하게 됩니다. 왜 지극히 평범한 캐릭터에게 무작정
사랑을 느끼는 히로인이 많은 것일까요? 우리가 모에하다고
느낀 그 수많은 여자들이 결국 '나'라는 존재가 아닌, '나'와
다를 것이 없다고 믿어왔던 '특별한' 주인공에게 반했음을
인정하는 것은 무서운 일입니다. 그렇기 때문에 오타쿠들은
아예 '주인공'이라는 존재를 서사에서 지워버리기로 합니다.
하지만 남자 주인공만 빠졌을 뿐 하렘 속에 있던 모에한 여자

캐릭터들은 그대로 남겨두게 되죠.

　　여성들만이 등장하는 일본 작품이 수도 없이 많지만, 이것을 어떤 페미니스트도 '여성서사'라고 부르지는 않는 이유이기도 합니다. 결국 그들의 무브먼트가 외부에 있는 남자 시청자를 만족시켜주기 위한 몸짓이기 때문이지요. 대표적인 작품들로는 「케이온!」과 「러키스타」가 있겠습니다. 아이러니한 점은 '미소녀 동물원'이라는 말은 「러키스타」의 제작진이 「케이온!」을 비판하기 위해 사용한 말이라는 점이지요.

　　이는 남성 주인공이라는 경쟁자를 제거하고 싶어 하는 것이기에 남성적 욕망을 작품 내에서 없애 버린 것으로 보일 수 있습니다. 그러나 실제 남성 오타쿠들은 그 '모든 여성 캐릭터'들이 숨 쉬고 살아있는 세계관 자체를 모두 갖고 싶어 하고 있는 겁니다. 그 욕망의 차원이 달라졌다는 점은 매우 특이한 점이죠. '미소녀와 연애를 하고 싶다'라는 일차원적인 욕구가 좌절되면서 다른 방향으로 승화된 듯 보입니다. '그렇다면 모에한 미소녀들이 자신들끼리 노는 장면만이라도 가지고 싶어'.

　　보통 이런 장르를 키라라계 혹은 일상물이라고 부릅니다. 그리고 이 장르는 2000년대 중반부터 번성했지만 2020년대 지금까지도 그 명맥을 이어나가고 있지요. 왜냐하면 이쪽의 충성 고객들은 늘 비슷한 장르만을 찾아 헤매기 때문입니다. 이들을 보통 일상물 난민이라고 부르지요.

☞「장난을 잘 치는 타카기 양」

       2000년대 중반부터 2010년대 초반까지는
일상물의 시대였습니다. 수많은 미소녀들이 자신의 모에함을
들고 나왔고, 그들은 자기들끼리의 서사를 구축하면서 모에한
상황들을 만들었죠.「케이온!」에 등장하는 이들은 귀여운 노래를
발표하면서 입 닫고 빵이나 먹는 장면을 보여줬고,「유루유리」에
나오는 캐릭터들은 서로를 가볍게 성희롱하는 내용으로
오타쿠들의 만족감을 극대화했습니다.

    하지만 이런 것들도 한계가 있는 법이지요. 아예 좀비물을
키라라계 일상물처럼 만들어볼까? 하는 시도인「학교생활!」이
나올 정도로, 일상물은 그 한계를 다한 것으로 보였습니다.
이성관계도 없이 일상에서 여자들끼리만 일어나는 사건들로
채운다면 거의 비슷한 전개로 흘러가기 십상이죠. 오죽하면
일상물을 좋아하는 사람들끼리는 '나츠다! 우미다!' 전개라고
하면 무슨 내용이 나올지 벌써 상상이 간다고 하는 사람이
즐비합니다. 한국어로는 '여름이다! 바다다!'이지요. 주도적이고
막무가내인 캐릭터가 등장인물들을 보고 여름이니 바다에서
청춘을 즐기자고 하면 바로 다음 컷이 바다가 될 거라는
얘기입니다.

    이렇게 질리는 상황에서 러브 코미디는 새로운 작품을
마주하게 됩니다. **장난을 잘 치는 타카기 양**입니다. *타카기 양*은
일본은 물론 한국에서도 신드롬급 인기를 끌게 됩니다. 전개는

너무나도 간단해서 할 말이 없을 정도입니다. 소심하고 쑥맥인 소년 *니시카타*에게 '*타카기 양*'이라는 소녀가 장난을 쳐댄다는 이야기입니다.

예나 지금이나 좋아하는 사람을 골려주고 싶은 것은 인간 마음이기 때문에, 이 작품에서 *타카기 양*의 '장난'은 *니시카타*를 좋아하는 마음을 드러내는 것임을 누구나 알고 있습니다. 그렇기 때문에 이 작품은 기존의 러브 코미디처럼 누군가가 사랑을 밀어내는 전개나 가슴 아픈 사연으로 이루어지지 못할 절절함 따위는 없는 달콤함만이 남아있습니다.

여기서 주목해야 할 것은, 이 작품의 모든 것이 '*타카기 양*'에 녹아있다는 것입니다. *니시카타* 군은 주인공으로 등장하지만 그저 *타카기*에게 당하는 역할에 불과합니다. *타카기 양*이 도대체 어떤 행동을 할 것인지가 이야기의 메인 플롯을 담당하고 있고, 둘 사이의 관계 진전도 거의 *타카기 양*이 하고 있습니다.

이것은 '미소녀 동물원'이라는 대안 이후에 나온 새로운 대안으로 보입니다. '그다지 멋지지 않고 평범한 내가 도대체 어떻게 하렘 따위를 이룬단 말인가?' 라는 질문에, 다양한 미소녀들이 등장하기만 하고 주인공이 없는 방향으로 극복했던 시대는 저물어버렸습니다. 이제는 독자들이 능히 이입할 수 있게 소심하고 쑥맥인, 쉽게 말해서 잘 휘둘리는 남자 주인공을 갖다 놓고, 모든 역량을 매력적이고 적극적인 여자 주인공에게 몰아주는 것입니다. 도저히 *타카기 양*을 매력적이지 않다고

생각할 수 없게 말입니다.

　타카기 양의 대 유행 이후, 일본 만화계에서는 '유사 타카기 양'이 등장하기 시작합니다. 잘 휘둘리고 쑥맥인 남자 주인공을 휘두르는 매력적이고 저돌적인 여자 주인공들이지요. 지금 당장에 생각나는 캐릭터만 읊는다고 해도……「괴롭히지 말아요, 나가토로 양」. 조금 더 거칠고 폭력적이며 건강미 있는 나가토로 양,「우자키 양은 놀고 싶어」의 마이페이스에 거유인 우자키 양,「내 마음의 위험한 녀석」에서 조금 더 현실적이고 성적인 면모가 강조된 야마다 안나 양…….

　사실 말하면 수도 없이 많지만 세 작품만 이야기하고 넘어가겠습니다. 엄청나게 매력적이고 강렬한 여자 캐릭터에게 비교적 순박한 남자 주인공이 휘둘린다는 이야기가 '타카기 양'만의 것은 아니지요. 그 유명한 경제 라이트 노벨「늑대와 향신료」의 호로도 이런 플롯을 지니고 있으니까요.

　하지만 2010년대 중후반을 강타한 '요망 여캐'의 흐름은 **장난을 잘 치는 타카기 양**이 견인했다는 점에서 언급하지 않고 넘어갈 수가 없습니다. 하지만 타카기 양도 등장한지 10년이 지났고, 또 다른 러브 코미디의 시대가 오겠죠.

　어떤 작품이 선구자적일 것인지는 아직 타진하기 어려우나, 최근의 흐름이 조금 더 성적으로 거칠고 민감한 부분으로 흘러갔다는 맥락 정도는 짚어볼 수 있을 것 같습니다.「여친, 빌리겠습니다」라고 하는 작품이 2020년대 초반에 꽤나 인기를

탔었거든요. 렌탈 여친이라는…… 한국인의 눈으로 보기엔
성매매랑 무엇이 다른가 싶은……. 조금 더 막장인 설정들을
갖다 붙이는 경우가 많아졌지요.

또한 *타카기 양*과 비슷한 작품들이 워낙 범람하다보니
더더욱 독특한 설정을 갖다 붙여야 할 필요성이 느껴진 듯
보입니다. 그 설정은 성적으로 조금 위험하기도 하고, 되게
별 것 아니기도 합니다. 처녀성에 대한 집착이 심해진 최근의
풍조를 대변이라도 하듯, 「메구로 양은 처음이 아냐」 같은 작품이
나오기도 합니다. 완전히 반대로 「하카타벤의 여자아이는
귀엽다고 생각하지 않나요?」나 「가끔씩 툭하고 러시아어로
부끄러워하는 옆자리의 아라 양」 같은 독특하다면 독특하지만
작은 소재들도 나오고 있지요. 이것이 *타카기 양* 스타일의
작품 유행의 끝물일지, 새로운 시작일지는 두고봐야 할
문제겠습니다.

9장

캐릭터와 모에,
서브컬처에 약동하다

☞ 모에, 불타다

8장에서 남성향 이야기를 한다고 했지만, 의도적으로 몇 가지 이야기는 빼먹었습니다. 일본 만화에 녹아있는 잔혹성이나 과도할 정도로 독특한 캐릭터성, 모에를 비롯한 피상적인 이미지에 모든 것을 집중하는 서브컬처의 모습들을 말이지요. 그 이유는 처음에는 남성향에서 시작한 부분이지만 여성향에도 영향을 끼쳤고, 모에라는 말은 더 이상 '미소녀'에게만 사용되는 표현이 아니기 때문입니다. 우리는 모에라는 것을 상황에도 붙이고, 캐릭터성에도 붙이고, 외형적인 모양새에도 붙이고, 관계성에도 붙입니다.

갭 모에, 츤데레 모에, 트윈테일 모에, 여동생 모에는 전부 다른 영역에 붙은 이름입니다. 이것은 보통 남성향의 모에이지만 여성들에게도 모에는 중요사항이죠. 장신의 은발 캐릭터는 없는 여성향 작품을 찾기가 더 어렵습니다. 여성향의 모에는 조금 더 기묘하기도 합니다. 「노란 장판」이라고 불리는 가난에 대한 감성을 다 같이 노래하거나, 서로 사랑하면서 죽여야 하는 상황에 다 같이 미치기도 하죠. 보통 치인다고 표현합니다.

사실, 남성향 문화와 여성향 문화가 어떻게 발전해왔는지를 말하던 지난 이야기들 속에 조금씩 조금씩 관련된 포인트들이 있지만 이번 9장에서 제대로 묶어서 이야기해 봅시다. 일본 만화는 왜 반인륜적으로 보이는 설정들이 보이기도 할까요? 한국에선 흔치 않은 코어나 유혈 묘사가 왜 낭자하게 되었을까요?

일본의 '로리콘' 문화는 어떨까요? 반대 급부로 **쇼타콘**[1] 문화는 또 어떤 맥락으로 와닿을까요? 우리는 언제부터 캐릭터의 외형만 보고도 성격을 짐작할 수 있게 되었을까요? 유달리 일본의 서브컬처는 자유롭고 도발적입니다. 그와 동시에 욕망적이고 피상적입니다. 여기서 본격적으로 우리가 알아야 할 서브컬처의 특징들을 농축해서 알아보도록 합시다.

☞ 데즈카 오사무는 도발적

일본 만화의 아버지 데즈카 오사무는 도발적인
설정을 자주 사용했습니다. 그의 캐릭터는 디즈니 만화동산에
나올 법하지만 디즈니와는 정반대의 노선으로 보이기도
하죠. 디즈니는 과거의 동화로 꿈을 좇습니다. 하지만 데즈카
오사무는 살짝은 냉혹하고 어두운 미래를 소재로 하지요.

「철완 아톰」부터가 그 설정이 도발적입니다. 인간과 전혀
다를 것이 없는 모습을 한 소년 로봇. 그런데 그 소년 로봇은
인간보다 강하고 심지어 인간보다 더 착하기까지 합니다.
그런 아톰을 차별하고 괴롭히는 것이 오히려 나약하고 악한
인간이지요. 아톰은 인간을 지키면서도 인간에게 상처
입습니다. 다른 작품으로는 「블랙잭」을 들어볼까요. 흔히
의료행위는 숭고한 것으로 그려지기 마련이었습니다. 하지만
「블랙잭」은 그런 숭고한 척하는 의사들과는 완전히 다른 모습을
보여줍니다. 아예 그에 대한 소개 자체가 '무면허 의사'죠.
만화의 연출 자체도 도발적입니다. 만화에서 수술 장면은
잘 나오지 않는 것이 일반적이었지요. 당연히 인간의 몸 안
쪽을 보는 경험은 그다지 유쾌하지 않으니까요. 하지만 그는
소름끼칠 정도로 자세히 수술 장면을 묘사합니다. 그리고 '블랙
잭'이라는 등장인물을 조금 뒤틀린 인간으로 그리기도 하지요.
인간을 살리는 의사라는 존재에게 괴팍한 수전노라는 캐릭터를
붙이는 것은 그동안 없던 시도였습니다. 그러나 결국 실력만은

끝장나게 좋은 데다가 형편이 안 좋은 환자에게는 은근슬쩍 돈을 안 받기도 합니다. 내키는 대로 사는 듯 보이지만 결국엔 좋은 놈이죠.

그의 대표작인 「아야코」는 가정 내의 위계에 의한 근친상간, 강간을 묘사하고 소녀에게 가해지는 폭력을 가감 없이 드러냅니다. 「키리히토 찬가」는 짐승의 모습과 인간의 모습을 동시에 가진 사람들에게서 보이는 고결한 인간성을 드러냅니다. 하지만 그 소재 안에는 수간도 들어가 있습니다.

데즈카 오사무라는 위대한 인물에게서 영향을 받은 일본 작품들은 자연스레 그의 발자취를 좇습니다. 인문학적 고민을 녹여낼 때, 만화에는 다른 매체가 갖지 못한 장점이 있지요. 아주 비현실적이고 상상하기에도 거부감이 드는 사건들을 상세히 이미지화하여 묘사할 수 있다는 겁니다. 그런 시각적 충격과 사상적 충격은 우리에게 새로운 사고의 지평선을 열어주지요.

그래서 데즈카 오사무는 디즈니와는 조금 다른 노선을 취했지만, 그가 디즈니의 후계자라고 평가받는 이유입니다. 그는 일본 만화에서 꿈을 그리는 법을 가르쳐줬기 때문이지요.

☞ 「파렴치 학원」과 나가이 고

좋은 이야기는 여기까지 해봅시다. 우리는 저런 원론적인 얘기만으로는 지금의 모습을 읽을 수 없기 때문입니다. 일본에서 나오는 작품들 중에는 딱히 인문학적

고민을 녹이지 않고, 그냥 순수하게 피나 잔인한 설정만을
즐기기 위해 나온 만화들이 수도 없이 많습니다. 그들의 아버지
역시 데즈카 오사무인 것일까요?

그렇다고 말할 수도 있습니다만, 조금 더 직접적인 원인은
역시 「마징가Z」이야기를 할 때 나왔던 만화가 '나가이 고'의
영향이라고 볼 수 있습니다.

나가이 고 이야기를 하려면 그 이전의 작가인 '아카츠카
후지오' 이야기를 해야 합니다. 후지오라는 이름은 「도라에몽」의
작가 후지코 F. 후지오도 유명하지만 '아카츠카 후지오' 쪽이
조금 더 오래된 이름입니다.

아카츠카 후지오의 대표작은 「오소마츠 군」입니다. 그
외에도 「천재 바카본」과 같은 작품들도 있지요. 그는 데즈카
오사무가 살던 토키와 장 출신이며, 그 당시 개그만화의 신과
같은 위치였습니다. 그가 존재하는 것만으로도 많은 작가들이
그 꿈을 꺾었지요. 아다치 미츠루의 형 '아다치 츠토무'도 그
중 하나였습니다. 그는 만화의 주 타깃인 아이들에게 걸맞게
건전하면서도 재기발랄한 만화를 그려왔습니다. 그런 아카츠카
후지오가 압도적 인기를 자랑하자, 그를 존경하던 신인만화가
'나가이 고'는 이렇게 생각한 것입니다.

"저런 인물과 같은 포지션에서 경쟁해서 이길 수는 없다."

나가이 고는 그래서 역으로 아카츠카 후지오가 하지
않는 것을 중심으로 발전합니다. 유혈묘사가 낭자한

236

그로테스크라든지, 선생님 팬티 훔쳐서 면박주기 같은 성적이고 원초적인 개그를 하다든지……. 그의 첫 연재작이자 대표작인 **파렴치 학원**에서는 후자를 중심으로 나왔습니다.

파렴치 학원의 주요 대립은 다음과 같습니다. 학부모 몰래 학생들을 괴롭히고 성적으로 희롱하는 선생님에 맞서 유달리 싹수가 노란 주인공과 그의 친구들이 대립하여 장난을 치고 다닌다는 이야기지요. 최소 초중반까지는 그랬습니다. 사실 이 정도의 내용은 아카츠카 후지오의 작품에서도 종종 나오는 수준이었기 때문에 그다지 크게 문제될 건덕지는 없어보였으나……. 예나 지금이나 어른들은 아이들에게 인기가 많은 것을 싫어했습니다. 한국에서도 80년대에 만화책 불태우고 그랬잖아요?

특히 학부모는 아이에 대한 걱정으로 밤낮을 지새우는 사람들이기에, 아이들이 이런 만화를 읽는 것이 맞을까? 라는 반발이 확산되었습니다. 또 하나의 문제는 선생님을 건드렸다는 점인데요. 우리나라에서도 교권이 나날이 추락한다는 얘기가 나오지만 역으로 말하면 과거의 선생님들은 엄청난 권위의 상징이었다는 뜻입니다. 그런 선생님들을 성적으로 타락한 존재에 위선적인 모습을 보여주는 악한으로 그려댔으니, 선생님들 역시 이 만화를 좋게 볼 리가 없었습니다. 일본에서는 PTA라고 하는 단체가 있습니다. Parent-Teacher Association입니다. 부모와 선생님들의 연합단체라는 거죠.

장 캐릭터와 모에, 서브컬처에 익숙하다

　　　　　　　　나가이 고는 자연스럽게 PTA의 공격대상이 되었습니다. 사실 예전에는 나가이 고가 아닌 데즈카 오사무에게 공격을 하던 적도 있었지요. 그 싸움에서는 PTA가 패배했습니다. '만화[2]는 아동들에게 유해하다'라는 사상을 내세워 싸우던 PTA에게 데즈카 오사무가 '자신의 만화의 어떤 부분이 저질이냐'며 항의를 했기 때문이지요.

　　　나가이 고는 데즈카 오사무보다 표현의 수위가 높았고, 그 목적이 '코믹'이었기 때문에 더 큰 반발을 샀습니다. PTA는 나가이 고를 엽색꾼에 동성애자로 몰아갔고, 일본 전국에 그의 얼굴과 신상을 대문짝만하게 보도하도록 압력을 넣었습니다. 지금에서야 저런 마타도어가 통하기는 어려웠겠지만, 예전에는 TV에 나오면 다 그런 줄 알던 시절이었으니까요.

　　　나가이 고는 이런 사회적 압박에 저항합니다. 하지만 데즈카 오사무와는 다르게 저항하지요. 데즈카 오사무가 '나의 어디가 건전하지 않느냐'라고 항의했다면, 그는 조금 더 화끈하게 저항했습니다. "이제부터 진짜 건전하지 않은 것이 뭔지 보여주겠다."

　　　나가이 고는 이때부터 **파렴치 학원**의 수위를 올립니다. 등장인물들은 말 그대로 파렴치한 행동을 하고 다니고, 웬만하면 다 벗겨서 내놓습니다. **파렴치 학원**의 표지는 총과 헐벗은 여자 캐릭터로 장식됩니다.

　　　그의 이런 저항은 더더욱 화끈해져서, 아예 PTA를 풍자한

오타쿠의 목말을 읽다

단체를 등장시키기에 이릅니다. '대일본교육센터'라고 하는
단체가 나타나 등장인물들을 모두 죽이고 다닙니다. 등장인물들
역시 그 단체와 맞싸웁니다. 행복하게 그들을 물리치는 엔딩이
나왔다면 좋았겠지만, 이 전쟁으로 인해 등장인물은 주인공 몇
명을 제외하고 모두 죽는 결말이 나옵니다.

　"규제가 자유를 죽인다."

　나가이 고의 생각이었고, 그것을 직설적으로 풀어낸 것이
규제단체가 캐릭터를 모두 죽이는 결말이었습니다. 캐릭터들이
자유분방하게 행동한다는 이유로 죽어야만 한다는 것이지요.

　나가이 고의 이 시도는 일본 만화계를 바꾼 역사적인
순간이었습니다. 사회의 압박과 규제에서 만화는 조금 더
자유로워졌죠. 아마 PTA는 미친 사람을 본 기분이었을 겁니다.
나가이 고의 저항정신은 만화 속에 남아, 잔혹하고 폭력적인
설정을 쓰는 것에 거리낌이 없게 된 지금을 낳게 되었습니다.
만화계가 자유를 쟁취한 것이죠.

　이것은 독자분들의 사상에 따라서 다르게 느껴지실 겁니다.
매체가 너무 무책임해진 것은 아닌가라고 생각하시는 분들도
계실 것이고, 자유를 쟁취하는 모습이 멋지다고 느끼는 분들도
계실 겁니다. 어느 쪽이 옳거나 그른 문제는 당연히 아니지요.
다만 이런 시도들이 일본 만화의 패러다임을 바꾸어 놓았다는
점을 알아두는 것이 좋다는 것입니다.

장 캐릭터와 모에, 서브컬처에 안동하다

☞ 일본의 자유, 그리고 '롤리타 콤플렉스'

소아성애를 일컫는 롤리타 콤플렉스는 일본의 서브컬처에서 유행하고 등장한 조어입니다. 실제로 이것을 일컫는 영어 외래어인 '페도파일' 혹은 '페도필리아'는 실제 정신과적 진단을 말하는 것이지요. 당연히 소아성애를 서브컬처 조어인 '로리콘' 혹은 '로리콤'이라고 부르는 것은 훨씬 더 가벼운 의미입니다.

물론, 소아성애와 같이 심각한 범죄를 유발할 수 있는 문제를 가벼운 문화코드처럼 이해하는 것이 윤리적으로 옳으냐는 생각이 있으시겠지요. 하지만 그것이 실제로 일본에 문화코드로 존재하는 것은 사실이기 때문에, 이 단락에서는 '로리콤'이 왜 출현했고 왜 지금까지도 그 영향력이 건재한지에 대해 이야기해 봅시다.

가장 근본적으로는, 일본은 원래 유아적인 면이 있다는 비평이 있습니다. 일본의 근현대사를 이야기할 때, 제대로 근대화되지 않으면서 경제적으로 몸집만 커졌다는 점을 들어 '몸집만 커진 어린아이'라는 비판을 하는 경우가 있죠. 그 반대급부로, 어린아이의 몸에 성인처럼 행동하는 캐릭터를 등장시켜 성장욕구를 드러냈다는 설입니다. 데즈카 오사무가 일본 만화를 정립하고 시작하는 순간부터 그들의 작품에서 활약하는 등장인물들은 대개 어린이의 모습을 하고 있었지요. 특히 그는 디즈니를 좋아했기 때문에 동물 캐릭터나 아이 캐릭터를 매우 애용했습니다.

하지만 그들의 주제는 그저 어린아이가 볼만한 것들로만 채워지지는 않았지요. 데즈카 오사무는 「블랙잭」 같은 성인향 작품들도 많이 그렸던 만큼, 일본 서브컬처에서 활약하는 어린아이 캐릭터들은 어른의 멘탈리티를 그대로 보여주기도 하지요. 이렇게 '원래' 어린아이의 모습을 빌려서 어른들의 이야기를 하길 좋아했던 일본 작품들은, 어른의 이야기 중 '성'에 대한 이야기를 하기 시작합니다. 그 발단을 꼽을 때 대부분은 '아즈마 히데오'라는 작가를 꼽지요. 그 아즈마 히데오가 소위 '로리콤'적인 만화를 그리기 시작한 이유는 이 단락에서 말한 '나가이 고'의 영향이었습니다. 나가이 고의 「파렴치 학원」이 워낙 대히트작이었기 때문에, 그와 비슷한 작품을 그리기 시작했지요.

나가이 고도 나름 성적인 개그를 많이 사용했지만, 그가 주로 활용한 캐릭터는 아무리 적게 잡아도 중학생 이상의 캐릭터였습니다. 그러나 아즈마 히데오는 완전히 소녀나 다름없는 캐릭터들로 성적인 개그를 치기 시작하고, 아즈마 히데오의 이 시도는 전 일본을 뒤덮게 됩니다.

1980년대에 접어들며 일본에서는 단순히 그림으로만 존재하는 2D 롤리타가 유행할 뿐 아니라, 아예 현실에 존재하는 여아들의 누드집이 판매되기에 이릅니다. 나가이 고가 만들어낸 만화 속 표현의 자유 시대가 현대의 우리가 보기에는 이해할

수 없을 정도로 극한에 다다른 것이지요. 그 데즈카 오사무도 오히려 로리콤 문화에 영향을 받아 로리콤을 겨냥한 만화를 그릴 정도로 그 영향력은 짙어져 갔습니다. 1장에서 나온 '미야자키 츠토무'의 충격적인 여아 살해사건이 일어나고, 그의 집에 여아를 대상으로 하는 에로 게임들이 대거 나왔다는 사실이 밝혀지기 전까지 말입니다. 1989년 그가 체포되기 전까지 일본의 서브컬처는 롤리타 콤플렉스가 그다지 큰 반성 없이 퍼져나갔고, 오타쿠들은 좋으나 싫으나 로리콤적인 요소가 있는 작품을 봐야만 했습니다. 그 결과물이 오타쿠라는 존재들에 대한 혐오의 시작이라는 점은 아이러니한 부분이지요.

　　그러나 오타쿠들에게 돌을 던지는 것만으로는 이미 퍼져나간 문화를 바꿀 수는 없었습니다. 물론 나름의 경종을 울렸기 때문에, 로리타 캐릭터가 나오는 작품은 대중에게 조금 지탄을 받는 시대가 되긴 했지요. 하지만 그 전에도 주요 소비자인 오타쿠들은 롤리타 콤플렉스가 들어간 작품을 소비했고, 돌을 맞은 이후로는 더 음성화되고 더 은밀한 영역으로 숨어들어 소비하게 되었습니다. 혹은, 아예 성적인 의미를 배제하고 '로리' 캐릭터가 하나의 코드로만 존재하게 되기도 하였지요.

☞ 타카하시 루미코와 모에

　　이런 나가이 고와 아즈마 히데오에게 매우 큰

영향을 받은 사람이 바로 '타카하시 루미코'입니다. 그녀는 나가이 고의 작품들을 읽으며 자랐고, 그의 첫 작품인 「시골별 녀석들」역시도 살짝 선정적일 정도로 좌충우돌인 이유도 이와 같지요. 지금까지의 남자 작가가 그린 여성 캐릭터들은 비교적 외형적인 부분이 천편일률적이었습니다. 우리가 능히 상상할 수 있는 쭉쭉빵빵하고 늘씬한 여성 캐릭터들이지요. 반면 타카하시 루미코 작가는 여성 작가이기 때문에, 심리적 묘사와 독특한 캐릭터성을 내세우며 여성 캐릭터에 대한 새로운 지평을 열어버립니다. 그것이 바로 '모에'입니다.

지금까지 트로피 비슷한 조형물에 불과했던 여성 캐릭터들이 생동감을 가지고 살아나기 시작하면서, 현실에서 남자들이 가지고 있는 취향과 비슷한 것이 만화 속 등장인물에게도 반영됩니다. 그러다보니 거의 비슷비슷하게 생긴 미형의 여성 캐릭터가 아닌, 다양한 취향이 샘솟아 오르게 된 것이지요. 이 시기부터 자연스럽게 등장인물의 성격이나 관계성에 사람들이 집중하게 됩니다. '라무'에 대한 이야기를 많이 했으니 **메종일각**의 '오토나시 쿄코' 이야기를 해볼까요.

오토나시 쿄코는 아주 젊은 시절 결혼하여 빨리 남편을 잃은 과부 캐릭터입니다. 그런 그녀가 관리인으로 있는 집에 들어오게 된 주인공 고다이 유사쿠와 점점 사이가 깊어지게 되죠. 그녀는 자신이 고다이 유사쿠를 점점 좋아하게 된다는 사실을 깨달으면 깨달을수록 그 감정을 부정하려고 합니다.

사별한 전 남편에 대한 배신으로 느끼기 때문이지요. 그런 오토나시 쿄코에 이입해서 그녀의 방황을 마주하는 것도 재미있는 일이지만, 이 작품의 주인공은 어디까지나 고다이 유사쿠이기 때문에 그렇게 방황하는 그녀에게 사랑을 느끼는 입장이 됩니다. 고다이 유사쿠를 사랑하면서도 밀어내는 모습은 현대에는 '츤데레'라고 불리는 모습의 대표적인 모습이지요.

캐릭터가 복잡하고 어려워지면서 우리는 그들을 조금 더 피상적으로 분류할 필요를 느꼈습니다. '오토나시 쿄코' 같은 캐릭터를 또 하나 보고 싶다고 말할 수도 있겠지만 츤데레라고 부르는 쪽이 더 쉽겠지요. 더 나아가서, 「시끌별 녀석들」처럼 여자 캐릭터가 많이 나오는 작품에서는 아예 외부적인 특징이 캐릭터성의 주요한 포인트가 되기도 합니다. 라무는 섹시함이 강조되고, 사쿠라는 어른스러운 요염함이 강조됩니다. 외적으로만 보아도 어떤 캐릭터인지 눈치가 채질 정도입니다.

핑크머리의 란은 당연히 귀엽고 청순한 캐릭터입니다. 하지만 자기 마음대로 되지 않을 때는 다혈질적인 모습을 보입니다. 어린 시절 「다! 다! 다!」를 보신 적이 있으시다면 '하나코마치 크리스틴'의 캐릭터성을 상상하면 될 겁니다. 이 쪽도 핑크색 머리를 가지고 있지요. 핑크색 머리를 한 아가씨 계열의 캐릭터들은 대부분

오타쿠의 욕망을 읽다

비슷비슷한 모양새를 띱니다. 이런 캐릭터를 하라구로[3]라고 부르기도 합니다.

벤텐은 **스케반**[4] 캐릭터입니다. 척 봐도 여전사 느낌이 강렬하지요. 류노스케는 남장여자 캐릭터입니다. 이 쪽은 보기만 한다고 알 수 있지는 않네요. 하지만 남장여자라는 사실을 알고 나면 여러분이 상상하는 바로 그 이미지 그대로 행동합니다.

타카하시 루미코 이후로 여성 캐릭터의 캐릭터성이 매우 중요해졌고, 관계성이 사람을 매다는 후크가 되었습니다. 하지만 그 캐릭터성을 한눈에 외형적으로 보여주는 것만큼 효율적인 것도 없었기에 캐릭터가 증가하면 증가할수록 모에는 더더욱 피상적이 되었습니다.

모에는 하렘의 발전과 함께 더 전형적인 이미지로 발전하였고, 본격적으로 모에라는 표현이 사용되기 시작한 1990년대 중반부터는 모에가 곧 만화와 애니메이션의 흥행을 견인하게 됩니다. 츤데레라는 캐릭터성도 그 파생작품을 만들어내게 되죠. 「신세기 에반게리온」의 아야나미 레이 이후로 '쿨데레'라는 표현이 수도 없이 사용되게 되었습니다. 모에라는 것은 사실 이런 것이죠. '아야나미 레이와 비슷한 캐릭터'라는 말을 하기 귀찮기 때문에 쿨데레라는 카테고리로 묶게 된 것. 그것이 모에라는 것의 본질이라고 보아야 합니다. 오타쿠들은 자신의 뇌리를 때린 매력적인 캐릭터에 대한 이미지를 가지고

3 한자로는 服黒, 속이 검다는 뜻이다.

4 여자 깡패를 의미하는 말. 조금 구식이라는 느낌이다.

있고, 그것의 재생산 혹은 모방을 또 소비하고 싶어하는 것이지요.

　　만화 속에서 이렇게 사용되는 '현실적이었던' 캐릭터성이라는 것은 피상적인 카테고리화와 과장된 재생산을 거치면서 '비현실적'으로 변해가게 되었습니다. 과거에는 츤데레라는 캐릭터가 제법 현실적이었죠. 우리는 모두 어린 시절에 좋아하는 사람을 괴롭혀 본 경험이 있으니까요. 하지만 지금에 와서 오타쿠계 모에에서 츤데레는 취급도 안 해주는 경향이 강합니다. 점점 비현실적인 영역을 지나쳐 얀데레의 시대까지 오게 되었죠. 얀데레란 주인공을 독점하고 싶을 정도로 병리적으로 주인공을 사랑하는 캐릭터를 의미합니다.

　　현실에 있는 캐릭터성이 완전히 현실성을 잃어버리기도 합니다. 만화 내부에서 나오는 아저씨라는 존재들은 대개 몇 가지 과장된 이미지로 대체됩니다. 코믹한 계열로 사용된다면 자신감 없고 애환이 녹아있는 캐릭터로 나올 것이고, 모에한 계열로 사용된다면 외로움이 있고 책임감이 강한 미중년으로 등장할 것입니다.

　　제가 제일 좋아하는 예시는 '여동생 모에'라는 예시인데요. 현실의 아침에 오빠를 과장된 몸짓과 말투로 귀엽게 깨워주는 여동생은 거의 존재하지 않습니다. 하지만 일본 만화나 애니메이션 속 '여동생'이라는 존재는 너무나도 당연스럽게 오빠를 아침에 깨우고 도시락도 싸줍니다.

라고만 말해도 오타쿠들은 머릿속에 어떠한
이미지가 쭉 흘러갈 것입니다.

그렇지 않은 여동생 캐릭터가 오히려 '여동생답지 않다'는
것을 내세우고 인기를 끌기도 했습니다. 「건어물 여동생
우마루짱」 같은 작품은 만화라면 흔히 나올법한 여동생의
모습을 하지 않고 폐인처럼 생활한다는 점이 인기를 끌었지요.

이렇게 만화나 애니메이션 속에서는 너무나도 당연한
것처럼 취급되고, 오히려 그 쪽이 리얼하다고 평가를
받지만 현실과는 전혀 상관없는 개연성을 '애니메이션적
리얼리즘'이라고 부르기도 합니다. 평론가 오오츠카 에이지가
아마 마술적 사실주의에서 따온 표현이겠지요. 판타지라면 응당
그래야 할 것처럼 리얼하게 전개되지만 현실과는 동떨어진 것이
바로 마술적 사실주의지요. 만화/애니메이션에서는 응당 그럴
것으로 생각되지만 현실적으로 생각하면 영 이상한 것들이 바로
애니메이션적 리얼리즘입니다.

☞ 클리셰, 그리고 「이세계 삼촌」

창작물에 나오는 흔해빠진 상황들을 소위
클리셰라고 부릅니다. 좀비 영화에서 무언가 재미있어
보이는 이벤트가 나온다면, 그것은 좀비가 나타날 것이라는
뜻입니다. 추리 작품에서 누군가 사람들을 따돌리고 혼자 잠을

청한다면, 그 사람이 밀실살해를 당할 것이라는 뜻이지요. 이런 뻔하디뻔한 것들을 '클리셰'라고 부릅니다. 클리셰는 언제나 그렇듯, 잘 사용하면 굉장히 재미있는 전개가 됩니다. 언제나 사람을 울리는 것은 진부하니까요. 하지만 서브컬처에서 '클리셰'는 '모에'의 영역과 맞닿아 있습니다. 캐릭터의 클리셰를 모에라고 부르는 것이니까요. 흑발의 아가씨 캐릭터라고 하면 바로바로 떠오르는 몇몇 이미지들이 바로 모에입니다.

그러다보니 오타쿠가 소비하는 작품들은 클리셰 덩어리인 경우가 많습니다. 가령「명탐정 코난」의 히로인 '란'은 겉으로는 청초하고 얌전해 보이지만 유단자인 캐릭터입니다. 그런데 실은 이런 캐릭터, 이번 장에서 꾸준히 나온「파렴치 학원」의 히로인을 정확히 빼닮았습니다.

우리는 어떠한 모에에 꽂히면 그런 모에가 등장하는 작품, 혹은 그런 모에가 등장할 법한 '장르'의 작품을 찾아보게 됩니다. 네, 맞아요. 일본 서브컬처에서는 '장르'도 클리셰 덩어리가 되어서 어떤 장르라고 하면 어떤 장면이 펼쳐질지 능히 상상할 수 있습니다.

일본에서 흔히 사용되는 D&D식의 판타지 세계관 역시, 일본의 서브컬처식으로 개조되어서 장르로 소모되곤 합니다. 흔히 일본식 판타지라고 한다면, 왠지 엘프가 반드시 등장해야 하지요. 영미권의 '엘프'의 이미지는 신비롭고 은밀하며 외부를 배척하는 장수하는 종족이지만…… 일본식 엘프는 조금은 엇나간 부분들이 있습니다. 기본적인 골자는 비슷하더라도 일본식 엘프는 츤데레인 경우가 많습니다. 분명 엘프 집단 내에도 남자는 존재할 것이지만 일본식 엘프 여캐들은 남자에 익숙지 않은 모습을 보입니다.

이런 일본의 '장르'에 대한 모에나 클리셰를 이야기하려면 판타지에서는「로도스도 전기」라든지…… 각자 장르마다 작품을 하나씩 댈 수 있겠지만, 현대의 독자들이 보시기에는 조금 당연한 얘기들로 보일 것입니다. 왜냐하면 여러분이 지금 생각하는 엘프의 이미지가「로도스도 전기」의 '디드리트'의 모습과 거의 완벽히 똑같기 때문이지요.

그래서 오히려 우리 모두가 가지고 있는 '클리셰' 혹은 '모에 요소'라는 것을 조금 색다른 시선으로 읽을 수 있는 작품인 **이세계 삼촌**이라는 작품을 추천드립니다. **이세계 삼촌**은 말 그대로 삼촌이 이세계에 갔다 오는 이야기지요. 정확히는 갔다 '온' 이야기입니다.

보통의 이세계 장르 작품들은 모험을 중심으로 하기 때문에 주인공이 직접 이세계를 모험하는 형식을 띠고 있지만 **이세계 삼촌**은 조금 더 개그에 가까운 작품입니다. 그렇기 때문에 이미 이세계를 모험하고 온 '삼촌'의 이야기를 조카가 듣는 형식으로 구성되어 있지요. 대신 그 '삼촌'이라는 사람이 이세계에 간 것이…… 17살 때입니다. 연도로 따지면 2001년이지요. 배경은 2018년이기에 '삼촌'은 34살이지만 17년간 혼수상태로

6 파고들기라는
뜻으로, 근성이나 상상도
못할 방법을 동원해
게임을 플레이하는 것.

지냈기에 현실에선 그다지 재능이 없습니다.

그리고 심지어 17년 전에는 아직 유행하지

않았던 단어…… 가령 '츤데레'라는 단어는

2005년 쯤부터 대중화되어 사용되었기 때문에 삼촌은

'츤데레'라는 캐릭터성을 모릅니다. 그가 비유하는 표현은

「신세기 에반게리온」의 '아스카'와 비슷한 캐릭터라고 표현을

하지요.

　이런 세대 차이를 이용하여 클리셰를 뒤엎는 작품입니다.

아니, 정확히는 '이세계'에 있는 파트에서만큼은 왕도적일

정도로 클리셰 범벅인 이세계 전개를 보여주지만, 2010년대

후반의 오타쿠라면 너무나도 자연스러운 전개를 삼촌이 완전히

부수고 다니는 것이 특징입니다.

　서브컬처에서라면 너무나도 흔한 '마음에 상처를 입은

여자아이' 캐릭터를 구원해주는 서사 이벤트를 무시해버립니다.

그녀를 구원하면 용에게 패널티를 입힐 수 있음에도 불구하고

'삼촌'은 귀찮은 이벤트라고 생각한 뒤 JRPG스러운 **야리코미**[6]로

해결해버립니다.

　서브컬처라면 흔히 있는 입이 험하지만 주인공을 좋아하는

츤데레 캐릭터에게는 진심으로 상처를 받고 마음의 문을

닫아버립니다. 오타쿠라면 귀여운 캐릭터라고 생각할 법한

수준이지만 실제로 면전에 대놓고 욕을 하는 츤데레는 인기가

없겠지요. 이런 식으로 세대 차이를 근거로 들어 모에나

클리셰를 산산조각 내는 것이 이 작품의 매력입니다. 무언가를 부수기 위해서는 그것이 어떤 것인지를 보여줘야 하기 때문에 오타쿠들이 당연시 여기는 '클리셰'란 무엇인가를 접하기에도 아주 좋은 작품이라고 생각합니다.

☞ 여성향 모에와 「은혼」

여성향 작품들은 남성향 작품들에 비해서 '모에 요소' 하나만을 밀고 들어가는 경우는 많지 않습니다. 여성향 작품들은 대개 서사를 중요하게 여기는 편이고, 특히 두 캐릭터의 관계성과 감정교류를 중심으로 하기 때문이지요. 그러나 여성향에서도 마치 수렴진화를 하듯이 유행하는 캐릭터의 스타일이 변모하곤 합니다. 2000년대 초반에는 소위 「귀축안경」이라는 BL 에로게임에 나올 법한 속이 검고 선이 얇은 캐릭터들을 선호했지만 2000년대 중후반으로 접어들면서 조금 더 선이 굵은 캐릭터들이 등장하게 되었듯이요.

남성향 모에에서만 머리카락 색깔이 독개구리처럼 변한 것은 아닙니다. 여성향 작품에서도 너무나 당연하게도 유행에 따라 캐릭터가 변하게 되었지요. 보통은 갈색 머리나 흑발의 평범한 캐릭터들이 가장 많이 등장하지만 2000년대 후반에는 은발 캐릭터들이 한창 날리던 시기가 있었습니다.

여성향 모에를 이야기하려면 사실 여성향 작품 그 자체를 말하기보다는 동인계를 이야기하는 쪽이 더 편합니다. 그렇기

장 캐릭터와 모에, 서브컬처에 익숙하다

251

7   요로즈야 : 그냥 백방으로 아무 일이나 해주는 사람을 의미한다.

때문에 이 얘기는 다음 파트 속 2차 창작 부분에서 더 알아봅시다.

다만 **은혼**이라는 작품을 대표격으로 꼽아 소개하고 싶은데요. 이 작품이 문화적으로 시사하는 바가 있기 때문입니다. **은혼**은 해결사[7] 일을 하는 사카타 긴토키라는 캐릭터를 중심으로 하여 에도막부시대에 개항을 한 것이 미국이 아닌 외계인이었다면 어땠을까? 라는 대체역사 속 군상극 및 소년만화식의 활극을 보여주는 작품입니다. 다만 설정이 그렇고 말이 그래서 그렇지, 사실은 아저씨 취향의 개그를 하는 작품입니다. **은혼**의 장르는 **은혼**이라는 얘기가 있을 정도로, 장르는 중구난방이고 개그는 완전 저질인 경우도 많습니다. 애초에 **은혼**이라는 제목 자체가 저질 개그입니다. 은혼의 일본어 발음은 긴타마인데, 고환을 뜻하는 킨타마와 발음이 비슷하여 차용한 것입니다.

소년만화에, 아저씨 취향의 개그에, 주인공도 그다지 제대로 된 캐릭터는 아니고, 심지어 대체역사물입니다. 이것은 남성향 작품이라고 밖에는 설명할 수 없어야 하는데…… **은혼**의 팬덤은 기묘하게도 반으로 자른 듯 뚝 나누어져 있습니다. 여성향 팬덤 반, 남성향 팬덤 반으로 말이지요. 그 이유는 **은혼**이 남성 캐릭터진을 매우 매력적으로 구성했기 때문이지요. 이 작품은 여성 캐릭터가 거의 등장하지 않고, 소수의 여성 캐릭터들은 남성 캐릭터에 휘둘리기는커녕 잡아먹을 정도로 강렬합니다. 그렇기 때문에 '남성향'의 가장 큰 요소인 '미소녀에 대한 욕망'이 그다지 드러나지 않습니다.

여성향에서는 백개의 장점보다 하나의 유독한 단점이 없는 것을 더 선호합니다. **은혼**은 비교적 정떨어지는 구간이 별로 없는 반면, 남성 캐릭터들이 주로 활약합니다. 심지어 소년만화답게 제법 멋지게 활약합니다. 등장인물들의 서사와 관계성도 단순한 동료로만 묶이지 않고 대외적으로는 적이지만 서로 친분이 있거나 인정하는 관계성이 많이 나옵니다.

은혼을 통해 우리가 알 수 있는 것은 이제 하나의 작품은 하나의 타깃을 대상으로 하지 않는다는 것입니다. 물론 타깃층을 정확히 잡는 것이 더 편하고 유리한 일이지만 작금의 소비자들은 자신이 원하는 부분만 골라서 소비합니다. 같은 **은혼**을 보더라도 남성층은 매력적인 대체역사물과 개그, 소년만화의 성장에 주목하는 반면 여성층은 캐릭터성과 관계도를 주목하여 소비합니다. 이는 서브컬처의 현상이지만, 앞으로 대중문화들 역시 서브컬처로 변할 것이기 때문에 충분히 예상되는 가까운 미래의 현상이라고 볼 수도 있습니다. 아니, 사실 이미 왔던 일이기도 합니다. 한국의 예능 「무한도전」의 여성 팬덤은 그들을 가지고 팬픽을 쓰기도 했습니다. 「무한도전」이 딱히 여성층에게 그런 식으로 사용되기 바라고 만든 작품이 아니었을 텐데도요.

조금 비관적으로 말하면, 우리는 더 이상 타깃을 정할 수

장 캐릭터와 모에, 서브컬처에 익숙하다

없는 시대라고 볼 수도 있습니다. 자신의 작품의 어떤 부분이 흥행할 지는 아무도 모르는 것이지요. 혹은 작가의 의도가 완전히 죽어버리는 '저자의 죽음' 현상이 대중문화에 등장하기 시작한 것일지도 모릅니다. 소비자가 그 텍스트를 어떻게 받아들이느냐하는 맥락만이 남는 시대가 된 것이지요.

바야흐로 유튜브시대입니다. 한국의 기존 매스미디어에서는 왜색을 우려하여 일본의 문화가 검열되는 경우가 잦았지요. 하지만 유튜브시대를 맞이하면서 한국에선 일본의 문화가 급속도로 퍼져나가고 있습니다.

인터넷 방송인들은 일본 노래에 맞춰서 춤을 추는 리액션을 보여줍니다. 조금 오래된 이야기이긴 하지만, 한국의 '합성' 문화는 일본의 '니코동'[1] 문화의 영향이 매우 큽니다. 이 글을 쓰고 있는 현재 유튜브 뮤직의 1위는 「최애의 아이」의 OST 「아이돌」입니다. 한국의 웹툰은 일본의 모에체를 기반으로 하고 있고, 웹소설 업계는 일본의 트렌드를 거의 답습하고 있습니다.

지금까지 이 책에서 나온 '서브컬처'는 만화 혹은 애니메이션이었지요. 하지만 2020년대의 서브컬처란 그 범위가 너무나도 다양합니다. 게임이 가장 처음 서브컬처에 편입되었고, 음악과 영상물이 서브컬처에 들어오고, 일본 오타쿠식 팬덤문화가 확산되고, 인터넷 방송에 뿌리박혔습니다.

현재 우리는 이것들을 한 덩어리로 보고 있지만, 실제로는 각자 서브컬처와 연관되기 시작한 시기가 제각기이지요. 물에 물탄 듯 섞여 들어온 것도 있고, 이질적이라고 배척받으며 성장한 업계도 있습니다. 그러나 서브컬처의 그 역동적인 확장성은 결국 우리 모두의 일상에 침투하기에 이르렀습니다. 한국은 물론이고 일본에서도 오타쿠 문화는 거의 일상의 영역이 되어버렸지요. 최근 후지산 근방을 다녀온 적이 있습니다. 그곳의 패밀리 레스토랑에서도 「강풍올백」이라는 보컬로이드 음악이 들렸지요.

오타쿠의 본산인 일본에서도 사실 오타쿠나 서브컬처의 이미지는 그다지 좋지 않습니다만, 일본에서 '평범함'의 상징과도 같은 파미레스[2]에서도 서브컬처의 끝 정도로 취급되는 보컬로이드 음악이 울리는 것은 서브컬처가 얼마나 일상에 깊게 침투했는지 알 수 있게 되지요.

이 장에서는 현대적인 오타쿠 문화의 흐름과 특기할만한 점을 이야기해 봅시다.

---

1   동영상에 회원이 자유롭게 댓글을 달 수 있고, 그 댓글이 실시간으로
     화면에 표시되는 인터넷 문화.
2   패밀리 레스토랑. 한국의 패밀리 레스토랑보다 싸구려 이미지이다.

10장

게임과 2차 창작,
참여하는 서브컬처

☞ 오타쿠에게는 '2차 창작'

오타쿠의 선은 어디에 그어져 있는가? 많은
오타쿠들을 전율시킨 문제입니다. 가령 오타쿠들은 이런 대화에
가끔 열 받을 때가 있거든요.

"야! 나도 「진격의 거인」이랑 「원펀맨」 즐겨보는 데 나도
오타쿠 아니야?"

"집에 가서 「명탐정 코난」 볼 거란 말이야! 나 오타쿠라 집에
가야 돼!"

이런 이야기를 들으면 오타쿠들은 마치…… 그다지
좋아하지도 않던 '오타쿠'라는 타이틀을 빼앗긴 것 마냥
분개합니다. 서브컬처판 빼앗긴 가난이죠. 오타쿠들은
아무리 만화/애니메이션이라고 해도 소위 '인싸 만화'를

분리해서 봅니다. 그럼 인싸 만화는 어떤 것이 있느냐구요?
그렇네요……. 아무래도 역시 일반인이 보기에 '역겨운
만화'를 소비하면 오타쿠들도 웃으면서 환영해줄 것이라고
생각합니다. 그러나 단순히 '인싸 만화'의 범주에 속하는
것을 열심히 좋아해봐야 영원히 오타쿠가 되지 못하는 것은
아닙니다. 가령 인싸 만화의 대표격인 「원피스」를 너무 좋아해서
원피스 피규어를 사 모으고 원피스 만화책을 편마다 3권씩 사
모으는 수준의 인물이라면 훌륭한 원피스 오타쿠라고 부를 수
있겠지요.

제가 제시하는 오타쿠의 선은 '2차 창작'을 소비하거나
만드느냐에 있다고 생각합니다.

'2차 창작'이 뭘까요? 말 그대로 원전이 있는 작품에서 그와
관련된 요소를 가지고 또 다른 창작물을 만들어내는 것입니다.
가령 「원피스」의 주연들 중 두 사람의 사이드 스토리가 떠올라서
그것을 가지고 창작을 한다면 훌륭한 2차 창작이 되는 것이지요.
이 2차 창작이란 것의 범주는 너무나도 넓습니다. 그리고 이
범주가 '서브컬처'의 범주와 비슷하기까지 하죠. 우리는 하나의
작품으로 수많은 2차 창작을 즐길 수 있습니다.

내가 좋아하는 캐릭터가 나오도록 어떤 노래의 뮤직
비디오를 합성한다면 어떨까요? 이것도 훌륭한 2차
창작물입니다. 내가 좋아하는 캐릭터의 과거 이야기를 상상해서
만든다면 어떨까요? 이건 '팬픽'이라고 불리는 2차 창작의

한 갈래이지요. 그리고 오타쿠는 이런 2차 창작을 소비하는 순간부터 오타쿠가 되는 것이 아닐까라고 생각합니다.

원작만을 보고 감명 깊게 본 사람……. 가령 「슬램덩크」를 예시로 들어볼까요. 「슬램덩크」에는 유명한 장면들이 많지요. 안자이 선생님의 "포기하는 순간 거기서 시합 종료예요."라는 명언만을 좋아한다면 오타쿠라고 부르기 애매합니다. 하지만 안자이 선생님의 그 장면에다가 "포기하면 편해…… 하지 마."라는 정반대의 대사를 붙인 것을 창작하고, 그 창작을 보고 깔깔 웃으며 좋아했다면 그 순간부터 오타쿠가 되는 것이라고 생각합니다.

☞ 「오소마츠 상」과 동인녀

이런 2차 창작을 전문으로 하는 것을 '동인 활동'이라고 부릅니다. 일본어의 同人을 한국어로 그대로 옮긴 것입니다. 말 그대로 '같은 인간들'을 의미하지요. 서브컬처에서 사용되니 취향이 같은 사람들이라고 말하면 더욱 엄밀하겠네요. '동인 활동'은 다른 문화에서 말하는 아마추어 활동과 거의 유사합니다. 음악에서는 인디 음악이 있고, 스포츠에서는 아마추어 스포츠가 있듯이, 서브컬처에는 '동인 작가'가 존재하지요.

이 '동인 활동'에서 다루는 것은 폭넓습니다. 자신이 직접 만든 작품을 같이 동인 활동을 하는 사람들에게 공개하고 화기애애하게 대화를 나누는 것이 그들의 목적이지요. 하지만 역시 1차 창작보다는 2차 창작이 조금 더 편하기도 하고, 비슷한 취향의 무리를 찾기도 좋습니다. 그렇기 때문에 동인계는 역시 2차 창작을 중심으로 이어지곤 했지요.

이런 동인 활동을 하는 사람들의 성별이야 물론 구애받을 이유는 없습니다만, 보통은 여성들이 두각을 보이는 경우가 많았습니다. 남성층은 동인 활동을 하다가 어느 순간 프로가 되어버리는 경우가 잦았지만 여성들은 어디까지나 취미의 영역으로만 창작을 하는 경우가 많았고…… 사실 더 큰 문제는 '동인녀'라는 말이 약간 오염되었기 때문이기도 하지요. 그 당시 유행하던 만화들의 여성 팬덤에 가장 재미있게 2차 창작을 할만 했던 것은 역시 **'야오이'**[3]이기 때문에…….

동인 활동을 하는 여성들 중에 BL을 **파는**[4] 사람도, 팔지 않는 사람도 있었지만…… '동인녀'의 이미지는 BL쪽으로 굳혀지게 되었습니다. 사실 여성들의 서브컬처 소비를 분석하려면 메인 스트림의 작품들을 분석하는 것보다 2차 창작에서 동인 활동을 하는 여성들이 어떤 소비를 하는지 분석하는 것이 더 좋습니다.

가장 특기할 점은, 동인녀들의 소비는 기승전결이 없다는 것이지요. 동인 활동은 기본적으로 자원이 매우 부족하기 때문에 처음부터 끝까지 기승전결을 완벽히 갖춘 2차 창작을 하기에는 매우 어렵습니다. 자연스럽게 그들은 가장 임팩트가 있는 단 한 순간을 골라서 그 장면에 대해서만 씁니다. 2차 창작이라면 빌드업을 하는 부분은 원작에서 빌려올 수 있고 그 이후 특정 장면으로 흘러간 뒤 결말은 동인녀들이 직접 상상하게 만드는 방향이지요.

이해가 안 되실 분들을 위해 예시를 들어보겠습니다. 소위 동인 유머 중에 "네 홍차에 독을 탔어"라는 것이 있습니다. 이 대사는 굉장히 임팩트가 있는 대사인 동시에 상상력을 불러일으키지요.

"왜 네 홍차에 독을 탔다고 순순히 실토를 하는 걸까?"

"독을 타야만 하지만 상대가 죽는 것은 싫었던 것일까?"

"아니, 사실 상대가 죽는 것이 싫은 것보다 자신을 원망하며 죽기라도 하라는 배려일까?"

특히 2차 창작이라면 이미 잘 만들어진 캐릭터를 기반으로 더욱 구체적인 상상을 할 수 있겠지요. '이 캐릭터라면 이렇게 반응하지 않을까?', '이런 대화문이 오고가지 않을까?', '이 뒤로 어떻게 될까?'

동인녀들의 2차 창작은 대개 기승전결 중 가장 임팩트 있는 부분만을 상상한 뒤 그 뒤로 자연스럽게 흘러가는 사고력에 몸을 맡겨버리는 형태로 구성됩니다. 동인 활동을 하는 남성들에게서는 흔히 보이지 않는 소비 행태이지요.

장 게임과 2차 창작, 잠여하는 서브컬처

그렇기 때문에, 동인녀들은 '소재'와 '맛있는[5] 캐릭터'를 갈구합니다. 보통의 오타쿠들이 원작을 90% 소비하고 10%의 2차 창작을 소비한다고 가정합시다. 그러면 동인녀들은 보통 원작을 50%, 2차 창작을 50% 소비한다고 봐도 과언이 아닙니다. 오히려 원작에서 BL 등을 은근히 밀어주는 모습이 보이면 그들은 만족하지 못하기까지 합니다. 왜냐하면 원작이 그 둘의 관계성을 '고정'해놓는 행태야말로 상상력을 제한하는 것이기 때문입니다.

그래서 작품 공인 커플링이 공고한 작품은 2차 창작이 활발하지 못하고, 그런 영역이 적을수록 2차 창작이 펼쳐지기 좋은 환경이 됩니다. 직전 파트에서 「은혼」이야기를 할 때 나왔지만 꼭 동인녀가 아니더라도 오타쿠들은 이제 자신이 원하는 것만 쏙쏙 뽑아서 소비하는 것에 도가 텄지요. 그래서 동인 활동을 하지 않는 사람이 보기에는 왜 **오소마츠 상**이 2차 창작의 메카처럼 되었는지 상상하기 힘듭니다. 원작에서 BL관련된 요소가 강조되어서 나오는 것도 아니고 그림체는 단순하기 그지없으며, 시리어스한(심각한) 내용이라기보다는 개그물이고, 스토리의 큰 줄기가 있는 것도 아니며, 등장인물들이 다 비슷비슷하게 생겨서 단조롭기 때문입니다.

원작이 아주 매력적이어야 2차 창작이 활성화될 것이라고 생각하는 평범한 오타쿠들에게는 위에 언급한 저 내용들이 동인 활동에선 큰 메리트가 된다는 것을 쉽게 상상할 수 없습니다. 등장인물들의 관계성을 그다지 고정하지 않았고, 단조롭게 생겨서 2차 창작자가 터치를 가미하기 쉬우며, 시리어스한 내용이 아니기에 명백한 설정이 없어 설정 충돌이 발생하지 않고, 단순한 그림체 덕에 캐릭터의 성격이 강조됩니다.

그렇기에, 여성향을 노린다면 맛있는 캐릭터만 차려놓으면 됩니다. 동인 유머 중에 "원작에서 너무 완벽한 것을 보여주는 것은…… 순대국에 양념장과 부추와 새우젓을 가게 주인이 미리 넣어놓은 느낌과 비슷하다."는 말이 있습니다. 순대국을 어떻게 조합할지, 어떻게 엮어 먹을지는 오타쿠의 상상력이 작용할 영역이지 원작자가 제공할 영역이 아니라는 뜻이지요.

☞ 게임과 동인, 그리고 「동방 프로젝트」

여성향 동인의 이야기는 이제 조금 접어둡시다. 남성향 동인에서 주목해야 할 포인트가 있기 때문이지요.

원래 게임과 서브컬처는 같은 듯 다른 듯 발전해 왔습니다. 정확히는 소비층이 같고 생산층이 비슷하지만 그 뿌리가 조금 다른 느낌이었지요. 만화방과 게임방의 차이라고 비유하면 이해가 쉬우실까요? 저는 사실 이해 잘 못하겠습니다.

물론 게임계에서도 서브컬처의 소비자들을 노리는 경우는 상당히 많았지요. 아타리 스타일의 픽셀 그림이 아닌, 32비트와 64비트의 시대로 넘어오면서 많은 게임사들은 '오타쿠'를 위한

게임을 만들었습니다. 혹은, 게임을 만들어놓고 보니 오타쿠 몰이를 하는 경우가 많았지요.

만화를 기반으로 한 2차 창작을 게임사가 직접 하는 경우도 많았지요. 요즘에는 흔치 않지만, 1990년대만 하더라도 어떤 만화가 대히트를 하면 그 만화를 소재로 한 게임을 발매하곤 했었습니다. 반대로 게임이 대 히트를 치면 그것을 가지고 2차 창작을 하는 경우도 많았죠.「스트리트 파이터」 시리즈의 매력적인 캐릭터는 자연스럽게 동인지의 확산으로 이어졌습니다.

그러나 '미소녀 연애 시뮬레이션'과 같은 본격적으로 오타쿠를 겨냥한 게임이 아닌 이상…… 소비자들끼리 서로 영향을 주고받는 경우는 있어도 두 분야가 완전히 같다고

생각하는 사람은 드물었습니다. 애초에 게임은 게임기로 구동해야 하는 것이고, 오타쿠들의 접근성도 그리 좋지 않았기 때문이지요. 심지어 많은 게임들은 오락실의 아케이드 기계를 사용해야만 플레이 할 수 있는 경우도 드물지 않았습니다.

6   1975년부터 열린 일본의 오타쿠 행사. 코믹마켓의 줄임말.

그런데 '컴퓨터'의 발달은 게임과 서브컬처의 영역의 교집합을 순식간에 넓혀나가게 되었습니다. 사실 과거에 '오타쿠'가 되기 위해서는 최신 문물에 정통해야만 했거든요. 2차 창작을 즐기려면 **코미케**[6]도 나가야 하고 오타쿠용 게임을 즐기기 위해서 최신 게임기도 구비해야만 했습니다. 사실 오타쿠는 꽤 부르주아적인 취미였던 것이죠. 그러니 퍼스널 컴퓨터의 시대가 열렸을 때 최신 문화와 문물에 정통한 오타쿠들이 가장 두각을 보였던 것은 매우 당연한 일이었습니다. 오타쿠들은 이제 더 이상 오프라인에서만 동인 활동을 할 필요가 없었지요. 온라인에서도 얼마든지 활동을 할 수 있게 되었습니다.

게임과 서브컬처는 서로 계속 영향을 주고받았기에, 그 당시에 컴퓨터에 정통한 오타쿠들은 '오타쿠를 위한 PC 게임'이라는 것을 개발할 수 있게 되었습니다. 그렇게 1996년을 전후로 '동인 서클'은 동인 게임을 발표하게 되고, 1997년에 「동방 프로젝트」가 탄생한 것입니다. 당시 오타쿠들은 만능이었기 때문에 음악도 작곡하고 캐릭터 디자인도 하고

장 게임과 2차 창작, 함께하는 서브컬처

게임도 만들었습니다. 시판 게임들이 시도하지
못하는 화끈한 시도도 할 수 있었지요. 「동방
프로젝트」는 탄막 슈팅게임이지만 기존의 게임들에선 생각지도
못한 것을 해냈습니다. 탄막 슈팅게임에서 흘러나오는 음악이
단순한 BGM이 아닌, 게임의 중요 요소로 등극하게 된 것이지요.
탄막이 흩날리는 것은 일종의 연출처럼 작용하고, 움직임 역시
리듬에 영향을 받게 됩니다.

아마추어계에서 이렇게 성과를 내기 시작하니
게임계에서는 더 적극적으로 서브컬처의 영향을 받기
시작합니다. 그와 동시에 아예 동인 활동인 동시에 게임 회사가
되는 곳도 생겨났지요. 그 유명한 「페이트 시리즈」의 '타입문'도
동인으로 시작했으나 프로가 된 사례이고, 「쓰르라미 울적에」
역시 용기사07이 만든 동인 게임이었습니다. 특히 게임
업계는 재미있으면 장땡이라는 인식이 확고합니다. 아마추어
제작자들은 프로의 선을 넘나들게 되었고, 이제 게임업계
자체가 '인디 게임'을 결코 무시하지 않는 분위기입니다. 아예
게임 원화가 같은 사람들은 동인 활동을 하는 작가를 섭외하는
경우도 있고요.

2014년에 들어서면 그 유명한 「언더테일」이라는 작품이
나오게 됩니다. 이 게임의 개발자인 토비 폭스도 **JRPG**[7]에
빠져 있던 오타쿠였고 동인 활동을 하던 사람이었죠. 그 역시도
선배들의 전철을 밟아 혼자 음악을 만들고, 세계를 만들고,

게임을 제작하게 됩니다.

아예 게임은 어떤 서브컬처 장르를 죽여 버리기까지 합니다. 소위 하렘물과 미소녀 동물원이라고 불리는 장르들을 사라지게 만들었죠. 이제 게임이 컴퓨터가 아니라 스마트폰으로 즐기는 매체가 되자, 게임은 다른 옷을 입게 됩니다. 모바일 게임은 더 이상 진득하게 앉아서 집중해서 즐기는 세계가 아닌, 한 번씩 눈길만 줘도 즐길 수 있는 것이 되어야만 했습니다. 이런 세계에서는 무겁고 슬픈 이야기보다는 단숨에 알아채기 쉽고 피상적인 이미지를 소비하는 쪽이 유리합니다. 그것의 대표주자가 바로 서브컬처지요.

「소녀전선」, 「함대 콜렉션」 같은 게임은 헤비 게이머들에겐 게임 취급도 받지 못합니다. 왜냐하면 게임에서 가장 중요한 '플레이'가 재미없기 때문입니다. 하지만 이런 미소녀 수집형 게임에는 즉각적으로 꽂히는 이미지가 존재하고, 화끈한 개성이 존재합니다. 게임 속에서 우리는 매력적인 캐릭터들을 수집할 수 있고, 마치 내 것인 양 생각할 수도 있지요. 심지어는 게임 속의 같은 캐릭터 팬들이 서로 사이가 미묘할 정도로……. 아마 독점욕 같은 것이 아닐까요.

서브컬처와 게임의 장점만 조합한 「원신」이나 「블루 아카이브」 같은 수집형 모에 게임들은 서브컬처에서 흥행하던 '미소녀 동물원'을 사라지게 만들었습니다. 게임 내의 미소녀들은 내 손짓에 반응도 해주지만, 「케이온」 같은 만화 속

장 게임과 2차 창작, 참여하는 서브컬처

미소녀들은 그저 존재하기만 할 뿐이니까요.

앞으로도 서브컬처는 게임과 엮여 가치를 올릴 것이고, 게임은 서브컬처의 영역을 침범할 것입니다. 앞으로 어떤 장르의 혼합이 나타날 지는 예상할 수 없으나, 그것을 개발한 사람이 새로운 유행을 선도할 것임은 너무나도 자명한 일입니다.

☞ 「에어맨이 쓰러지지 않아」, 니코동과 합성

2023년 현재까지도 굉장히 유명한 노래가 있습니다. **에어맨이 쓰러지지 않아**입니다. 이 노래의 제목만 보고 무슨 내용인지 알기란 매우 어렵습니다. 사실 '에어맨'은 일본 게임 록맨의 등장 보스 중 하나이기 때문입니다. 노래 가사를 다 뜯어보고 나서야 드디어 이해가 되지요.

"뭐야? 이거 그냥 록맨을 하다가 보스를 이기기가 너무 힘들다는 내용이었어?"

네, 그게 답입니다. 이런 별 것 없는 이야기들은 일본에서 노래로, 영상물로 만들어지면서 그 메시지에 생동감을 더해갑니다. 이것이야말로 '뻗어나가는 서브컬처'지요.

퍼스널 컴퓨터의 시대가 오고, 인터넷이라는 공간은 오타쿠들의 활로를 피워줬습니다. 애초에 만화나 애니메이션, 게임을 즐기는 것은 인도어 취미인데 바깥으로 나가서 취미활동을 하는 것이 그들의 성미에 맞을 리가 없지요. 일본의 인터넷에서는 자연스레 오타쿠들의 서식지가 필요했고, 그 역할을 아주 잘 수행해준 것이 1999년에 개장한 '2ch'라는 사이트였습니다. 읽을 때는 니챤네루라고 읽습니다.

8   한국의 디시인사이드 비스무리한 사이트. 일본에서 '나 2ch를 했어'라고 말하면 사회적으로 매장당하기 좋다.

동인 활동의 중심은 코미케에서 인터넷으로 옮겨왔으며 오타쿠들은 정말 시덥지 않은 잡담 따위를 인터넷에 이야기하게 됩니다. 뭐…… 에어맨을 열심히 때려봤는데 쓰러지지가 않는다 같은 이야기겠죠?

인터넷의 발전은 자연스럽게 문화 속 이야기들의 무게감을 떨어트리는 역할을 하게 되었습니다. '플래시'가 주요 창작 수단이던 시절, **2ch**[8] 같은 커뮤니티에는 플래시로 만든 뮤직비디오나 아마추어 게임이 등장하게 되었습니다. 물론, 모든 일에는 명암이 있습니다. 아무나 이야기하고 아무나 무언가를 만들 수 있다는 것은 거칠고 혐오적인 이야기도 퍼진다는 이야기와 동일하지요. 그 당시 2ch의 플래시에는 혐한을 담은 노래도 투고되곤 했었고, 아예 한국인을 비하하는 이모티콘이 발생하기도 하지요. 그 유명한 「우리나라 만세이」가 이 당시 플래시로 업로드 된 노래였습니다.

인터넷의 담론은 좋게 말하면 다양해졌고 나쁘게 말하면 얄팍해졌습니다. 대신 공감대가 넓게 퍼졌고 창작물의 자유도가 급증하게 되었죠. 이렇게 일본에서 인터넷이라는 공간이 사람들의 담론을 변화시킨 동시에 창작물의 형태 변화를 수용해줄 사이트가 또 하나 출범하게 됩니다. 그것이 바로 '니코니코 동화'입니다. 2006년 말, 2ch가 폐쇄가 된다는 떡밥이 떠돌고 있을 때, 그들을 수용할만한 새로운 사이트가 필요하다는 요구에 발맞춰 탄생한 것이 니코동이지요.

2ch에서 플래시 형태로 떠돌던 담론들이 니코동에서는 재정비되어 문화현상으로 폭발하게 됩니다. 2ch에서 암약하던 오타쿠들은 본격적으로 자신이 좋아하는 캐릭터를 이용하여 새로운 2차 창작 영상을 만듭니다. 꼭 오타쿠가 아니더라도, 이 당시 인터넷을 즐겨 하던 사람들은 현실의 인물로도 2차 창작을 해댔습니다. 조금 재미있는 구석이 있다 싶으면 그들의 말이나 행동을 픽셀 단위로 재조합하여 재미있게 바꾸었지요. 이런 것을 '음MAD'라고 합니다. 한국에서는 합성물이라고 퉁치고 있지요.

일본의 이런 현상은 당연히 한국에도 크게 영향을 주었습니다. 당시에는 인터넷에 올린 영상의 저작권이라는 것이 그다지 지켜지지 않던 시대였기 때문에 2007년부터 폭발하기 시작한 일본의 인터넷 문화를 적극적으로 수입할 수 있었지요. 플래시 애니메이션 「나츠미 스텝」, 아마추어 노래 「에어맨이 쓰러지지 않아」, 데스노트 마지막 부분의 음성을 이용한 「바카야로이드」 등등은 한국에서도 너무나도 유명할 것입니다. 이것에 영향을 받아서 한국에서도 「야인시대」의 그 유명한 "고자라니!" 장면으로 합성을 하는 문화가 탄생할 수 있었죠.

심지어는, 어떤 사람이 기가 막히게 재미있는 합성물을 만드면 원본이 주목받는 현상도 나타났습니다. 어떤 사람이 게이 포르노를 이용한 합성물이 재미있다고 생각하여 영상을 올리자, 그 주요 출연진이었던 '빌리 헤링턴'이나 '반 다크홈' 같은 인물들이 주목받기도 했습니다. 한국에서 "고자라니!"가 유명해지자 「야인시대」 전체가 다시 재부흥을 맞은 것과도 유사하지요.

인터넷 문화에서 절대 빼놓을 수 없는 것이 바로 이 합성입니다. 합성은 기본적으로 조롱에 가까운 문화이긴 하지만, 인터넷의 담론을 재생산하고 구호화하는 데 매우 큰 영향력을 끼칩니다. 심지어 처음에는 조롱에 가깝게 시작하더라도, 자주 그들이 노출되고 재미있게 사용이 되면 그 등장인물에 대한 호감도가 올라가기도 합니다. 이런 것을 요즘은 통틀어서 '밈'이라고 부르지요. 밈의 원산지야 미국일 수도 있고 일본일 수도 있고 한국일 수도 있습니다. 하지만 한국에서 이런 '밈'의 출현에 일본 문화가 매우 크게 작용했다는 사실은 알아두면 좋겠지요. 심지어는 지금도 합성문화는 일본이 한국보다 더 발달되어 있는 것으로 보입니다. 여전히 배워둘 점이 많은 것이지요.

☞ 「최애의 아이」와 '아이돌'
일본 음악이라고 하면 세대가 조금 갈릴

것입니다. 50대 이상이시라면 일본 노래가 세련되고 인기 있다고 기억하실 것이고, 그보다 아래 세대라면 일본 노래를 들을 일이 별로 없었을 겁니다. 그런데 현재의 10대, 20대들은 다시 일본의 음악에 익숙해지고 있지요. 한국 음악을 통틀어서 K-POP이라고 하듯이, 일본 음악도 통틀어 J-POP이라고 부릅니다. 한국 음악과 일본 음악의 가장 큰 차이를 꼽으라면 대부분 소재를 꼽지요.

한국 음악과 일본 음악은 꽤 대조적으로 보입니다. 한국은 감정선이 더할 나위 없이 현실적이지만 소재는 대개 사랑에 집중된 반면 일본은 감정선이 비현실적으로 보일 때도 있지만 소재의 자유도가 매우 높지요. 보통 J-POP에 빠지는 사람들은 한국 음악의 감성이 천편일률적이라고 질린다는 의견을 많이 토로합니다. 특히 한국 음악이 아이돌 위주로 재편된 이후로는 더더욱이요.

그러나 K-POP도 다양한 갈래가 있지요. '브로콜리 너마저' 같은 인디 모던락을 하는 밴드가 K-POP이라는 이유로 사랑타령이라고 비하할 수는 없습니다. 그와 마찬가지로 J-POP 역시 다양한 분야가 있기 마련입니다. 특히 유튜브시대에 접어들며 한국 인터넷에서 가장 처음 유행한 것은 일본의 최신 곡들이 아닌 '시티 팝'이었습니다. 「플라스틱 러브」의 유행을 중심으로 하여 1980년대 일본의 시티 팝들이 한국의 음악 시장에 영향을 줬죠. 한국의 가수 백예린도 시티 팝 음악을 발표할 정도였으니 엄청난 인기였습니다.

하지만 이 책은 서브컬처에 대한
책이지요. J-POP 중에서 한국인들이 쉽게 받아들일 수 있는
대중가요도 있지만 일반인들이 들으면 '이게 뭐야' 싶을 정도로
코어한 장르들도 있습니다. 애니송이라고 흔히 불리는 모에계
음악이지요. 모에송, 혹은 전파송이라고 불리는 일본 특유의
귀여움과 캐릭터만을 강조하고 별 내용은 없거나 난해한
노래들의 효시는 「너는 울먹울먹 소녀」라고 알려져 있습니다.
1989년 게임 「아이돌 팔견전」의 삽입곡이죠.

다만 한국에서나 일본에서나 가장 유명하고 대표적인
전파송은 역시 「아즈망가 대왕」의 「환청 케이크」가 아닐까 생각이
드네요. 한국어 번안 버전이든 일본 원곡이든 가사가 무슨 말을
하는 것인지 알아들을 수가 없는 것이 포인트입니다.

「신세기 에반게리온」의 「잔혹한 천사의 테제」가 전 국민에게
유행하다 못해 2015년에는 오래된 명곡처럼 **흥백가합전**[9]에
등장합니다. 심지어 「러브라이브」의 뮤즈가 그 뒤를 잇습니다.
당연히 오타쿠를 겨냥한 노래는 인기를 끌 수 있다는 것이 전
국민의 뇌리에 꽂히게 되지요. 같은 J-POP으로 보이는 분들도
계시겠지만, 오타쿠를 겨냥한 노래와 아닌 노래의 차이는
생각보다 크게 보입니다.

애니메이션에 등장하는 애니메이션 송이 오타쿠를 겨냥한
것은 너무나도 당연한 것이지요. 중요한 것은 앞서 말했던

장 게임과 2차 창작, 참여하는 서브컬처

273

오타쿠의 '2차 창작'이 음악이라고 예외가 될 수는 없다는
것입니다.

　자체적으로 오타쿠용 음악을 제작하고 부르는 경우도
있었지요. 대표적으로는 한국의 'SID-SOUND'가 있었습니다.
동인 작곡가 그룹이고, 자체적으로 보컬을 뽑아 앨범을 내기도
했었습니다. 반면 이렇게 보컬을 동원할 경제력이나 사정이
안 되는 작곡가들도 있었겠지요. 오타쿠용 모에송들이 보통
'여성'의 보컬을 요하는 경우가 많았는데 남성 작곡가의
경우에는 자기가 부르는 것도 쉽지 않습니다.

　이런 사람들을 위해 등장한 것이 바로 'VOCALOID'입니다.
프로그램으로 인간의 목소리를 합성해서 보컬을 사용하게
해주는 것이지요. J-POP이 유행이라길래 일본 노래를 찾아
들어봐야겠다라고 생각한 사람들이 가장 처음 내상을 입는 것도
VOCALOID일 가능성이 높습니다. 왜냐하면 제가 그랬거든요.
제작자들은 열심히 만든 것이겠지만 기계로 합성한 인간의
목소리가 제게는 너무나 기괴하게 들렸습니다.

　'VOCALOID'가 탄생하고 「하츠네 미쿠」나 「카가미네 린-렌」
같은 스타 프로그램이 탄생하자, 많은 아마추어 작곡가들은
VOCALOID의 힘을 빌려 자신의 창작 욕구를 불태우게 됩니다.
물론 보컬을 구하기 힘든 오타쿠용 노래들이 가장 탄력을
입었지요. 그 덕분에 보컬로이드 노래는 전부 모에송이라는
편견도 퍼지게 되었습니다. 그리고 실제로 그런 점도

있구요…….

　　동인 음악계는 보컬로이드 덕분에 엄청난 성장을
하게 되고 J-POP의 중심에 당당히 서게 될 정도가 됩니다.
과거에는 오타쿠용 노래에 보컬을 구하기 어려웠으나 이제는
보컬로이드를 사용하지 않아도 될 정도로 장르에 대한 편견이
줄어들었습니다. 그 덕분에 보컬로이드 작곡가로 시작했던
사람들이 보컬로이드를 탈출하는 현상도 발견되곤 하지요.

　　그런 창작자 중 유명한 사람이 '요네즈 켄시'입니다.
지금까지 J-POP 내부에 보컬로이드라는 다른 계보가 있는
것처럼 말했지만, 2010년대 이후로는 아예 보컬로이드
제작자가 J-POP의 최고 인기 가수가 되어버리는 모습을
보여주지요. 요네즈 켄시는 처음에는 보컬로이드로 작곡을
했으나, 자신의 보컬과 자신의 본명을 내세워 음악을 하기
시작했습니다. 그는 동인 시절에도 「판다 히어로」 같은
보컬로이드 곡으로 인기를 끌었으나 자신을 전면적으로
내세우기 시작하면서 더더욱 큰 인기를 끌었지요. 그 유명한
「체인소맨」의 오프닝 「KICK BACK」을 부른 것이 이 사람입니다.

　　당연히 2022년을 뜨겁게 달군 가수 얘기를
했으니, 2023년을 뜨겁게 달군 가수 얘기도 해야겠죠.
'요아소비'입니다. 정확히는 가수 그룹이지요. 작곡가는 원래
밴드를 오래 하다가 보컬로이드로 작곡하는 동인 작곡가의 길을
걷게 된 아야세입니다. 그가 그렇게 활동을 하다가 이쿠라라는

보컬을 만나서 결성한 것이 '요아소비'이지요. 「최애의 아이」의 「아이돌」을 만든 그룹입니다.

보컬로이드로 대표되는 서브컬처 문화가 J-POP에 적극적으로 섞여 들어갔다는 점 외에도 특기할 점이 있습니다. 문화를 유튜브가 선도하고 있는 지금, 이제는 애니메이션의 내용이나 캐릭터보다도 '음악'이 먼저 유행을 타버리는 경우가 있다는 것이죠.

서브컬처 작품의 구성품들은 물론 조합되어 있습니다만, 소비자는 그것을 낱낱이 뜯어서 소비합니다. 애니메이션은 수없이 돌려보지 않지만 「아이돌」이라는 노래는 수없이 따로 들을 수도 있죠. 심지어 「최애의 아이」라는 작품을 전혀 보지 않은 사람도 「아이돌」이라는 노래만 따로 알고 있을 수도 있습니다.

낱낱이 분리되어 각자 따로 유행을 하는 현상은 서브컬처가 얼마나 다양한 구성요소로 이루어져 있는지를 확인할 수 있는 좋은 현상입니다. 「최애의 아이」 같은 하나의 애니메이션이 유행하면 그것의 원작인 만화, OST, OST를 작곡한 가수, 캐릭터 원화가, 일러스트레이터, 애니메이션의 감독 등등 각각의 구성 요소가 따로 유행을 할 수 있습니다.

가장 좋은 점은 각각의 분야에서 히트를 치면 그 인기가 자연스레 원본에도 이식된다는 점이지요. 요즘은 노래 같은 것이 먼저 유튜브에서 알고리즘을 타고, 그 영향으로 애니메이션을 접하게 되는 경우가 많습니다. 사실 예전에도 오타쿠들 사이에서는 흔한 일이었죠.「스노우 하레이션」이라는 노래가 너무 유명하길래 찾아봤더니「러브라이브」라는 만화였더라…… 같은.

　　이런 오타쿠들이 겪던 일들을 이제 일반인들도 직접 경험할 수 있는 시대가 온 것입니다. 구성 요소 하나의 인기가 전체의 인기를 견인하는 현상을요. 그렇기 때문에, '서브컬처'라는 하나의 뿌리를 두고 각자 가지를 뻗어나가는 서브컬처가 최근의 미디어 시장에서 매우 유리한 고지를 선점할 수 있는 것이지요.

11장

아이돌과 인터넷 방송,
모두의 서브컬처

☞ '진짜'들로 이루어진 서브컬처

이전 장들에 들어간 이야기들은 그래도
'창작물'의 영역에 있었습니다. 게임이든, 동인 활동이든,
음악이든, 전부 '창작물'이라는 범주 안에서 벗어나지 못했지요.
하지만 우리네 시대는 '창작물'을 벗어나고 있습니다. 2000년대
후반부터 등장한 '리얼 버라이어티'는 대본과 연기 위주로
진행되던 예능의 판도를 바꾸었습니다. 사람들은 더 이상
'가짜'를 즐기려고 하지 않습니다. 어떤 사람들에게 '가짜'는
아무런 의미가 없는 것입니다.

가장 대표적으로 한국의 '참돔 사건'이 있습니다. 기존에
엄청난 인기를 구가하던 예능 프로그램에서 출연자가
참돔을 낚아서 화제가 되었는데…… 실제로는 참돔을 진짜

낚은 것이 아니라 뱃사람을 섭외해서 참돔을 낚은 것처럼 만든 것이었지요. 이것이 밝혀지면서 국내 최대의 인기를 누리던 예능이 순식간에 인기를 잃어갑니다. 우리는 '리얼 버라이어티'의 시대를 겪으면서 '진짜'에만 열광하게 되고, '진짜'가 아닌 것에는 흥미를 잃어버립니다.

그런 시대의 흐름에 맞게 기술이 발전한 것인지, 기술이 발전했기 때문에 시대가 바뀐 것인지는 몰라도 작금의 시대는 '진짜'를 보여주기 적합한 시대입니다. 과거에는 연예인들이 대본을 받고 연기를 했지만 이제는 진짜 모습을 보여주려고 애씁니다.

유튜브의 시대에 접어들면 이제 방송작가들은 자신의 할 일이 줄어듭니다. 그들은 연예인에게 어떠한 대사를 하라고 지시할 수가 없습니다. 엄청난 자본과 대규모 인력을 투입한 예능쇼보다 '진짜 캐릭터'로 어필하는 연예인 하나를 섭외해 먹방을 찍는 것이 더 효과적인 시대가 되었습니다. 작위적으로 만들어낸 큰 재미보다 '리얼'하게 만들어낸 작고 소소한 재미가 더 어필하는 시대가 된 것이지요. 그래서 과거의 연예인들은 말 그대로 화려한 '스타'의 영역에 있었지만 요즘의 연예인들은 자신의 삶을 날 것으로 보여주는 것에 더 집중합니다.

이것은 서브컬처도 받아들여야만 하는 미래입니다. 하지만 어떻게 받아들일까요? 서브컬처란 말 그대로 문화가 아닌가요? 만화나 애니메이션 등의 창작물로 만들어지는 서브컬처가 아닌

우리 모두가 참여하고 '진짜'들로 이루어진 서브컬처란 대체
어떤 것일까요?

☞ 만나러 갈 수 있는 아이돌 'AKB48'

아이돌, 우상이라는 뜻입니다. 그 시대가 원하는
이미지를 파는 사람들이지요. 미국의 아이돌은 주로 소녀들을
열광시킨 남성들을 의미합니다. 한국은 미국의 아이돌에 영향을
꽤 받은 편이지요. 대규모 소속사가 아이돌을 직접 육성해서
발표한다든지…….

하지만 한국의 아이돌이 더 직접적으로 영향을 받은 것은
'일본 아이돌' 쪽입니다. 특히 귀여운 어린 여자 가수를 중심으로
하는 아이돌 문화를 받아왔지요. 1950년대, 일본의 패전
직후부터 일본에서는 귀여운 여자아이들을 미디어 속 이미지로
삼기 시작했습니다. 그 대표적인 예시가 바로 '후란스갈'이죠.
후란스는 프랑스라는 의미입니다. 귀엽게 노래를 부르는 어린
백인 소녀는 일본에서 큰 인기를 끌었지요.

1970년대에 들어서며 일본에선 '후란스갈'과 같은
가련하고 청순한 여자아이를 자국 내에서 찾기 시작합니다.
그 결과물이 바로 '아이돌'이 되는 것이지요. 아이돌은 거의
'후란스갈'처럼 청순하고 귀여운 소녀를 의미하는 표현이
되었습니다. 사회의 아이돌에 대한 요구는 자연스럽게 '대국민
오디션'이라는 포맷을 낳았지요. 「스타 탄생!」은 1971년부터

12년간 방영된 일반인 중에 끼 있는 사람들을 찾아내는 프로그램이었습니다. 한국으로 따지면 「슈퍼스타 K」와 비슷한 포맷이지요. 이 프로그램으로 탄생한 아이돌이 그 유명한 '야마구치 모모에'입니다.

이후 1980년대에는, '마츠다 세이코'를 필두로 수많은 여성 아이돌들이 난립하게 됩니다. 소위 아이돌 황금시대죠. 1990년대에 접어들며 일본이 '엑스 재팬' 같은 락 밴드 유행을 겪어 아이돌 문화가 침체되지만…… '아이돌'은 조금 더 가까워지고 친숙한 존재가 되었습니다.

아이돌이라는 미디어와 자본의 산물은 원래는 멀고 먼 환상향과 같은 존재였습니다. 하지만 아이돌 침체기가 시작되며, 각지의 귀여운 아이들은 분야를 넓혀나가게 됩니다. 대중문화에서 서브컬처로 문화의 영역이 넓어졌다는 뜻이지요. 원래 아이돌은 거대한 음악 프로그램이나 예능에서 화면으로만 만날 수 있는 사람들이었습니다. 하지만 '그라비아 아이돌'이 나오면서 우리는 조금 더 본능적인 영역의 아이돌을 만나게 됩니다. 아이돌 성우가 생기며 오타쿠들의 아이돌이 나타납니다. 지역을 중심으로 활동하는 로컬 아이돌이 생겨나고, 방송 활동은 하지 않고 라이브만 하는 지하 아이돌도 생겨납니다.

한국에서는 아직 아이돌이 '대중문화'의 첨병처럼 여겨지지만, 일본의 아이돌은 이미 1990년대부터 서브컬처가

장 아이돌과 인터넷 방송, 모두의 서브컬처

2016년 10월 6일 AMN 빅콘서트에서 모닝구무스메

되었습니다. 그리고 대중문화에서 활동하는 아이돌들조차
이제는 환상 속 이상적인 존재라는 타이틀을 버려야만
했습니다. 그 대표주자가 바로 '모닝구 무스메'입니다.
1997년에 결성된 일본의 국민 걸그룹이지요.

　　아이돌 암흑기에 새로운 '대중문화 아이돌'이 탄생할 수
있었던 이유는 무엇일까요? 당연히 여러 이유가 있겠습니다.
담당 프로듀서인 '층쿠'가 워낙 대단한 프로듀서였던 것도 있고,
개개인의 외모가 뛰어나다든지 하는 이유도 있겠지요. 하지만
제가 주목하는 부분은 아이러니하게도 모닝구 무스메라는
아이돌이 '우상'에서 내려왔다는 점이라고 생각합니다. 모닝구
무스메는 예능에 유달리 많이 출연하는 아이돌이었습니다.
특히 「우타방」이라고 하는 프로그램의 단골 출연진 중 하나였죠.
모닝구 무스메는 물론 기존의 아이돌들에게 요구되던 청순하고

귀여운 이미지를 가졌었습니다. 하지만 그것을 완전히 부숴버릴 정도로 엽기적인 장면이나 조금은 굴욕적인 상황도 많이 겪었지요.

모닝구 무스메가 닦아놓은 '친근한 아이돌'의 판은 2005년 'AKB48'이 점령하기 시작합니다. 한국에서 굉장히 기묘하게

뉴스앤텔레시스 보기아 극장, 2010년 7월 1일

보는 일본의 아이돌 문화가 있지요. 바로 '악수회'입니다. 우리가 아는 아이돌의 팬미팅에서 조금 더 스킨십이 강조되는 형태지요. AKB48의 캐츠프레이즈는 '만나러 갈 수 있는 아이돌'입니다. 아이돌이 절벽 위의 꽃으로 보이는 것보다 더더욱 친근함을 강조하는 것이 중요하다는 것을 알 수 있는 대목입니다.

게다가 AKB48은 내부의 경쟁도 존재하지요. 수십 명에 달하는 소녀들이 한 그룹으로 묶여는 있지만 그 안에서 유달리 인기가 좋은 멤버와 아닌 멤버를 '석차'라는 성적으로 드러내는 '총선거' 시스템이 그것입니다. 인기가 많은 멤버는

10 자신이 가장
좋아하는 멤버, 오시노
멤버를 줄여 오시다.
직역하면 밀고 있다는
뜻. 흔히 최애로
번역된다. 단 일본의
오시는 여러 사람일 수
있다는 점이 차이점.
정확히 최애에 대응되는
표현은 '사이오시'다.

오래 남아있고 인기가 적은 멤버는 팀에서
방출됩니다.

AKB48의 악수회, 총선거 등은 전부
하나의 목적을 가지고 있습니다. 아이돌과 팬
사이의 특별한 관계성을 만드는 것입니다.
만날 수 없는 아이돌은 내가 좋아해봐야 아무
의미가 없습니다. 또한 내가 좋아하든 좋아하지
않든 그것이 가시적으로 드러나지 않는 아이돌도 큰 효능감이
느껴지지 않습니다. 하지만 AKB48을 응원하면 나의 **오시**[10]가
생깁니다. 그래서 그녀의 성공을 응원합니다. 총선거에서 좋은
성적을 거두게 하기 위해서 모든 것을 동원할 수 있습니다.
오타쿠들이 흔히 하는 앨범 몇 장씩 사기, 포스터 많이 구매하기
등은 이런 오시 문화에서 탄생했다고 봐도 무방합니다.

그런 오시 문화를 적극적으로 이용한 것이 AKB48인 것입니다.
게다가 총선거 등으로 열과 성을 다해준 팬에게 '악수회'라는
달콤한 보상을 제공하기도 합니다. 원래도 그녀의 팬인 나는
특별한 사람인데, 악수회에서 만나서 악수까지 한다면 둘 사이는
더욱 끈끈해진다고 생각하게 됩니다. 이렇게 팬들을 '특별하고
가까운 관계'로 만드는 것이 아이돌계의 근간이 되었지요.

☞ 오타쿠와 인터넷 방송, '버츄얼 유튜버'

그런데 아이돌이라는 범주가 매우 넓어졌다고

이야기했었죠? 그러다보니 자연스럽게 많은 영역에서 아이돌들이 '친밀감' 영업을 시도하게 됩니다. 이것은 한국이나 일본이나 동일한 부분이지요. 한국 아이돌들도 이제는 V앱이라는 것으로 팬과 적극적인 소통을 하고, 악수회에 비견될 정도로 팬들을 가까이 여기는 문화도 많이 늘어났으니까요.

이전에 언급한 '수집형 게임' 역시도 친밀함을 내세우기에 적합했습니다. 내가 노력을 해서 그 캐릭터들을 수집하고, 나의 행동에 따라 그 캐릭터들이 반응을 해주니까요. 최근의 서브컬처 동향은 '얼마나 소비자에게 친근감을 줄 수 있느냐'에 있다고 생각합니다. 심지어는 유튜브를 시작할 때조차 나라는 사람이 얼마나 시청자에게 친근할 수 있는가를 고려해야 한다고 봅니다.

유튜브보다 더 친밀감을 내세워야 하는 영역이 있지요. 인터넷 방송입니다. 인터넷에서 하는 방송이니까 유튜브도 인터넷 방송이 아닌가? 생각하실 수 있지만 엄밀히 다르게 취급됩니다. 유튜브는 단방향적이고 서로 소통이 되지 않는 매체입니다. 댓글 등으로 제한적인 소통을 하지요. 반면 인터넷 방송은 상호 소통이 가능하고 실시간인 것을 주로 의미합니다. 아프리카, 트위치 등의 실시간 방송 플랫폼에서 주로 진행됩니다.

인터넷 방송에서도 친밀한 관계와 내가 그들에게 영향을 끼칠 수 있다는 효능감은 중요한 요소가 되었습니다. 특히 그

아이돌과 인터넷 방송, 모두의 서브컬처

발전을 잘 드러내는 것이 '도네이션' 문화라고 생각합니다.
한국에 아프리카TV만이 존재하던 시절, '별풍선'이라는
도네이션 시스템은 대화의 용도가 아니었습니다. 그저 순수하게
팬심으로 전달하고 감사하다는 인사만 오갔지요.

하지만 트위치가 한국으로 건너오고, 트윕과
투네이션이라는 서드파티 도네이션 애플리케이션이
생겨나면서, 도네이션은 더 이상 순수한 '기부'가 아니게
되었습니다. 1,000원을 보내면서 자신이 하고 싶은 말을 마음껏
전달하고 방송인은 그 돈에 반응하게 되었습니다. 과거에도
별풍선을 매우 많이 보내면 큰 리액션을 해주는 경우가 많았지만
도네이션 시스템이 정착한 이후부터는 아예 도네이션을
통한 소소한 대화가 중심이 되는 방송이 늘었습니다. 영상
도네이션과 같은 시스템은 방송인에게 직접적으로 영향을 끼칠
수 있는 요소가 되기도 했지요.

자연스럽게 인터넷 방송 시장은 급속도로 성장했고, 전
세계적으로 인터넷 방송을 전혀 접한 적이 없는 사람은 이제
드물 정도가 되었습니다. 기존의 대중매체에서는 상호 소통이
매우 제한되어 있던 반면 인터넷 방송과 같은 서브컬처는
더더욱 문화 공급자와 소비자 간의 내밀한 친밀감을 제공하려고
합니다. 하지만 역시 인터넷 방송은 어디까지나 연기인 법.
방송인들은 '있는 그대로'의 자신의 모습을 보여줄 필요는
없었습니다. 가상의 캐릭터를 연기하며 그 연극에 충실한 채로

286

시청자와의 관계를 유지하면 될 뿐.

　　이런 흐름은 자연스레 '듀라한'이라는 문화로 이어집니다. 듀라한은 목이 없는 기사를 의미하죠. 현실의 얼굴을 공개하지 않고 캐릭터의 모습으로 방송을 진행하는 사람들을 소위 듀라한이라고 불렀습니다.

　　그리고 시대가 지나며, 이 2D 캐릭터들은 현실 방송인들의 움직임과 표정에 맞춰 생동감 있게 움직이기 시작했습니다. 이렇게 시작한 것이 '버츄얼 유튜버'입니다. 실제로는 스트리머인 경우도 많지만, 이 업계의 최초격인 키즈나 아이가 유튜버였기 때문에 움직이는 2D 캐릭터를 내세우고 방송을 진행하는 사람들을 버츄얼 유튜버라고 부르는 것이 굳어졌지요.

　　버츄얼 유튜버는 인터넷 방송인과 애니메이션 캐릭터의 중간쯤에 위치한 독특한 문화입니다. 실제 인터넷 방송인처럼 '리얼한 반응'을 보여줍니다. 어떤 디렉터나 작가가 의도한 흐름이 아니라 모두 실제 상황으로 느껴지는 것은 매우 중요한 요소입니다. 그것이 '가짜'라고 인식하는 순간 몰입감이 떨어져 버리니까요. 버츄얼 유튜버들은 도네이션에 반응도 해줍니다. 나의 행동이 이 '캐릭터'에게 실제로 전해지는 것입니다. 이것에서 오는 관계진전에 대한 효능감은 매우 각별합니다. 그것이 비록 착각에 불과하다고 할지라도요.

　　하지만 그와 동시에 인터넷 방송인이 가지지 못한 장점도 가질 수 있습니다. 2D 캐릭터를 앞세우는 것은 가면을 쓰는

것과 마찬가지입니다. 현실의 인간이라면 쉽게 할 수 없는
'애니메이션적 리얼리즘'의 행동을 할 수 있습니다. 현실의
인물이 애니메이션의 캐릭터같이 행동한다면 위화감이
들겠지만, 버츄얼 유튜버가 애니메이션의 캐릭터처럼 행동하는
것은 전혀 어색하지 않습니다. 그래서 아예 애니메이션
캐릭터들처럼 캐릭터 송을 가지기도 하고, 그 이미지를 가지고
2차 창작이 탄생하기도 합니다. 물론 좋은 점도 있고 나쁜 점도
있겠지만, 현실의 인물이 '서브컬처'의 특징들을 모두 누릴 수
있는 겁니다.

　　물론 이 부분이 문제가 되어 버츄얼 유튜버를 좋아하기
힘들어하는 사람들도 많습니다. 어느 한 쪽도 아닌 중간
어디쯤에 있는 것이 불쾌한 느낌을 주는 것이죠. 버츄얼

유튜버를 현실의 방송인이나 애니메이션 캐릭터, 둘 중 하나로만 고정해서 보고 싶은 사람들에게도 어색함을 줄 수 있습니다. 캐릭터로 접근한 사람에게 가끔씩 나오는 유튜버의 진짜 모습은 충격을 줄 수 있으니까요. 이것을 버츄얼 유튜버 업계에서는 '빨간 약'이라고 지칭하기도 합니다.

☞ '영상 도네이션'

소위 '리얼'의 시대가 도래하면서 서브컬처도 리얼을 추구하게 된다고 했었죠. 하지만 서브컬처는 어디까지나 하위문화. 사람들은 여전히 서브컬처를 소수의 오타쿠만 즐기는 문화라고 생각하고 있습니다. 또한 오타쿠들은 기본적으로 가상에 현혹당한 사람들이라는 인식이 있기 때문에 그들이 '리얼'을 추구하는 모습은 조금 기괴하게 여겨지기도 하죠.

직전에 말한 '버츄얼 유튜버' 문화는 열광하는 사람은 열광하지만 불쾌해하는 사람이 압도적으로 많습니다. 미디어에 노출이 되면 노출이 될수록 어색해하는 사람이 적어지겠지만……. 당장에 이 책을 쓰고 있는 저만 해도 버츄얼 유튜버를 찾아보지는 않아요. 뭐랄까 TV 속에 있던 사다코가 기어나오는 것처럼 느껴지는 불쾌한 골짜기를 아직 극복하지 못했거든요.

기본적으로 오타쿠들은 사람들에게 경멸당하는 것에 익숙한데, 그 오타쿠의 숫자는 매우 늘어났고 사람들에게

영향력을 끼칠만한 능력도 생겼습니다. 그리고 인터넷 방송계에서는 새로운 바람이 불어왔지요. 바로 '영상 도네이션'이라는 것입니다. 원래는 몇 줄의 텍스트만 전달할 수 있었던 도네이션. 도네이션 플랫폼에서 영상이나 사진을 방송에 공유할 수 있는 기능을 추가하게 되면서 인터넷 방송은 전례 없는 문화 대폭발이 일어납니다.

보통은 자기가 생각하는 되게 재미있는 영상을 방송인, 시청자들과 함께 보는 것이 이 기능의 원래 목적이지만……인터넷에서 그런 순박한 사용법을 바라서는 안 되죠. 우리는 타인과 함께 웃는 것보다 남은 기분이 더러운데 나만 기분이 좋은 것을 더 선호합니다. 그런 영역에서 가장 효과 있는 것이 역시 서브컬처입니다. 서브컬처란 것은 애당초 '지들끼리만 아는 것으로 시시덕거리는 것'이기 때문에 남들이 보기에는 눈쌀이 찌푸려질 수밖에 없습니다. 그 때문에 영상 도네이션을 이용해 공유되는 것들은 타인이 보기 싫어하는 것들 위주로 전개되죠.

그러면 결국 영상 도네이션은 돈을 버는 인터넷 방송인과 영상 도네이션을 보내는 사람만의 즐거운 거래가 됩니다. 그것으로 인한 고통은 그 외의 시청자들이 받게 되지요. 이렇게 되면 시청자가 줄어들고 영상 도네이션 문화는 망해야만 할 것 같지만 의외로 그렇지가 않습니다. 영상 도네이션은 팔할이 심술이기 때문에 방송인들은 '심술나라고' 하면서 지금 보고 있는 영상물은 굉장히 좋다고 말합니다. 대표적인 대사는 '노래는 좋네'죠. 이게 오타쿠같고 기분이 나쁘고 불쾌하긴 하지만 본인이 '음악의 리스너'로 듣기에 노래만은 좋다는 의미입니다. 당연히 이 멘트는 방송인의 거짓말이구요. 진짜 좋다기보다는 시청자들이 그 멘트에 화를 내주길 바라는 심술입니다.

그렇게 영상 도네이션은 독자적인 생태계를 만들어갑니다. 어떠한 영상 도네이션을 보고 싶지 않은 사람들은 다른 주제의 영상 도네이션을 쏘는 것으로 그것을 무마시킵니다. 그렇게 시청자들끼리 '도네이션 경쟁'이 붙고, 그 자체가 재미있는 콘텐츠가 되기도 합니다.

반대로 영상 도네이션으로 꾸준히 다른 문화에 노출이 되면, 그 문화에 대한 개방성이 늘어나기도 합니다. 예전의 개그 프로그램들이 재미가 있든 없든 유행어를 밀어붙인 것처럼, 영상 도네이션을 압도적인 자본력으로 계속 띄워주면 그 방의 시청자들에게도 '호감 영상 도네이션'이 됩니다. 결국 더럽고 아니꼽지만 중독되어버리는 것이죠.

☞ 밈, 인터넷의 돌림노래

이런 영상 도네이션 문화는 턴제 카드 게임인 「하스스톤」 방송인들 위주로 퍼져나가는 모양새를 보였습니다. 공혁준, 스틸로, 룩삼과 같은 하스스톤 게이머들은 자신의 차례가 아닐 때는 게임에 집중하지 않아도 되기 때문에 영상 도네이션을 볼 여력이 있습니다.

콘텐츠에 집중해야 하는 방송인은 영상 도네이션을 효과적으로 사용할 수 없지만 비교적 집중력을 분산시킬 수 있는 방송인들에게 영상 도네이션은 매우 효과적인 콘텐츠입니다. 그들은 다른 크리에이터의 창작물에 반응할 뿐만 아니라 스스로의 모습을 소스로 사용한 합성물을 감상하기도 합니다. 인터넷의 시대에 방송인들은 그 스스로가 합성의 대상이 됩니다. 예전에는 연예인들이나 정치인들이 주로 당하던 합성의 요소가 스스로가 되는 것이지요.

그렇게 인터넷 방송인은 '밈'화 됩니다. 밈이란 요즘 시대의 유행어입니다. 유행어라는 표현은 개그맨들이 치는 메인 대사라는 느낌이기에 조금 적절치 못할지도 모르지만 밈을 가장 쉽게 표현할 방법이 이것뿐이네요. '밈'의 필수요소는 반복과 중독입니다. 중요한 포인트들을 반복하고 계속 노출되는 것이 바로 밈의 핵심이지요. 영상 도네이션 문화는 밈을 확장시키는 데에 엄청난 기여를 합니다. 왜냐하면 1,000원 남짓의 돈으로는 영상 도네이션을 10초도 재생하지 못합니다. 그렇기 때문에 10초씩 계속 반복해도 웃긴 것들을 쏴야만 합니다.

자연스럽게 내용이 길고 고맥락인 영상들은 밈화되지 못합니다. 만약 내용이 복잡한 작품이더라도, 한 부분 인상적인 포인트를 반복하고 숙달하게 됩니다. 대표적으로

「야인시대」의 "내가 고자라니!"가 있습니다.

"내가 고자라니!"는 그 대사 자체가 임팩트가

컸기 때문에 야인시대라는 드라마가 무슨

내용인지도 모르고 심영이라는 인물이 누구인지도 모르는

이들에게도 폭발적인 인기를 끌었습니다.

11 　마케팅 등에서
사용되는 짧은 멜로디,
인텔 그룹의 징글이 가장
유명하다.

　　이렇게 자연스럽게 유행이 되는 밈들도 있지만 밈의 핵심이

반복과 중독이라는 것을 알게 되면 어떤 것이든 밈화할 수

있다는 이야기가 되기도 합니다. 핵심적인 부분을 징글[11]처럼

중독성 있게 만들고, 그 부분을 특정 미디어에 계속 자본을 통해

노출시키면 밈이 된다는 이야기입니다. 이런 밈을 소위 '억지

밈'이라고 부릅니다. 대표적으로 언론에서 요즘 신조어라고

부르는 '버카충'이 있습니다. 아무튼 일단 신조어라고 말하고

세상에 알리면 그게 신조어가 된다는 느낌입니다. 자기 실현적

예언이네요.

　　하지만 '억지 밈'이라고 말하기보단 현실 필드에서는

'뇌절'이라고 부르는 경우가 많습니다. 뇌절이라는 표현부터가

굉장히 서브컬처스럽죠. 왜냐하면 뇌절은 「나루토」에 나오는

기술 이름이기 때문입니다. 대체 「나루토」에 나오는 기술 이름이

왜 억지로 무언가를 계속 반복하는 모양새를 뜻하게 되었냐면,

어떤 인터넷 글에서 무언가를 계속 반복하는 사람을 보고 "1절

2절로 그치지를 못하고 3절 4절에 큰절에 뇌절까지 한다."라고

비판한 표현이 굉장히 인상 깊었기 때문입니다. 그래서

장 아이돌과 인터넷 방송 모두의 서브컬처

과도하게 반복되는 것을 인터넷에서는 뇌절이라고 표현하죠.

　다만 결국 밈은 매우 효과적이라는 것이 증명이 되었습니다. 제가 실제로 해본 결과인데요. 제가 좋아하는 모 연예인의 노래를 꾸준히 돈을 들여서 스트리머의 방에 쏜 결과 그다지 이미지가 좋지 않았던 연예인이었음에도 불구하고 그 방에서 하나의 유행이 되었습니다. 종종 저는 이렇게 표현을 합니다. 애국가도 4절까지밖에 없어서 재미가 없는 것이지, 만약 애국가가 32절까지 있다면 엄청나게 재밌을 거라고⋯⋯.

　밈의 핵심은 누구나 만들 수 있고 누구나 유행시킬 수 있다는 것이기 때문에 더 이상 '인터넷 방송인'은 문화 유행의 주체가 아닙니다. 인터넷 방송인은 하나의 플랫폼 혹은 유통업자와 비슷합니다. 시청자가 그의 방송 혹은 그의 유명세를 이용해 유행을 만들고 다른 시청자들과 유행을 공유합니다. 이것은 제법 뿌듯한 경험이지요. 작게는 이 방송 속에 있는 시청자들의 유행뿐 아니라 운이 좋다면 전 국민을 들썩이게 만드는 유행을 창조하는 경험을 할 수 있습니다. 저 같은 경우에는 2018년을 달구었던 '태보' 유행을 만들었던 경험이 있는데, 저는 아직도 이걸 제 인생 업적으로 꼽습니다.

☞ 유사연애, '가치코이'

　이렇게 문화의 공급자와 소비자의 사이가 매우 친밀해지는 현상을 우리는 서브컬처에서 관측할 수 있었습니다.

그리고 대중문화 자체가 점점 해체되며 서브컬처들이 무더기로 변해가는 모습을 증명이라도 하듯 대중문화의 대표주자로 보이는 연예인들이 시청자와 더욱 가까이 하려는 모습이 관측되기도 합니다. 심지어는 어디까지나 '제작자'인 PD가 방송을 진행하기도 합니다. 한국의 스타 PD인 나영석 PD는 최근 유튜브에서 인터넷 방송을 시도했고, 그것을 영상화하여 올리기도 합니다. 평범한 스트리머들처럼 댓글 하나하나를 읽어주고 반응하는 스타 PD는 더욱 친근감이 느껴지게 됩니다.

나쁘게 말하면, 이것은 친근감을 팔아먹는 행위입니다. 이 부분에서 가장 문제로 꼽히는 것이 바로 '가치코이'입니다. 한국어로는 유사연애지요. 사실 과거의 아이돌 업계도 유사연애의 형태를 띠고 있었지요. 팬이 아이돌에게 느끼는 감정은 단순한 연애감정이라고만 말할 수는 없지만, 그런 부분에 집중해서 소비하는 팬이 있었음은 부정할 수 없습니다. 만약 그렇지 않다면 한국이나 일본이나 꾸준히 있어온 '아이돌의 연애 금지'를 설명할 수 없지요. 다른 연예인에 비해서 아이돌들은 연애 스캔들이 더 엄격합니다. 한국에서는 GOD 박준형의 읍소로 많이 유해진 편이긴 하지만 일본에서는 여전히 아이돌의 연애는 금기되는 사항이죠.

과거부터 이렇게 대중문화에 노출되는 아이돌 혹은 연예인을 '나와 특별한 관계'라고 생각하고 소비하는 사람들이 많았는데 서브컬처의 시대가 도래하며 훨씬 유명인과 팬 사이의 거리가 가까워진 지금은 말할 것도 없습니다. 아이돌은 사실 손이 닿지 않는 존재였지만 이제는 돈만 충분하다면 1:1 대화도 가능합니다. 그의 스케줄이 어떤지 그의 손으로 직접 전송받을 수도 있습니다.

꼭 아이돌일 필요가 있나요? 인터넷 방송인이라면 더더욱 쉽습니다. 아이돌에게는 수천 만 원을 투자해야 할지도 모르지만 인터넷 방송인은 수십 만 원으로도 그의 관심을 끌 수 있습니다. 인터넷 방송인은 도네이션이 직접적인 수입원이기 때문에 소위 말하는 '쥐고 흔들기'가 더 쉽기도 합니다. 버츄얼 유튜버는 얼굴이 드러나지도 않지만, 그 캐릭터에 반하는 것인지…… 내부의 인간에게 반하는 것인지……. 유사연애 감정 문제가 굉장히 도드라진 업계입니다.

사실 많은 오타쿠들이 'XX는 나의 신부!'라는 식으로 어떤 캐릭터에 대한 소유욕을 드러내기도 했었지요. 그런데 버츄얼 유튜버처럼 그 캐릭터가 실존인물로 보이고 살아 움직이기까지 한다면, 2D와 사랑에 빠지는 일이 대안적으로라도 가능한 것입니다. 유사연애 문제가 없을 수가 없지요.

물론 유사연애는 많은 문제점을 불러일으킵니다. 팬에게 종종 좌절감을 안기기도 하고, 특별대우를 원하는 시청자가 많을수록 방송 진행이 어려워지기도 하지요. 심지어는 얼굴도 모르는 사람이 나를 좋아한다는 이유로 나에게 삐뚤어진 마음으로 해코지를 할 수도 있습니다. 「최애의 아이」가 이런 소재를 사용하고 있지요.

　이렇게 많은 문제를 갖는 유사연애이지만, 그것이 실제로 '돈이 된다'는 사실은 부정할 수 없습니다. 아니 오히려 그것을 더 잘 알기 때문에 유사연애는 근절되기가 어렵습니다. 여성 방송인에게 남자친구가 있다는 사실이 밝혀지면 시청자가 급감하는 것도, 크리스마스 같은 기념일에 방송을 켜지 않으면 남친이 있음을 의심하겠다는 협박을 당하는 것도…… 그 모든 것을 알면서도 유사연애를 이용할 수밖에 없습니다. 결국 그것 역시 주목경제의 시대에서 주목을 사는 방법이고, 관심자본을 얻을 수 있는 방법이기 때문입니다.

　유사연애에 한정지어 말했지만, 실제로 심리학적으로 더 넓은 개념은 '유사사회관계'입니다. 인플루언서는 상대의 존재도 모르지만 팬은 인플루언서와 매우 심정적 친밀함을 느끼게 되는 것이지요. 이것은 작금의 스타를 '우리 형'으로 부르는 문화와도 무관하지 않습니다. 당연히 인플루언서가 자신의 가족도 아니고 모르는 사람인 것이 당연하지만, 그들을 '형'이라고 지칭하는 경우가 허다하지요.

　이 모든 현상은 결국 주목경제의 시대에서 올 수밖에 없는 미래였고 지금도 차차 현실화되고 있습니다. 서브컬처는 파편화 된 대중문화입니다. 소수의 공급자가 소수의 소비자에게 공급하고, 그 제품의 효용보다는 관계성에 더 집중하는 시대입니다. 서브컬처는 이런 현대 사회에 딱 알맞은 문화이지요.

장 아이돌과 인터넷방송, 모두의 서브컬처

☞ 더욱 진짜 같은 가짜, 더욱 가짜 같은 진짜

"오타쿠적 감성의 기둥을 이루는 것은 '속고 있다는 것을 알면서도 진정으로 감동하는' 거리감이다." (아즈마 히로키, 동물화하는 포스트모던, 이은미 옮김, 문학동네, 2007, 120p)

일본의 서브컬처에서 시작해서 대한민국을 강타하고 전 세계적으로 트렌드가 되고 있는 소비형태를 주목해 봤습니다. 오타쿠의 시작부터 지금까지를 담은 책이라고 볼 수도 있겠지요.

이번 장의 마무리를 겸해서, 이 책에서 꾸준히 던져왔던 질문을 정돈해서 다시 던지고 싶습니다.

"오타쿠는 무엇을 원하는가?"

여성향 독자들은 자신들의 욕망을 충족하기 위해 대안적인 공간인 BL과 백합 등을 만들어냈습니다. 심지어는 디폴트 여캐라는 장르도 만들었지만 '디폴트'는 정치적인 구호일 뿐 그런 여성들은 전혀 세상에 '디폴트'하게 존재하지 않지요. 남성향 독자들은 러브 코미디를 소비하는 동시에 가상의 남자 캐릭터를 존재하지 않게 만들어 버렸습니다. 디폴트 여캐를 비웃을 것도 없이 남성들은 욕망을 위해서 세상에 존재할 리가 없는 여성을 가상현실에 만들고 있습니다. 세상에 존재하지 않는 이종족에 성욕을 가지기도 하고, 철저히 남성 본위의 욕망을 위한 여성상을 만들어낸 뒤 그것을 공유하기도 하지요.

오타쿠의 욕망을 읽다

남녀를 불문하고 이런 것들은 '모에'라는 것이 됩니다. 그리고 오타쿠들은 이 모에가 실제로 존재하기라도 하는 양 생각하지요. 뿔이 있는 여자 캐릭터라면 대강 어떤 캐릭터일지 머리 속에 상상이 갈 것입니다. 왜냐하면 뿔이 있는 여자 캐릭터를 수없이 많이 봐왔기 때문이지요. 붉은 머리에 가슴이 클 것 같지 않나요?

'오타쿠 네이티브'인 젊은 세대, 심지어 본류인 일본에선 40~50대까지도 이런 이미지의 홍수 속에 적응해 버렸습니다. 오히려 이 때문에 현실감각이 흐려진 사람도 있지요. 가끔 인터넷에 익숙한 사람은 이런 농담을 하기도 합니다. '어라? 여동생은 원래 과장스러운 행동과 함께 오빠를 깨워주는 생물이 아니었어?'

오타쿠들에게 이 이미지들은 이미 '현실'보다도 '진짜'가 되어버렸습니다. 게임이 발전하고, 인터넷이 발전하고, 보컬로이드가 발전하고, 인터넷 방송이 발전하고, 버츄얼 유튜버가 발전했습니다. 짧게 잡아도 30년이 넘어가는 이 역사 속에서 오타쿠들이 공유하는 '가짜'는 이미 '진짜'가 되었습니다. 오타쿠들은 고작 목소리를 내주는 기계인 보컬로이드의 프로그램 버전에 이름을 붙이고, 설정도 붙입니다. 그 유명한 '하츠네 미쿠'의 실체를 알고 저도 어린 시절 깜짝 놀란 적이 있습니다. 애니메이션 캐릭터 같은 것이 아니라 그냥…… 프로그램이었다는 사실에 말입니다. 오타쿠들이 그저 그

기계에다가 동인 설정을 붙였을 뿐입니다. 목소리에서
느껴지는 감각이나, 일러스트에서 풍기는 분위기로 갖다 붙인
가짜들이죠.

이런 소비행태는 방송인들의 '자캐'(자신의 캐릭터) 문화
혹은 버츄얼 유튜버 문화로 진화합니다. 오타쿠들은 모두 알고
있습니다. 버츄얼 유튜버들이 연기하는 것이 가짜에 불과하다는
것을. 그러면서 동시에 버츄얼 유튜버들의 실제 모습을
파헤치기도 합니다.

오타쿠들은 누구보다 그들의 '진짜'를 갈구하면서도, 그
'진짜'가 '가짜'에 섞여 나오는 것을 증오합니다. 마치 눈 가리고
아웅하는 셈과 같은 느낌입니다. 자신이 보기 싫은 부분들은
어딘가에 묶어놓고, 자신이 보고 싶은 이미지만 소비합니다.
미래의 문화를 주도할 사람들은 이들입니다. 보컬로이드
등이 출현한 것이 이미 20년이 지난 일입니다. 한국은 일본이
깔아놓은 '이미지 소비'의 판에 가장 먼저 올라탄 국가입니다.
일본에서 버츄얼 유튜버가 등장한 2016년, 단 2년만에
한국에서도 최초의 버츄얼 유튜버가 등장했습니다.

오타쿠들이 변명처럼 하는 말이 있습니다. '나는 좋아하는
상대의 차원이 달라졌을 뿐'이라는 말이죠. 3D에 있는 현실의
사람이 아닌 2D의 캐릭터를 좋아하게 되었다는 뜻입니다.
그렇게 생각하면, 어쩌면 오타쿠들의 소비행태도 '차원'만
달라졌을 뿐일지도 모릅니다. 우리가 좋아했던 국민 예능들은

300

과연 전부 진짜였을까요? 버츄얼 유튜브가 아닌 인터넷 방송은 진짜만을 보여줄까요? 만화/애니메이션을 전혀 보지 않는 인터넷 방송 소비자들도 좋아하는 인터넷 방송인이 크리스마스에 방송을 쉬었는지 아닌지를 눈에 불을 켜고 찾아다니는 판국입니다.

21세기, 2023년의 대한민국의 주된 소비층들은 이미 '이미지 소비'에 익숙해졌습니다. 더 이상 우리는 그것이 진짜인지 가짜인지 신경쓰지 않습니다. 진짜 같은 가짜, 가짜 같은 진짜. 보통은 뒤에 오는 말이 본질이지만, 오타쿠 문화가 둘 중 어느 쪽인지는 저도 판단할 수 없습니다. 어쩌면 애초에 판단이 불가능한 일일지도 모릅니다. 오타쿠 문화는 진짜가 가짜의 탈을 쓰고 있는 걸까요? 가짜가 진짜의 탈을 쓰고 있는 걸까요?

아즈마 히로키의 저서『동물화하는 포스트모던』에 나오는 '오타쿠적 감성 기둥'에서 그 해답을 찾을 수 있을지도 모릅니다. "오타쿠적 감성 기둥을 이루는 것은 '속고 있음을 알면서도 진정으로 감동하는' 거리감이다."라는 말은, 창작물이 진짜인지 아닌지 찾는 본질 위주의 발상을 벗어나는 것입니다. 그야말로 포스트모던이죠?

오타쿠가, 아니 미래의 문화 소비자인 '우리'가 원하는 것은 그 콘텐츠의 본질이 아닙니다. 그것이 우리에게 즉각적으로 어떤 것을 가져다 줄 수 있는가? 그것이 더 중요한 것입니다.

버츄얼 아이돌과 인터넷 방송, 모두의 서브컬쳐

아이돌을 만나서 서로 인사를 했다는 만족감은 유사 사회관계일 것입니다. 사실 아이돌은 내 얼굴 따위 기억도 하지 못하겠죠. 하지만 그 만족감만은 진짜입니다. 굳이 그 안에서 '사실은 공허할 것이다' 따위의 진실을 알려주지 않아도 좋습니다.

버츄얼 유튜버를 보면서 우리는 그것이 현실의 인물인지 캐릭터인지 본질을 따지고 들지 않습니다. 그 소비자들에게 버튜버는 캐릭터인 동시에 현실의 방송인입니다. 가짜와 진짜가 섞인 이미지이지만 그 안에서 진실과 거짓을 굳이 가름하려고 하지 않습니다. 그 '이미지'가 주는 만족감만은 진짜이기 때문입니다.

앞으로의 대중문화는 사라질 것입니다. 우리에게 '세분화된 만족'을 줄 수 있는 서브컬처만이 살아남겠지요. 그런 미래에 대응하기 위한 가장 좋은 방법이 바로 '지금의 서브컬처'를 이해하는 것입니다.

이 책이 여러분들에게 도움이 되었기를 바랍니다.

프롤로그

　　　　이 책의 마무리는 새로운 프롤로그가 될
것입니다. 우리가 알던 대중문화의 에필로그와 다음 시대의
프롤로그 사이에, 이 책이 자리하기를 바라며 쓴 책이기
때문입니다.

　　사실 담고 싶은 이야기가 더 많았습니다. 특히 담고 싶었던
이야기는 오타쿠와 커뮤니티에 대한 이야기였지요. 일본에서
「전차남」이라는 것이 얼마나 유명한 이야기인지…… 2ch가
일궈낸 조소하는 인터넷 커뮤니티 문화가 한국에선 어떻게
영향을 끼쳤는지…… 오타쿠라는 존재들은 인터넷에서 어떤
역할을 하는지…….

　　이런 이야기는 추후에 제가 '인터넷 커뮤니티'에 대한
글을 쓰게 된다면 거기에 담아보겠습니다. 이 글은 어디까지나

서브컬처의 흐름과 발전, 그리고 현대의 서브컬처 동향을
이야기하는 개론서이기 때문입니다. 그리하여 최대한 예시
위주로 설명하고, 작품 리뷰 위주로 진행했습니다. 심도
있는 오타쿠 지식을 가지신 분들에게 이 책은 너무 당연한
이야기들을 하는 책일 것입니다. 그런 분들에게 이 책은 '지식을
연결하는 맥락'의 역할로 다가왔으면 좋겠습니다.

　　개론서가 필요한 입문자 분들에게는 조금 어려웠을 수
있습니다. 하지만 최대한 어려운 개념어들은 배제하였습니다.
이 책을 통해서 관심이 생겨 일본의 서브컬처를 즐기시게 된다면
참 기쁠 것 같습니다. 이 책을 읽고 대강의 맥락을 이해하셨다면,
서브컬처를 더 심도 깊고 철학적으로 평론하는 많은 책들을
접해보시길 추천합니다. 이 글에서도 그들의 얘기를 빌려온
부분도 있고, 반박하는 부분도 있지만 어디까지나 원문을 직접
접해보는 것이 중요할 테니까요.

　　그래서 이 책이 하고 싶은 말은 "대중문화는 서브컬처로
스러질 것이다."입니다. 앞으로 모두가 즐기는 문화라는 것은
존재할 수 없을 것이고, 뚝뚝 끊어진 듯 보이면서 속으로는
맥락을 공유하는 여러 독립된 문화들이 난립할 것입니다.
이미 지금도 그렇게 보이죠. 한국에서 아무리 유명한
유튜버라고 하더라도…… 내가 보기엔 세상 모두가 알 것 같은
유튜버더라도 실제로 나가서 이야기해보면 전혀 모르는 경우도
허다합니다. 100만이 넘는 유튜버가 수도 없이 많지만 그들을

모두 아는 사람은 드물 것입니다. 자신의 취향에 따라, 취미에 따라 즐기는 문화가 이미 분절되고 있다는 증거입니다.

이 책에서 제가 전하는 이 메시지를 어찌 활용할 지는 여러분의 몫이겠습니다. 문화 쪽 사업을 하시는 분이라면 이 트렌드를 적극적으로 이용하실 수도 있겠지요. 하지만 가장 좋은 적용방법은 지금까지 막연하게 마주했던 문화들을 더 재미있게, 더 이해하면서 즐기는 것입니다.

저는 앞으로도 쭉 제가 아직도 접하지 못한 수많은 창작물을 발견할 것입니다. 그 안에서 또 다른 맥락을 볼 수도 있겠지요. 어떤 주제에 꽂힌다면, 그 주제에 관련된 작품들을 수집하듯이 찾아볼 겁니다. 그리고 제 스스로가 그 연속적인 흐름에 어떠한 의미를 찾아낼 것이고, 앞으로도 유튜브로 시청자 분들께 제 견해를 공유하겠지요.

이 책은 정답을 말하는 책이 아닙니다. 제 견해를 보고 반박하실 내용은 반박하고, 참고하실 부분은 참고하시면 좋겠습니다. 그렇게 여러분 스스로의 견해를 만들어내는 데 이용하신다면 더할 나위 없이 좋겠습니다.

이 마치며……까지 읽어주신 모든 분들께 진심어린 감사의 말씀을 드립니다.

2024년 2월의 어느 새벽 4시, 마이너리뷰갤러리 올림

프롤로그

305

① 거대로봇 ─────────────────────────

*주요하게 다루는 작품

철완 아톰 한국명 「우주소년 아톰」, 서브컬처를 논하는 책에선 늘 첫 번째로 등장하는 작품. 언급하지 않고 써보겠다는 심술이 발동했으나, 역시나 이 책에서도 하루 웬종일 모든 파트에서 일본 서브컬처의 원류로 언급된다.

철인 28호 '공명의 함정이다'로 유명한 그 '요코야마 미츠테루'의 작품. 거대로봇물의 원류이다. 쇼타로 콤플렉스의 원류가 되기도 했다.

마징가Z 이 책에서 계속 언급된 나가이 고의 작품. 철인 28호와 달리 '탑승하는' 거대로봇의 대표작. 근데 마징가Z를 모르는 사람이 있긴 하단 말인가.

기동전사 건담 2장의 핵심 작품. 토미노 요시유키의 걸작으로, 지금까지도 인기있는 거대로봇물이라고 하면 역시 건담. 주인공이 소시민적이라는 점에서 「신세기 에반게리온」의 원류.

AKIRA 3장의 핵심 작품. 일본이 스스로 진단한 스스로의 비대해진 자의식과 힘에 대한 집착을 전시하는 작품. 도쿄가 폭발하는 서두는 충격 그 자체.

우주전함 야마토 애니메이션은 애들이나 보는 것? 그 편견을 산산히 깨부순 SF 애니메이션의 명작. 하지만 가장 기억에 남는 건 오키타 함장님의 수염.

스타워즈 한국에서도 나름 인기가 있던 시리즈지만, 일본에서는 선풍적인 인기. 일본의 SF 1차 붐은 데즈카 오사무가 터트렸지만, 2차 붐은 스타워즈가 터트렸을 정도.

② 소년만화

*주요하게 다루는 작품

드래곤볼 일본식 소년만화의 대표작을 꼽으라면 역시 드래곤볼. '초사이어인'이라는 말을 모르는 40대가 있을까? 여담으로 사이어인들의 이름은 대부분 채소를 이용한 말장난.

원피스 90년대 후반을 대표하는 3대 소년만화 중 하나. 원피스, 나루토, 블리치를 합쳐서 원나블이라고 부른다. 몽키 D. 루피라는 이름에서 알 수 있듯 드래곤볼에 큰 영향을 받은 작품.

강철의 연금술사 3대 소년만화로 꼽히진 않지만, 팬덤은 그에 못지않다! 스피디한 전개와 내적 성장을 중심으로 한 서사로 소년만화의 이단아 취급!

데스노트 이 작품을 소년만화로 취급해야 하는지조차 애매한 진짜 소년만화계의 이단아. 노력도 우정도 없지만 성장은 한다! 주인공이 악당으로 성장하는 희대의 작품.

진격의 거인 2010년대를 상징하는 소년만화. 원나블로 대표되는 명랑한 감성의 시대는 갔다! 공포와 고통, 현실적인 딜레마를 묘사한 작품. 2010년대 만화 출신 밈에서 큰 비중을 차지하고 있다.

데빌맨 나가이 고 작가의 최고 명작으로 꼽히는 작품. 주인공이 악을 받아들이고 악으로 변하는 다크 히어로물의 원류. 악마의 머리에 요상한 날개가 붙어 있는 디자인은 모두 데빌맨의 영향.

슬램덩크 이 책에서는 그리 분량을 할애하지 않았으나, '스포츠 열혈계' 소년만화의 대표주자. 1990년대에 청소년들을 울렸고, 2023년에 또 한 번 아저씨들을 울렸다.

나루토 서구권에선 원피스를 누르고 소년만화계의 압도적 1등! 닌자와 인술, 그리고 일본 신화가 결합된 소재가 오리엔탈리즘을 자극하기 때문일까? 메인 소재로는 등장하지 않지만 약방의 감초처럼 계속 언급되었다.

귀멸의 칼날 2010년대 후반 소년만화의 대표주자. 하지만 시대 배경이 1900년대 초라서 한국인 입장에선 조금 움찔하게 된다. 사실 그것보다 먼저 눈에 띄는 건 네즈코의 압도적인 디자인.

닥터 슬럼프 토리야마 아키라 작가의 드래곤볼 이전 작품. 한국에서도 '오아리'로 유명하다. 토리야마 아키라 작가가 그리고 싶어하는 명랑계열 작품.

③ 성장물

초속 5센티미터 「너의 이름은」으로 유명한 신카이 마코토의 작품. 많은 평론가가 명작으로 꼽는 작품이지만, 보는 입장에선 심장에 못을 박는 기분.

잘 자, 푼푼 회피적이면서 자학적인 소년 푼푼의 첫사랑 집착기. 성장할 기회가 올 때마다 가정과 아이코에 대한 트라우마 등으로 회피해버리는 푼푼의 삶을 엿보다보면 우울증에 걸릴 수 있다.

치이는 조금 모자라 아베 토모미 작가의 특기인 명랑한 자학. 발달장애인 치이에 대한 이야기처럼 보이지만 실제로는 치이의 친구 '나츠'에 관한 이야기. 그녀의 열등감과 자학을 엿보다보면 우울증에 걸릴 수 있다.

키워드별 작품 소개

<u>바다를 달리는 엔딩 크레딧</u> 우울증에 걸릴 수 있는 이야기만 나오면 성장을 빙자한 자학 퍼레이드가 될까 긴급하게 삽입한 평범한 성장 드라마. 주인공이 할머니인 것을 제외하면!

*서브로 다루는 작품
<u>너의 이름은</u> 일본 애니메이션이 한국 영화관에 붐을 일으킨 거의 첫 사례. 아니, 애니메이션으로 한정하지 않더라도 거의 400만의 관객을 동원한 일본 영화는 최초.

④ 자연과 신 ────────────

*주요하게 다루는 작품
<u>고질라</u> 거대로봇이 인위적인 힘을 상징한다면, 고질라는 자연적인 힘을 상징하는 존재. 근데 가끔 보면 그냥 인류가 발전하는 걸 미워하는 것 같기도?

<u>게게게의 기타로</u> '일본은 요괴 강국'이라는 이미지를 만든 만화가 바로 게게게의 기타로! 작가 미즈키 시게루가 야사와 민담을 조사해 만든 요괴만화의 원류.

<u>불새</u> 데즈카 오사무의 끝내지 못한 유작. 먼 과거와 먼 미래를 오가며 인간과 자연의 순환에 대해 이야기하는 작품.

<u>소년탐정 김전일</u> 본격 추리소설의 붐을 거의 100년만에 다시 끌어올린 작품. 본격의 괴기함을 본받아서 범인을 괴인으로 표기하는 것은 김전일의 매력 포인트. "나와라! 오페라의 유령!"

<u>이누야샤</u> 타카하시 루미코 작가의 장르를 정의하기 애매한 히트작. 개요괴인 이누야샤와 카고메의 러브스토리 겸 모험담 겸 요괴만화 겸⋯⋯.

<u>학교괴담</u> 요괴담에 가까웠던 이전 작품들에다가 도시전설 성분을 가득 담아낸 뉴타입 호러 애니메이션. 요즘엔 삼도천을 인터넷으로 건넌다는 걸 보면 가끔 개그만화인가 싶다.

<u>괴물 이야기</u> 요즘은 <이야기 시리즈>로도 많이 불리지만, 예전에는 「바케모노가타리」라는 원어가 더 유명했던 라이트 노벨. 여름의 대사각형은 아레가, 데네브, 알타이르, 베가로 이루어져 있다.

<u>노라가미</u> 요괴를 모에한 캐릭터의 캐릭터성으로 쓰다 못해, 신적인 존재를 그냥 모에화 해버리는 작품. 근데 그게 일본 신화의 근본일지도.

<u>스즈메의 문단속</u> 어 근데 이거 여기서 자연과 신으로 묶으면 스포일러 아닌가.

<u>그대들은 어떻게 살 것인가</u> 미야자키 하야오 옹의 은퇴작이라서 보러 갔더니 은퇴를 번복하는 애니메이션. 근데 이런 자전적인 주제의 작품으로 은퇴를 번복하니까 뭔가 있어 보인다.

*서브로 다루는 작품

<u>바람계곡의 나우시카</u> 미야자키 하야오 옹의 대표작, 만화판과 애니메이션판의 내용과 주제의식이 약간 다르지만, 어쨌든 그 당시 유행하던 자연주의를 반영한 작품.

<u>나와 호랑이님</u> 국산 라이트 노벨의 대표작. 단군신화를 비틀어낸 소재가 포인트. 호랑수월가라는 OST가 유명하다.

⑤ 마법소녀와 서사의 붕괴 ─────────────

*주요하게 다루는 작품

<u>마법의 프린세스 밍키모모</u> 한국에서는 요술공주 밍키로 유명한 1980년대를 대표하는 마법소녀. 마법소녀라고 말하기 했지만 사실 만능해결사.

<u>미소녀 전사 세일러문</u> 마법소녀가 복사가 된다고? 마법소녀들이 전대처럼 등장한다! 휘리릭 뿅 마법봉을 휘두르면 다 해결하던 예전의 마법소녀와 달리, 세일러문은 싸워서 이긴다!

<u>보쿠라노</u> 한국 정발명 지어스, 우연히 놀러간 곳에서 소년 소녀들은 지

구를 지키는 파일럿으로 선택이 된다.

<u>신세기 에반게리온</u>　설명 생략.

<u>스즈미야 하루히의 우울</u>　평범한 사람에게는 흥미 없습니다. 그녀의 자기
소개는 아직까지 유행어! 모른다고 하면 아저씨는 슬퍼져요.

*서브로 다루는 작품

<u>카우보이 비밥</u>　20세기의 과도기적 작품. 거대 서사는 존재하지만 진실
로 중요한 것은 스파이크의 자아 찾기.

<u>러키스타</u>　스즈미야 하루히 - 러키 스타 - 케이온으로 이어지는 '쿄애니'
전성기의 중간다리. 오타쿠가 소재로 쓰이기 시작한 대표적인 작품. 지금 와
서 보면 공감이 잘 안 될지도.

---

⑥ 소녀만화

*주요하게 다루는 작품

<u>리본의 기사</u>　남장여자를 소재로 한 기념비적인 첫 소녀만화. 데즈카 오
사무…… 너는 소녀만화에서도 최강이란 말이냐…….

<u>소녀혁명 우테나</u>　리본의 기사와 비슷하게 남장을 소재로 하지만, 리본
의 기사처럼 명랑하고 밝지 않다. 젠더와 로맨스에 대한 슬픈 고찰.

<u>꽃보다 남자</u>　시켜줘. 금잔디 명예소방관.

<u>돈이 없어</u>　2000년대를 강타한 BL작품. 이 쪽은 하드코어해서 은밀한
인기였다.

*서브로 다루는 작품

<u>가정교사 히트맨 리본</u>　소년만화는 소년만 보는 것이 아니다! 소녀들에게
도 인기였던 대표적인 소년만화.

오타쿠의 욕망을 읽다

⑦ 러브코미디와 모에

*주요하게 다루는 작품

파렴치 학원 일본 문화가 저질이라고 생각하는 사람들은 파렴치 학원을 원망하시기 바랍니다.

메종일각 오토나시 씨 귀여워요!

러프 아다치 미츠루의 대표작은 터치와 H2 아니냐구요? 전 러프의 엔딩이 좋았어요.

은혼 소년만화와 소녀만화의 사이를 절묘하게 오가는 두 번째 작품. 아직도 왜 소녀들이 이 작품에 열광하는지 잘 모르겠습니다.

장난을 잘 치는 타카기 양 미소녀 동물원의 시대를 끝장내다. 타카기라이크 시대를 도래하게 만든 충격적인 작품.

이세계 삼촌 모에와 클리셰에 너무 익숙해진 시청자를 배신하고 뻔뻔하게 모든 플래그를 무시하는 이세계 삼촌.

*서브로 다루는 작품

러브 히나 하렘물의 전형적인 전개는 이 작품에서 다 나온다. 금남의 공간에 홀로 남자라니, 요즘 시대엔 너무 낡은 전개…!

⑧ 2차 창작

*주요하게 다루는 작품

보컬로이드 보컬로이드는 단순한 보컬 넣어주는 기계를 넘어서, 하나의 문화로 자리잡았다. J-POP 대중가요와 오타쿠들을 위한 노래가 다르듯, 애니송계와 보컬로이드계는 다르다!

에어맨이 쓰러지지 않아 일본 네티즌들의 창작혼을 상징하는 노래. 노래 그 자체가 창작인 것도 중요하지만, 「에어맨이 쓰러지지 않아」를 기반으로 플

키워드별 작품 소개

래시 애니메이션 등의 2차 창작이 활발해진 것도 중요하다.

동방 프로젝트 인디 게임이라는 표현이 익숙하지 않던 시절. 동인 게임이라는 신 장르를 출현시키는 정도의 능력.

오소마츠 상 태생부터 2차 창작. 원본인 고전만화 오소마츠 군을 어른으로 바꾸었다. 밍숭맹숭한 외모들이 포인트.

*서브로 다루는 작품

오소마츠 군 오소마츠 상의 원작이자, 당시 최고의 인기를 구가하던 개그만화. 아카츠카 후지오는 이 만화로 개그만화의 신의 자리에 오르고, 나가이 고는 그에게 질투해서 파렴치 학원을 그린다!

로도스도 전기 미국의 D&D 설정을 기반으로 일본식 판타지의 기틀을 쌓아올린 작품. 웬만한 일본식 판타지에 나오는 설정은 로도스도 전기 출신.

⑨ 관계 소비

*주요하게 다루는 작품

모닝구 무스메와 AKB48 일본 아이돌 시장의 거대한 전환점들. 아이돌 문화가 기괴하다고 생각하는 사람들은 고개를 들어 악수회를 보자.

버츄얼 유튜버 애니메이션 캐릭터를 껍데기로 뒤집어쓴 방송인들. 그림이 가만히 있으면 '듀라한'이라는 멸칭으로 부르고, 그림이 방송인과 함께 움직이면 버츄얼 유튜버라고 부른다. 명명자는 키즈나 아이.

최애의 아이 최애의 아이의 주인공은 호시노 아이. (각운을 맞춘 개그)

*서브로 다루는 작품

러브라이브 아이돌 마스터와 함께 아이돌이라는 소재를 서브컬처에 적극적으로 도입한 두 작품 중 하나. 러브라이브만의 특징이 있다면 오타쿠 세상이 아닌 현실에도 밈을 퍼트렸다는 것. (니코니코니 등)

314

<u>원신과 블루 아카이브</u>　미소녀 캐릭터를 모으는 게임의 최전선에 서 있는 작품들. 스마트폰이 갓 태동한 고대 적의 함대 콜렉션, 소녀전선, 확산형 밀리언 아서 등이 쌓아올린 토대 위에서 떼돈을 벌고 있다. 둘 다 일본 게임이 아닌 것이 재미있는 포인트.

오타쿠의 욕망을 읽다

다음 트렌드를 주도하는 사람들

초판 1쇄 2024년 3월 4일 발행
초판 2쇄 2024년 3월 6일 발행

지은이 마이너 리뷰 갤러리
펴낸이 김현종
기획편집 맹준혁 **디자인** 김기현
마케팅 최재희 안형태 신재철 김예리 **경영지원** 이민주

펴낸곳 (주)메디치미디어
출판등록 2008년 8월 20일 제300-2008-76호
주소 서울특별시 중구 중림로7길 4, 3층
전화 02-735-3308 **팩스** 02-735-3309
이메일 medici@medicimedia.co.kr **홈페이지** medicimedia.co.kr
페이스북 medicimedia **인스타그램** medicimedia

ⓒ 마이너 리뷰 갤러리, 2024
ISBN 979-11-5706-340-6 (03300)